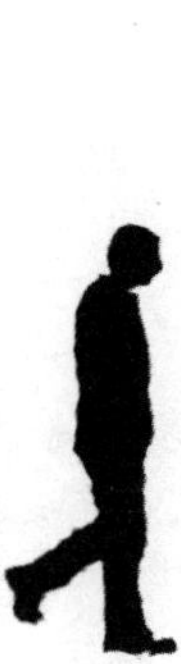

MROŻEK Striptiz neurotyka

Małgorzata I. Niemczyńska

MROŻEK Striptiz neurotyka

Redakcja: Jan Cywiński

Korekta: Teresa Kruszona

Projekt graficzny: Andrzej Barecki

Fotoedycja: Maciej Murański

Przygotowanie zdjęć do druku: Michał Odolczyk

Zdjęcie na okładce: Bogdan Krężel/Przekrój/Forum

Projekt graficzny okładki:
Paweł Panczakiewicz/PANCZAKIEWICZART.DESIGN

Autorzy zdjęć:
Irena Jarosińska/zbiory Ośrodka Karta (s. 2), Andrzej Nowakowski (9, 17, 22, 193, 240–242, 249, 262, 266–267), Wojciech Plewiński/Forum (12–13, 64, 86, 189, 218, 22), Woody Ochnio/Forum (21, 138), archiwum Urzędu Gminy w Borzęcinie (24), Jakub Ociepa (29), Narodowe Archiwum Cyfrowe (36), Aleksander Jałosiński/Forum (39), Archiwum Fundacji Wisławy Szymborskiej (40, 68), Michał Łepecki/Agencja Gazeta – dzięki uprzejmości I Liceum Ogólnokształcącego im. Bartłomieja Nowodworskiego w Krakowie (43-45), Andrzej Barecki (47, 71, 156, 170), Michał Łepecki/Agencja Gazeta (60), PAP/CAF (67, 244), OZKOK/Sipa/East News (75), repr. Juliusz Kłosiński-Antykwariat Atticus (82), Zofia Nasierowska/Reporter/East News (88, 89), Archiwum prywatne (92, 100, 163), Olaf Protze/AgeFotostock/East News (104), Francesco Tomasinelli/Tips Images/Bew (108), Luca Trovato/Getty Images/FPM (113), Adam Golec/Agencja Gazeta (116, 122, 205, 216, 232), Rob Huibers/Hollandse Hoogte/Czarny Kot (128), Muzeum Literatury/East News (130, 131, 134), AWL Images/Bew (132, 146), Sophie Bassouls/Corbis (141), dpa/PAP (151), Anna Pietuszko/Forum (178), Tomasz Paczos/Fotonova/East News (182), Bartosz Bobkowski/Agencja Gazeta (186), Bogdan Krężel/Przekrój/Forum (196), David Stubbs/Getty Images/FPM (200), East News (208), Paweł Piotrowski/Agencja Gazeta (236), Łukasz Gałązka repr. (247), Maciej Zienkiewicz/Agencja Gazeta (252), Michał Łepecki/Agencja Gazeta (259)

Wybór archiwaliów: Małgorzata I. Niemczyńska

Redaktor naczelny: Paweł Goźliński

Producenci wydawniczy: Małgorzata Skowrońska, Robert Kijak

Koordynacja projektu: Katarzyna Kubicka

Wydawca: Agora SA
ul. Czerska 8/10, 00-732 Warszawa

Warszawa 2013

ISBN: 978-83-268-1276-7

Druk: Drukarnia Perfekt

Pamięci Kacpra Bastera

CZĘŚĆ I **MILCZENIE**

Klawisze z literami wciąż są w tym samym miejscu. Pierwsza po lewej stronie to „Q", dalej „W", „E", „R"... Jako ostatnia w trzecim rzędzie – „M", tuż obok przecinka. To znaczy, że nic się nie zmieniło. Ale w pamięci nie ma już umiejętności posługiwania się tym narzędziem. Najpierw trzeba na nowo odkryć, jak się trzyma ołówek, spróbować postawić pierwsze kreski, rozruszać nadgarstek.

Gdy to się stało, Sławomir Mrożek siedział przy stole i pisał. Nie pamięta już co, ale raczej ręcznie. Było przedpołudnie 15 maja 2002 roku. W Krakowie wiosenne słońce, bezchmurne niebo, miejski spokój. Miał wówczas siedemdziesiąt dwa lata i renomę jednego z najwybitniejszych współczesnych pisarzy polskich, o ile nie światowych. Jako ceniony prozaik, dramaturg i rysownik bywał wymieniany wśród kandydatów do Literackiej Nagrody Nobla. Napisał już dziesiątki opowiadań i sztuk teatralnych. Bez znajomości jego *Tanga* trudno było myśleć o zdaniu matury.

W jednej krótkiej chwili wszystko to stało się nieważne.

Składana mapa Europy dla dzieci do siedmiu lat. To jeden z przedmiotów, który przynosi mu żona, gdy pisarz zaczyna do siebie dochodzić w szpitalu. Nie od razu udaje mu się nadać kontynentowi właściwy kształt. Układa

też klocki, klaszcze w dłonie, powoli liczy od jednego do dziesięciu, a czasem też od dziesięciu do jednego – ale tylko wtedy, gdy ma dobry dzień. W odpowiedzi na usłużną krzątaninę personelu grzecznie się uśmiecha. Zawsze był małomówny, jego milczenie uchodziło wręcz za legendarne. Z początku nie przychodzi mu nawet do głowy, że nie potrafi powiedzieć: „dziękuję".

– Człowiek, który traci mowę, staje nagle nad przepaścią – wyjaśnia logopeda Beata Mikołajko, która przez pięć lat prowadzi terapię Mrożka. – Gdy kończy się dzieciństwo i przestajemy się posługiwać przede wszystkim gestem, komunikacja werbalna zostaje naszym podstawowym narzędziem do codziennego życia. Bez niej czujemy się bezradni. A u wybitnego pisarza świadomość tego, co zostało utracone, musi być jeszcze dotkliwsza. Jak to nieładnie mówią: upadek z wysokiego konia dużo bardziej boli.

Mrożek: „Pisałem od dwudziestego roku życia. Pisanie było jedynym zawodem, który wykonywałem w miarę dobrze".

Po raz pierwszy spotykają się u niego w domu. Teren zostaje wybrany starannie – on musi czuć się na nim bezpiecznie. W prowadzonej z początku po angielsku rozmowie uczestniczy żona – Meksykanka Susana Osorio. Potem zostają sami. Idą do sąsiedniego pokoju, oglądają fotografie, otwierają książki na chybił trafił. Mikołajko próbuje się dowiedzieć, na czym stoi, nie wywołując u pacjenta poczucia, że jest właśnie wnikliwie badany. Opowiada mu o swoim dziecku, a mimochodem pyta, która godzina. Pod pozorem szukania terminu na kolejną wizytę wertuje kalendarz. Te zabiegi pozwolą jej się zorientować, że Mrożek ma problem z określeniem czasu.

Na koniec pyta go, czy chce współpracować. Pisarz po piętnastu sekundach odpowiada, że tak. Terapeutka każe mu jednak jeszcze się zastanowić. Daje mu dwadzieścia cztery godziny. Bez zdecydowanej chęci ze strony pacjenta nic z tego nie będzie. Aby Mrożek wyniósł coś z ich pierwszego spotkania, kilkakrotnie powtarza mu swoje nazwisko, skłaniając tym samym do ćwiczeń w zapamiętywaniu. Wspólnie próbują je zapisać. Na razie – koślawo.

Litery, które śnią się Mrożkowi w grudniu 2003 roku, gdy akurat przebywa przez chwilę we Francji, są za to bardzo wyraźne. Zostały wypisane na komputerze na urzędowym druku i układają się w jego imię i nazwisko. Głos znikąd mówi mu, że z tym dokumentem ma się udać w podróż. Po przybyciu na miejsce przedstawi papier władzom. Te zrobią, czego tylko zażąda, ale pod warunkiem, że od tej pory będzie używał wyłącznie nowego nazwiska: Baltazar.

To imię pojawiło się wcześniej w jednym z dramatów Mrożka. Napisanym w 1967 roku *Testarium*. Rzeczy o dwóch identycznych prorokach, którzy niespodziewanie zjawiają się równocześnie, aby zbawić świat. Zaradzić sy-

tuacji stara się trzech króli: Kasper, Melchior i Baltazar. Wszyscy kończą bez głowy. Tytuł *Baltazar* ma teraz nosić autobiografia, którą w trakcie terapii napisze Mrożek. Na jednej z pierwszych stron znajdą się słowa: „Dnia 15 maja 2002 roku przeżyłem udar mózgu, którego wynikiem była afazja. Afazja jest to częściowa lub całkowita utrata zdolności posługiwania się językiem, spowodowana uszkodzeniem niektórych struktur mózgowych".

– Mrożek nigdy nie mitologizował afazji – zaznacza Andrzej Nowakowski, polonista i fotograf, autor albumu z portretami pisarza. – Nie przedstawiał tego dramatycznie, w związku z czym to było dramatyczne. Przyznawał jednak, że wszystko zaczęło się od nowa. Widziałem, jak dochodził do sprawności mówienia, to było coś szalenie wzruszającego. Walczył z własną niemożnością w sposób niesłychanie profesjonalny. Widać było, że wykonuje na aparacie gębowym skomplikowane czynności, by wydobyć z siebie słowo, choć był niesłychanie przy tym czujny i starał się nie dać nic po sobie poznać.

Mrożek: „Podziałała na mnie [afazja] jak samobójstwo, które się nie udało, ale pozostawiło nieznaczne ślady i nie można ich już usunąć. Ale ja, zmieniając nazwisko i podpisując się »Baltazar«, przyznaję się otwarcie do niedoskonałości. Odtąd nie można mnie chwalić ani ganić za nic, co napisałem przed afazją, ponieważ tamten człowiek nie istnieje".

Pierwszy etap terapii? Pokonać załamanie. Na początku zawsze jest depresja. Pacjent wszystko neguje, nie wierzy w siebie ani w otoczenie. By ruszyć z miejsca, musi zaakceptować swój stan.

– Starałam się go nie przestraszyć ogromem pracy, jaką mamy do wykonania – opowiada Mikołajko. – Proszę mi wierzyć, że każdy pacjent chce wiedzieć, w jakim stopniu zostanie z afazji wyprowadzony. Kiedy (najlepiej podać datę i godzinę)? Czy będzie dokładnie tak samo czytał, mówił i pisał jak wcześniej? Tymczasem afazja zawsze zostawia ślady, jak zresztą każda dysfunkcja centralnego układu nerwowego. Trzeba po niej ustawić się na nowo. Pogodzić z tym, że potrafimy zrobić to samo, ale troszkę inaczej.

Gdy uda się przełamać depresję, trzeba schować dumę do kieszeni. Większość pomocy logopedycznych powstaje z myślą o dzieciach. Infantylne obrazki zwykle irytują dorosłych. Ale Mrożek ma w sobie pokorę i upór. Każdego dnia osiąga jakiś mały cel. Uczy się rozpoznawać, gdzie jest prawo, a gdzie lewo; opisać krótkim zdaniem zdjęcie; dostrzec na nim szczegół. Początkowo unika rozmów telefonicznych. Są bardzo trudne, nie można się posiłkować gestem.

– Nad podstawami pracowaliśmy ze dwa lata – mówi Mikołajko. – Oglądanie filmów, chodzenie na spacery, rozmowy. Nawet po kilka godzin dziennie. Musieliśmy odbudować zasób słów. Nie wolno zapominać o tym, że osoba dotknięta afazją, mimo że nie potrafi precyzyjnie zwerbalizować swoich myśli, myśleć nie przestaje. Ma także znacznie wyostrzone zmysły i wrażliwość. Na tym na początku oparliśmy terapię. Zaczęliśmy od powtarzania i nazywania wszystkiego, co bliskie i ważne dla pacjenta. Słowa trzeba było wydobyć z jego wnętrza. Ludziom się wydaje, że logoterapeuta ma jakieś czarodziejskie różdżki i zna magiczne zaklęcia. Nic z tego. Terapia to codzienna, katorżnicza praca.

– Byłem w tym pokoju, w którym zwykle ćwiczył – wspomina Nowakowski. – Prawie pusty, na środku tylko materac, wokół parę przedmiotów. I w tej scenerii po kilka godzin z terapeutką każdego dnia. Pytam go, jak to można wytrzymać, a on mi na to: „A bo ona jest ładna".

Po trzydziestu trzech latach spędzonych na emigracji, choć to polszczyzna była w tym czasie jego jedyną ojczyzną, Mrożek znał bardzo dobrze kilka języków. Ten atut staje się nagle kłopotem. Podczas spotkań z przyjaciółmi zdarza się, że zaczyna zdanie po hiszpańsku, po nim następuje środek po angielsku, a koniec – po francusku. Na wstępie często rzuca spójnik przeciwstawny „pero" (rodzaj naszego „ale"). Jego żona na dodatek nie zna polskiego. Mikołajko musi się z nią umówić, że postara się używać tylko angielskiego, by jakoś ograniczyć tę rozszalałą wieżę Babel.

Gdy po dwóch latach udaje się opanować podstawy, trzeba znaleźć jakiś cel. A co może być celem dla pisarza, jeśli nie pisanie?

Mrożek: „Mimo wszystko coś było romantycznego (i jest) w moim do niego podejściu. Właśnie pisanie nie tyle ma być aktywnością, ile wydarzeniem. Od razu powiem: czym pisanie staje się w trakcie pisania, to już jest jego rzecz, chodzi o jego początek, o frontalne zaatakowanie problemu, o myślenie o nim przed procesem i podczas niego".

Najpierw jest pisanie krótkich opowiadanek na różne tematy, o których danego dnia mowa podczas terapii (na przykład o obejrzanym filmie). Każde z nich chowane jest do szuflady, a po jakimś czasie Mrożek dostaje je z powrotem, by samemu móc znaleźć błędy. Taka dokumentacja postępu. Jeszcze podczas pracy ze zdjęciami stara się opowiadać o swojej rodzinie. Wspomnienia odżywają. Dochodzi w końcu do wniosku, że najchętniej to napisałby autobiografię.

– Trwało to miesiące – opowiada Mikołajko. – Powstawały kolejne strony pełne różnych błędów: składniowych, interpunkcyjnych, stylistycznych. Te rzeczy absolutnie nie nadawały się do czytania przez osoby postronne, miały wartość czysto terapeutyczną. Tak sobie to pisaliśmy, aż pan Mrożek doszedł do wniosku, że chciałby tę autobiografię wydać. Wtedy poprzeczka została podniesiona. Każda strona wymagała przepracowania. Czasem nad jedną siedzieliśmy w nieskończoność, bo on sam musiał podejmować decyzje: znaleźć powtórzenia, niezgrabne zwroty, wyszukać coś w słowniku. Udało się, choć ta książka pewnie wciąż pozostawia wiele do życzenia.

– Byłam przeciwna komentarzowi, w którym Mrożek wyjaśnia, że *Baltazar* powstał jako ćwiczenie – mówi Anna Zaremba-Michalska, prezes Wydawnictwa Literackiego. – Ta autobiografia jest na tyle dobra, autentyczna, szczera, że broni się sama. Powrót do pisania Mrożek uważał za swój obowiązek. On ma bardzo głęboką świadomość tego, że jest pisarzem. Był i jest bardzo obowiązkowy. Chciał dać swe ostatnie słowo, wówczas stał się nim *Baltazar*.

Książka napisana jest prostym językiem. I skromna objętościowo. Niecałe 250 stron niewielkiego formatu. Mrożek wraca myślą do wczesnego dzieciństwa, czasów szkoły i II wojny światowej. Z mroków niepamięci wydobywa kształty, ludzi, zdarzenia... Na nowo debiutuje, z młodzieńczą pasją daje się porwać ideologii komunistycznej, potem dojrzewa i wyjeżdża z kraju. Wspomina też Meksyk, ostatni z etapów swojej emigracji, i powrót do nowej Polski. Osobisty ton stanowi o sile zapisków. Trudno jednak się zgodzić, że autobiografia „broni się sama". Za dużo w niej błędów faktograficznych.

Mrożek myli przede wszystkim daty – rok śmierci swojego literackiego opiekuna Adama Włodka, własnej przeprowadzki do krakowskiego Domu Literatów czy czasu akcji filmu, który nakręcił w Niemczech. Nie jest pewien nawet, jak nazywają się jego utwory. Pisze o sztuce *Goście Abrahama*, podczas gdy jest to jedynie tytuł drugiego aktu dramatu *Piękny widok*. W *Baltazarze* podczas kampanii wrześniowej Warszawa kapituluje jeszcze przed wkroczeniem do Polski Armii Czerwonej. W tych wszystkich potknięciach kryje się cała bezradność pisarza, niegdyś czołowego myśliciela swojej epoki. Książka broni się tylko jako zapis walki o odzyskanie tego, co stanowiło dawniej o tożsamości autora.

Tak rozumiana jest jednak świadectwem niezwykłym.

Ale czy tak naprawdę Mrożek po afazji się zmienił?

– Nie sądzę, choć nie znałem go wcześniej – odpowiada Nowakowski. – Musiał mieć w sobie już dawno pewien rodzaj sceptycyzmu, który w nim narastał i ciągle narasta. I już wcześniej dystansował się wobec czegoś, co się nazywa – niezbyt precyzyjnie – polskim zaściankiem. Jest pytaniem, kiedy nastąpi moment w historii literatury, w którym Mrożek zacznie inaczej brzmieć. Jego literatura opiera się na takim dystansie do samego siebie, że to coś niebywałego. Czasem po dobrym winku mówił do mnie ze złośliwym uśmieszkiem: „Wie pan, przychodzą do mnie tacy różni i tak kombinują: jak ja to, cholera, robię?".

Mrożek: „Niektóre rzeczy ogólnie odczuwam wcześniej niż masa, co naturalne, bo od tego jestem tak zwanym artystą. (Słowo ma posmak gumy do żucia, wielokrotnie wyplutej i znowu żutej)".

O jego nieprzystępności krążą anegdoty. Mrożek zawsze uważa, by za bardzo się nie zbliżać do ludzi. Najlepiej nie wchodzić w interakcje. Gdy ktoś z nim rozmawia, on odruchowo się cofa. Któregoś razu dobrze bądź co bądź znany aktor i reżyser Jan Englert dopada go przed jednym ze swoich spektakli, sadza w pierwszym rzędzie i podejmuje próbę zabawienia rozmową. Mrożek spogląda na niego ze zdziwieniem i pyta: „Przepraszam, a kim pan jest?". Kiedy indziej obskakują go na przyjęciu zaaferowane panie. Najpierw zalewają potokiem słów, aż wreszcie milkną w oczekiwaniu odpowiedzi. On na to grzecznie: „Do widzenia". Odwraca się i wychodzi.

Najbardziej nie lubi bankietów po premierach, zwłaszcza tych nieudanych. Oczekiwanie zespołu, że coś powie, jest wówczas nie do zniesienia. W jednym z wywiadów wspomina: „Pamiętam przedstawienie w Los Angeles moich jednoaktówek. Już w trakcie cierpiałem strasznie, wiedziałem już – że katastrofa. Ale znalazłem wyjście: widownia była dość spadzista, a po lewej stronie otwarte okno (Kalifornia, ciepło) i wyskoczyłem przez to okno, chyba jeszcze przed końcem. To nawet było ryzykowne, bo z dość wysoka. Na szczęście na dole był piasek na budowę, więc niczego sobie nie połamałem. I odszedłem w ciemność. Zniknąłem".

Mrożek jest trochę jak Chudy, bohater jego minipowieści *Ucieczka na południe*: „Widuje się go zawsze po przeciwnej stronie ulicy, po drugiej stronie rzeki, za zakrętem, obok, nigdy tuż".

Milczenie wydaje się istotą jego wizerunku. Od dawna. Zdaniem niektórych – nawet od zawsze. Kiedy na przełomie lat pięćdziesiątych i sześćdziesiątych przyjeżdża do Warszawy znany szwajcarski dramaturg Friedrich Dürrenmatt, Mrożek idzie na spotkanie z nim, ale – ku niejakiemu zdziwieniu zebranych – w ogóle się nie odzywa. „Nie zabierałem głosu z różnych powodów – byłem wówczas debiutantem w tym zawodzie, nie sądziłem, że mam coś istotnego do powiedzenia. Ale milczałem także dlatego, że Dürrenmatt mi się nie podobał, raziła mnie jego autorytatywność, dydaktyczność i apodyktyczny, wyniośle profesorski stosunek do innych dyskutantów" – powie po latach w jednym z wywiadów. Krytyk i teatrolog Konstanty Puzyna szepce mu w końcu do ucha, że może zadałby jednak jakieś pytanie. Odpowiedź pada półgłosem: „Zapytaj go: Co słychać?".

Mrożek: „Łatwiej by mi było chyba jako tako kochać ludzi, gdybym ich nie znajdował wszędzie, nawet toaleta przeważnie bywa zajęta".

Po *Baltazarze* Mrożek w zasadzie przestaje pisać. Raz jeszcze tylko spróbuje ze sztuką, kiedy na chwilę poczuje się lepiej. – Tendencję do stopniowego zamilknięcia widziałam u niego już przed chorobą – uważa Zaremba-Michalska. – On sam od wielu lat twierdzi, że powiedział już wszystko, co miał do powiedzenia. Doszedł do takiego punktu w życiu.

Po afazji sięga do swojego archiwum. Zaczyna wydawać tomy prywatnej korespondencji. Z krytykiem Janem Błońskim, z iranistą Wojciechem Skalmowskim, z redaktorem Adamem Tarnem, z reżyserem Erwinem Axerem... Z przyjaciółmi. Najpierw ściąga maskę prześmiewcy. Tę znaną z opowiadań, dramatów, rysunków. Obnaża się, pokazując twarz mizantropa. Człowieka smutnego i złego na otaczający go świat. Powoli rozpina półpancerz. Jest zdeterminowany. Gdy rodzina Stanisława Lema nie chce się zgodzić na wydanie całości ich korespondencji i proponuje wybór listów, Mrożek stawia sprawę ostro: wszystko albo nic. Striptiz trwa. Pisarz zrzuca z siebie kolejne części garderoby.

Mrożek: „Każdy mój list do różnych osób jest całkiem inny. Pytanie: czy któryś jest prawdziwy? Moja odpowiedź, że najbardziej prawdziwy jest list pisany do samego siebie. Ale kiedy jestem sam ze sobą, to następuje raczej coś w rodzaju wewnętrznego dłubania sobie w nosie niż coś wyraźniejszego i doniosłego. Lepiej więc komunikować się z bliźnim drogą listową".

W 2008 roku lekarz zaleca mu zmianę klimatu. Wraz z żoną decyduje się na przeprowadzkę do Nicei. Podczas pożegnalnej kolacji z wydawcą mówi o istnieniu dziennika.

Do tej pory na ten temat przeważnie milczał lub zmyślał.

W 2007 roku zapytany o dziennik, którego pisanie doradzał mu w listach Skalmowski, odpowiedział:

– Tej rady nigdy nie posłuchałem. Listy trochę się teraz okazały dziennikiem – minęło ileś tam lat, a one są. Nie trzeba jednak przesadzać, bo moje listy do Skalmowskiego to jest tylko jedna część mojej korespondencji.

Kiedy sprawa dziennika wychodzi na jaw, Wydawnictwo Literackie zapowiada trzy tomy – lata sześćdziesiąte, siedemdziesiąte i osiemdziesiąte. Mrożek twierdzi, że przestał go prowadzić w 1989 roku. Na pytanie dlaczego, w 2012 roku odpowiada przekornie:

– Bo stawiam koślawe litery.

Zapytany o to samo rok później jest nieco bardziej wylewny, ale wciąż utrzymuje, że zapiski kończą się wraz z jego wyjazdem do Meksyku wiosną 1989 roku.

– Bardzo długo trwało, zanim się zdecydowałem powiedzieć o *Dzienniku*, ale kiedy się już zdecydowałem, to było to oficjalne i ostateczne. Teraz już jest całość. Nie żałuję. Ale też uważam, że naprawdę już dosyć. Trzy tomy – to jest zgrabna liczba, a potem już koniec. Jak długo można? Dalej już nie ma żadnych zapisków. Potem był Meksyk, powrót do Polski, wyjazd z Polski. Dużo się działo. Zdecydowałem z powodów kompozycyjnych zamknąć tę sprawę.

Już w dniu śmierci pisarza, 15 sierpnia 2013 roku, wydawca ogłasza, że dziennik z lat dziewięćdziesiątych istnieje. Mrożek po prostu nie zgadzał się na jego publikację. Zbyt mały dystans czasowy.

Kiedy cały dziennik po wyjeździe autora do Nicei trafia do wydawnictwa, w większości ma postać rękopisu zamkniętego w kilkunastu teczkach w pastelowych kolorach. Zapisany jest w zeszytach formatu A4, najczęściej w linię. Do tego jakieś 800 kartek maszynopisu. W sumie blisko cztery tysiące stron. Z biegiem lat charakter pisma autora się zmienia, ale przeważnie Mrożek stawia litery staranne i drobne. Na marginesach żadnych rysunków.

Maszynopis okazuje się miejscami nawet trudniejszy do odczytania. Wszystko przez problemy techniczne – klawisze nie zawsze są posłuszne woli piszącego. Czasem stawiają irytujący opór.

– Ale poza tym, że bywała utrapieniem, ta maszyna działała prawie magicznie – podkreśla Anita Kasperek, redaktorka Wydawnictwa Literackiego. – Była narzędziem dyscyplinującym, talizmanem i deską ratunku, pisanie na niej służyło ćwiczeniom motywująco-afirmującym.

W wydawnictwie udaje się policzyć, że Mrożek prowadził dziennik w sumie w kilkudziesięciu miastach, kilkunastu państwach i na trzech kontynentach. Pakował bruliony, rozpakowywał, woził ze sobą po świecie. Także tym razem nie chce się cenzurować. Oddaje rzecz taką, jaka była. Któregoś razu zanotował: „Bieliznę po prostu mam nieświeżą". Teraz wystawia ją na widok publiczny. Pytany, dlaczego to robi, odpowiada krótko: „Dla pieniędzy". To tekst pisany bez myśli o czytelniku.

– Od pierwszej strony byłam tym zaskoczona – przyznaje Kasperek. – Czy to on? Ów powściągliwy i małomówny Sławomir Mrożek? Tak intymny, prywatny? Tak wiele mówi o sobie? Niemożliwe, a jednak możliwe... Parafrazując Mrożka, ile niego w nim samym na tych kartach – strach pomyśleć. Całe kontynenty!

Przeszłość wraca. Spotkani w ciągu dziesięcioleci ludzie, odwiedzone miejsca. Miejsca i ludzie, ludzie i miejsca. Ciągi alkoholowe. Depresje. Toksyczne związki. Zawiść. Ponura męka twórcza. Demony. Opanowana twarz Mrożka okazuje się skrywać piekło emocji, ambicji, rozterek. Za wizerunkiem chłodnego introwertyka, który konstruuje swoje dramaty z matematyczną precyzją, gotowała się latami chaotyczna magma wątpliwości. Teraz wypływa. Wszystko w jego życiu mogło być inne, niż pozornie się wydawało. Ale sam pisarz zdaje się o nic już nie dbać.

– Sprawia wrażenie, że chciałby mieć święty spokój, zakończyć wszystko – mówi Nowakowski. – Odkąd wyjechał do Nicei, na pytania, co tam robi, odpowiada: „Nic nie robię! Siedzę sobie i patrzę".

Mrożek: „My sobie możemy wymyślać to i owo, ale czasem mi się zdaje, że jesteśmy sprężynami, które raz nakręcone się rozkręcają. Będą się tak rozkręcały aż do końca, niezależnie od tego, co o tym sądzimy. Mam mechanicznego kotka nakręcanego na kluczyk. Kiedy mu nakręcę sprężynę, kotek biega i baraszkuje. Gdyby mnie zapytał o sens, powiedziałbym mu tylko: »Oj, kotku, kotku«".

CZĘŚĆ II **MIEJSCA I LUDZIE**

MIEJSCA Kraina dzieciństwa

Francja? USA? Meksyk? Prawdopodobnie jeszcze nie istnieją. Borzęcin, w którym 29 czerwca 1930 roku Sławomir Mrożek przychodzi na świat, to niewielka, ale szczycąca się kilkusetletnią historią wieś w Małopolsce, stolica gminy o tej samej nazwie. Leży pomiędzy Brzeskiem a Tarnowem. Dziś odbywa się tu coroczne Święto Grzyba. Lasy sosnowo-dębowe obfitują w maślaki, kozaki, prawdziwki. Ludzie trudnią się głównie rolnictwem, większość z nich to rodowici mieszkańcy tych ziem.

Przed wojną było podobnie, tylko więcej Żydów. Jak wszędzie.

W księdze parafialnej przyszły pisarz zostaje postarzony przypadkiem o całe trzy dni. Potem będzie mówił, że już podczas jego narodzin wszystko było „jak z Mrożka". „Zapytany przed sądem, czy urodziłem się rzeczywiście, nie mógłbym przysiąc, bo osobiście niczego sobie nie przypominam" – napisze w *Moim życiorysie*. Jest synem urzędnika pocztowego Antoniego, który z kolei jest synem Ignacego – niezamożnego chłopa. Ojciec ma sześcioro rodzeństwa. Pochodzi z niedalekiej Porąbki Uszewskiej. Po skończeniu podstawówki postanowił iść do gimnazjum. Samowolnie opuścił ubogi rodzinny dom. Szkoły nie ukończył, bo wybuchła wojna polsko-bolszewicka

1920 roku. Zaciągnął się. To jedyna rzecz, jaką będzie chciał mieć w nekrologu. Po kilku latach biedy po tym wydarzeniu radzi sobie już dobrze.

Matka – Zofia z domu Kędzior – zajmuje się domem. Poznali się na poczcie. Jej ojciec przedsiębiorca posyłał ją tam często ze sprawunkami. Mrożek odziedziczy po niej wysoki wzrost. Oboje rodzice mają po dwadzieścia kilka lat. Wynajmują mieszkanie w drewnianym wiejskim domu (informacja, jakoby pisarz miał się urodzić w rozebranym później na cegły domu dziadka, to według niego samego nieprawda). Sławomir jest ich drugim synem. Pierwszy to dwuletni Jerzy, który, niestety, niebawem umrze. Za pięć lat urodzi się Litosława. Teraz Antoni dostaje awans i rodzina przeprowadza się do Poronina, a krótko potem – do Prokocimia. To podkrakowska wioska, która po II wojnie zostanie pożarta przez miasto i stanie się jego dzielnicą.

Mrożkowie nie mogą wiedzieć, że wrócą do Borzęcina już za kilka lat.

Pisarz rzadko będzie wspominał swoje wczesne dzieciństwo. Pozostanie mu poczucie przypadkowości urodzenia. Już w latach dziewięćdziesiątych napisze w *Dzienniku powrotu*:

„– Dzień dobry. Jakoś jestem.

– A jak pańskie nazwisko?

– Jakoś.

– Pan ze mnie kpi?

– Nie. Takie jest moje nazwisko, właśnie się przedstawiłem. Nazywam się Jakoś.

A więc to on. Znałem go, odkąd przyszedłem na świat, choć nigdy nie spotkałem go osobiście. Urodziłem się przypadkowo, a więc jakoś, i jakoś dożyłem późnego wieku. Nie był moim ojcem biologicznym, ale na pewno ontologicznym, ojcem mojego praojca, który też przecież jakoś się urodził i jakoś żył. Moje prawdziwe nazwisko jest Jakoś, syn Jakosia, a cała ludzkość to moi bracia i siostry, wszyscy Jakosiowie, potomstwo Jakosia. Wszyscy przecież jakoś się rodzimy, jakoś żyjemy i jakoś umieramy, nie wiedząc jak, ale jakoś na pewno. Praprotoplasta stanął przede mną we własnej osobie.

– Jakoś mnie nie lubisz – powiedział”.

„Czy jak będę duży, to mi powiesz, dlaczego jestem mały?" – zagaduje tatę chłopiec o wielkim nosie na jednym z rysunków Mrożka. Na razie autor tego dowcipu sam mógłby zadać podobne pytanie, choć jego nos jest obecnie całkiem niewielki (do czasu). Ma już trzy lata i z przedmieść Krakowa przeprowadził się właśnie bliżej centrum, na ulicę Bandurskiego. Mieszka na czwartym piętrze, gdzie nie może się nadziwić takiej wysokości. „Siedziałem całe dnie, patrząc w niebo i w chmury na niebie – będzie po latach wspominać w autobiografii. – Odkryłem, że są ich całe archipelagi, ruchome zatoki, płynne jeziora i fantastyczne wyspy. Odkrycie to było podwójne, bo nigdy dotąd nie widziałem morza, a dzięki chmurom, sam o tym nie wiedząc, zobaczyłem morze po raz pierwszy".

Po odkryciu nieba przychodzi pora na przeznaczenie. Z Mrożkami mieszka młodsza siostra Antoniego, studentka Uniwersytetu Jagiellońskiego. Mały Sławomir znajduje któregoś razu stos białych, czystych kartek przygotowanych przez nią do egzaminów. W zachwycie rzuca się, by postawić choć kilka kresek na każdej z nich. Rozkosz tej czynności utkwi mu w głowie na długo. Będzie potem twierdził, że właściwie całe życie... robi to samo.

W sąsiedztwie mieści się willa Bernarda Monda, generała brygady Wojska Polskiego. „Przyjeżdżała po niego bryczka, żółta, dwukonna, co świadczy o tym, że jako dziecko czteroletnie miałem dobry wzrok, bo to było nie tak blisko. Pamiętam tę bryczkę, malutką z dużej perspektywy. A ja byłem małym patriotą, małym, ale bardzo dużym patriotą, i ułani, generał Mond, polskie wojsko, to mi się niesłychanie podobało. I odgrywało rolę" – przyzna w dokumencie Marty Węgiel *Sławomir Mrożek, czyli szkic do portretu skrzętnie przez bohatera zamazywanego*.

Jego dzieciństwo to ciągłe zmiany adresu. Okażą się prorocze dla późniejszej biografii pisarza. Ostatnia przeprowadzka rodziny jest poprawą społecznego statusu. Już w Borzęcinie – mimo chłopskiego pochodzenia – Mrożkowie cieszyli się szacunkiem ze względu na „inteligencką" pracę Antoniego. Na dodatek dziadek Sławka ze strony matki był właścicielem mleczarni i sklepu „Towary różne". Jako człowiek przesadnie szorstki nie był lubiany, ale każdy musiał się z nim liczyć. Po ulicy Bandurskiego przychodzi kolej na nowy mikrokosmos. Potrzebne jest większe lokum, bo na świat przychodzi Litka. Mieszkanie na Kieleckiej na pewno jest przestronniejsze, ale – niestety – mieści się na parterze.

„Elementem bardzo znaczącym był tzw. garaż – Mrożek przypomni sobie w dokumencie Marty Węgiel. – Była to po prostu szopa na trzy boksy, kryta papą. Obok tej szopy stał tzw. trzepak, można było na niego wchodzić i na dach tej szopy, i to były już niezwykłe Nowe Jorki, i przestrzenie, i zabawy. Willa była z powodów wojskowych również dla mnie niezwykle atrakcyjna, bo na pierwszym piętrze mieszkał kapitan Lichnowski z kolei, który miał szablę i synów starszych ode mnie. Bardzo im zazdrościłem, bo oni czasem z tymi szablami, prawdziwymi szablami, gonili po schodach. Tam na przyjęcia przychodzili oficerowie. Niezwykle chciałem mieć taką szablę i oczywiście ruszyć na jakiegoś wroga".

We wrześniu 1937 roku wiele uczelni wyższych w Polsce wprowadza tzw. getta ławkowe, czyli rozdział studentów polskiego i żydowskiego pochodzenia, a mały Mrożek idzie do szkoły. Pierwszego dnia najbardziej interesują go misie i inne zabawki, które nauczyciele szkoły powszechnej im. Świętego Mikołaja przy ulicy Lubomirskiego podstępnie rozdają na przynętę pierwszakom. Nazajutrz wychodzi na jaw całe oszustwo. Przyjemności zastępuje nauka.

Przyszły pisarz stawia koślawe jeszcze litery i nic nie wie o tym, że nad świat tymczasem nadciąga katastrofa. Kanclerz Niemiec Adolf Hitler, który zdążył już złamać traktat wersalski i zawrzeć kluczowe dla osi Berlin – Rzym – Tokio sojusze, przedstawia podczas tajnej narady projekt poszerzenia przestrzeni życiowej rodaków. Anszlus Austrii przeprowadza kilka miesięcy później. Kiedy Mrożek dodaje i odejmuje cyfry, ważą się losy planowanego ataku na Czechosłowację.

Wakacje 1939 roku, być może za sprawą tego, co wydarzy się później, zapamiętane zostaną przez świadków jako wyjątkowo ciepłe i pełne uroku. Mrożek jedzie z mamą do Kamienia w województwie rzeszowskim, gdzie

Moja matka ze mną
i z moim bratem
w Poroninie
(ja – po prawej)
Personel Urzędu
Pocztowego
w Poroninie. Mój ojciec
siedzi skrajnie po
prawej. Z góry,
z balkonu, przygląda się
moja matka
Ja (z prawej strony) z moim starszym bratem w Poroninie
Ja z psem, zwanym Mars. Zdjęcie przedwojenne
Sławomir Mrożek
Baltazar
Autobiografia
Noir sur Blanc

mieszka jego bogaty i ogromnie sympatyczny wuj Ludwik – kawaler otoczony haremem urodziwych panien służących. Ojciec zostaje w Krakowie, bo pocztę i kolej obowiązują specjalne zarządzenia na wypadek mobilizacji. Na stacji w Tarnowie ktoś wysadza w powietrze przechowalnię bagażu, mówi się, że to niemieccy sabotażyści. Chłopca bardziej interesuje jednak czytany właśnie komiks o przygodach Sindbada Żeglarza.

Na miejscu czekają go ostatnie chwile prawdziwego dzieciństwa. „Wujek podarował mi mój pierwszy sportowy karabinek i nieograniczoną liczbę naboi, fiński nóż i władzę nad stawem i łodzią, gdzie mogłem robić, co mi się podobało, pod warunkiem że nie będę się spóźniał na śniadanie, obiad i kolację – będzie wspominał Mrożek. – Dzięki znajomościom dorosłych zorganizowano też wycieczkę do Stalowej Woli, świeżo założonej, gdzie w szybkim tempie rozwijał się przemysł zbrojeniowy. Zbrojenia! W to mi graj! Wszystko, co dotyczyło zbrojeń, dotyczyło Polski – wszechmocnej i potężnej".

W świadomości ówczesnych dzieci ewentualna wojna to jedna wielka przygoda. „A Niemcy jak świnie zamknięci w Berlinie" – recytuje się po podwórkach. Maluchy są przekonane, że – jak to w bajkach – dobry na pewno zwycięży, ba!, rozgromi nieprzyjaciela. A dobry to my. Pamiętają jeszcze nastrój panujący podczas pogrzebu marszałka Piłsudskiego. Są patriotami pełną piersią. I powtarzają poglądy rodziców. „Byłem umiarkowanym antysemitą i gorącym zwolennikiem generała Franco. Wierzyłem bez zastrzeżeń we wszystkie obiegowe mity, przypowieści i przesądy ogółu" – przyzna Mrożek po latach.

Pod koniec najpiękniejszego lata XX wieku jego rodzice postanawiają, że lepiej wrócić do Borzęcina. Tak na wszelki wypadek – aby w razie czego być razem z rodziną. „Z tamtej Polski-Atlantydy najbardziej stracone są zapachy – napisze pół wieku później Mrożek w paryskiej „Kulturze". – Potem pachniała broń i skóra Wehrmachtu (wtedy wiele było skóry w ekwipunku każdej armii) i Ruskich na końcu. Pachniały jakże inaczej, ale obie obco. Co znaczyło także – podniecająco. Daleki świat, w którym jestem dzisiaj, zameldował się najpierw zapachem żołnierskich butów".

– Julek! Wojna! – ten okrzyk Mrożek zapamięta na zawsze. To bratowa jego matki biegnie przez ogród 1 września. Nie widzi jej, słyszy tylko za ścianą wiejskiej wygódki, w której właśnie zasiadł. „Jeśli wojna zdarzyła się tylko po to, żeby zatrząść moim dziecinnym światopoglądem, to dziękuję, gruba przesada. Coś mniejszego by wystarczyło w zupełności. To jakby użyć megatonowej bomby dla zabicia komara" – napisze w *Moim życiorysie*.

Ale borzęciński świat zaraz po tym, jak na Westerplatte spadły pociski z pancernika „Szlezwik-Holsztyn", a armie hitlerowskie przekroczyły granicę polsko-niemiecką na całej jej długości, niczym szczególnym nie różni się jeszcze od wcześniejszego. Wszyscy tylko próbują złapać w radiu najbardziej choćby skąpe informacje, w oddali majaczą czasem jakieś samoloty, wreszcie pojawia się wojsko. Polskie. Żołnierze zatrzymują się w Borzęcinie na jedną noc. Są wypoczęci i chętni do walki, co wszystkim nieco poprawia nastroje. Wiara w zwycięstwo nie słabnie. W ramach mobilizacji rozpoczyna się pobór wozów i koni, drogi zapełniają się uchodźcami, ale Mrożkowie postanawiają zostać na „własnych śmieciach".

Mają dużo szczęścia. Borzęcin, z którego ewakuowano już urząd gminy, pozostaje nietknięty, ale Niemcy atakują niedaleki Radłów. To tylko trochę bardziej na wschód, tuż za niewielkim lasem. Dopiero po kilku dniach Mrożkowie dowiedzą się, że po opanowaniu miasta przez wojska nieprzyjaciela kilkunastu broniących się w dalszym ciągu polskich żołnierzy zabarykadowało się tam w szkole powszechnej, pod którą został podłożony ogień. Wszyscy spłonęli żywcem. Legenda głosi, że umierając, śpiewali *Rotę*. Na razie Sławek aż do nocy stoi z rodziną na polnej drodze i obserwuje kolorowe punkciki, które raz po raz rozjaśniają nadspodziewanie czyste dziś niebo. O zmierzchu widzi gwiazdę.

„Była to szczególna gwiazda, czerwony punkt, jakby napuchnięty wznosił się żwawo, potem coraz bardziej ociężale, przystanął i powoli, lecz przyspieszając, zaczął opadać – napisze w *Małych listach*, zbiorze tekstów z „Dialogu", który wyda w 1981 roku. – W ciągu następnych pięciu lat działy się rzeczy, które jako spektakl ogromnie przewyższały tę scenkę. A jednak ona przede wszystkim utkwiła mi w pamięci. Był to moment, ale wieczności, punkt, ale nieskończoności. W tym czerwonym ziarenku były już wszystkie plony i żniwa późniejsze. W tym ogniku spłonął już świat, który długo potem miał jeszcze płonąć".

Radłów zostaje zdobyty 7 września. Tego samego dnia kapituluje załoga Westerplatte. Francja i Wielka Brytania co prawda wypowiedziały Niemcom wojnę dość szybko, ale premierzy obu tych krajów po kilku dniach spotykają się w Abbeville w Pikardii, by po cichu uzgodnić między sobą zaprzestanie jakichkolwiek działań wobec agresora. 17 września do Polski wkracza od wschodu Armia Czerwona. 28 września kapituluje Warszawa. Tego dnia Mrożek po raz pierwszy zobaczy płaczącego dorosłego mężczyznę.

Wuj Julian, starszy brat jego matki, jest bardzo przystojny. Ma w sobie coś nieprzeniknionego i zwykle odnosi się do ludzi z rezerwą. Sławek ogromnie go podziwia, chciałby być taki jak on. Gdy zastaje go przy odbiorniku radiowym z twarzą schowaną w dłoniach, nie wie, jak się zachować. Na wszelki wypadek wycofuje się po cichutku przez pusty dom.

Historycy będą potem wyliczać militarną przewagę Niemiec nad Polską, z której nikt w Borzęcinie nie zdawał sobie sprawy: prawie dwukrotną w liczbie żołnierzy, trzykrotną pod względem siły ognia, pięciokrotną w samolotach, dziesięciokrotną w czołgach. Tak długi opór uważać się będzie za cud. Antoni, który podczas kampanii wrześniowej dotarł w okolice Lwowa, wraca do domu z obrazem klęski w oczach. Zgodnie z ustaleniami paktu Ribbentrop–Mołotow rozpoczyna się okupacja. Borzęcin staje się częścią Generalnego Gubernatorstwa.

Chłopiec, na którym Sławek chce odreagować nagłe podniecenie, jest znacznie niższy.

Ludzie wciąż się łudzą, że wojna nie potrwa długo, więc dla Mrożków jest oczywiste, że syn nie może przerywać nauki. Na terenach okupowanych niemal wszystkie wyższe i średnie placówki zostały zamknięte, podobny los spotkał także szkołę im. Świętego Mikołaja, której budynek oddano na potrzeby Wehrmachtu. Właśnie dlatego przyszły pisarz trafił do szkoły w Borzęcinie. To nowy świat. Dla tutejszych dzieci jest już kimś w rodzaju miejskiego inteligenta. One są szczere i brutalne, znają się od zawsze, tworzą zamknięty i dlatego bardzo pociągający krąg. Sławek bił się już kilka razy w życiu, ale teraz błyskawicznie zostaje obezwładniony płaskim uderzeniem w szyję. Jak przyzna później w *Baltazarze*, do głowy mu nie przyszło, że wiejscy chłopcy potrafią się bić tak fachowo...

„Pośredniość między drobnym a bardzo drobnym mieszczaństwem kształtowała mnie aż do późnych lat młodzieńczych" – zapisze. Teraz zaczyna zdawać sobie sprawę z tego, że dla miasta jest zbyt wiejski, a dla wsi – zbyt miejski. W dzienniku przyzna po latach: „Jestem z Borzęcina, z Krakowa, z ciasnoty. No i co? Jaki wniosek? Największa była tylko nostalgia, żeby nie być z ciasnoty, w ciasnocie. Inni mieli kłopoty z przestrzenią, ja z ciasnotą. Co czuje się w ciasnocie? Że ciasno. Co w przestrzeni? W każdym razie w przestrzeni są różne rzeczy. Te, które wychowankowi ciasnoty wydają się tylko p o z a. W konsekwencji poza nim samym. Gdzieś. Rusza więc dokądś. Ale tam mu też ulega, bo ciasny jest on sam".

Jak zauważy krytyk Tadeusz Nyczek, Mrożek na zawsze zachowa czułość dla mowy, zwyczajów i typów kultury niskiej, ludowej, wiejsko-drobnomieszczańskiej. Tej wysokiej nie będzie ufał. Jego *Maleńkie lato* czy *Ucieczka na południe* to będą satyry na Polskę zaściankową, prowincjonalną, ale satyry – zdaniem Nyczka – niepozbawione pewnej sympatii. Swojskie.

To podczas okupacji odkrywa książki. Nie ma przyjaciół, więc czyta od powrotu ze szkoły aż do późnej nocy. Znajduje zakurzone tomy w domu rodzinnym i u sąsiadki. Najbardziej lubi wielotomową historię świata oprawną w ciemnobrązową skórę, *Trylogię* Henryka Sienkiewicza, zdekompletowaną powieść *Kapitan Fracasse* Teofila Gautiera... Pożera je w półmroku, bo światło z lampy naftowej musi służyć całej rodzinie i nie można siedzieć tuż przy nim. Któregoś dnia nagle ślepnie. Niezidentyfikowana dolegliwość ustępuje po sześciu dniach okładów z rumianku (o lekarzu nie ma co marzyć). Pierwsze okulary zacznie nosić trzy lata później.

Gdy pod koniec wojny – po tułaczce po Kamieniu, Porąbce Uszewskiej, Krakowie – znów na chwilę znajduje się w Borzęcinie, decyzją rodziny będzie spał na strychu. Panuje tam przeraźliwe zimno i przy każdym wydechu z ust leci para. Mrożek jednak sporządza sobie z pierzyn wygodne legowisko, co wieczór błyskawicznie przebiera się w koszulę nocną i wskakuje w puch z książką. Wokół wybuchy, strzelaniny, okrucieństwo, a on ma swój własny świat.

W jego wspomnieniu wsi z tego czasu zostanie coś magicznego. „Kiedy byłem mały, nastawał wieczór wigilijny, ten, który dzisiaj nastaje, bardzo niezwykle było – napisze w dzienniku 24 grudnia 1984 roku. – Nie dlatego, że miało się zdarzyć coś innego niż to, co zazwyczaj się zdarzało. W tym Borzęcinie te ileś tam osób pokotem do spania i higiena nocna do kubła jak zawsze (kraj był wojenny). Nikt nie przyjdzie, nic się nie zdarzy. A jednak niezwykle, wyjątkowo było. Tylko i jedynie dlatego, że wszyscy wierzyli, iż wieczór to wyjątkowy i już".

W czerwcu 1940 roku w dostarczonym z muzeum i ustawionym w lasku Compiègne wagonie kolejowym, w którym dwadzieścia dwa lata wcześniej podpisany został rozejm po I wojnie światowej, pełnomocnicy francuskiego rządu przyjmują niemieckie warunki kapitulacji. To już jasne, że wojna nie skończy się tak szybko, jak się wcześniej zdawało. Życie w Borzęcinie staje się coraz trudniejsze. Do domu Mrożków zjechała już nawet najdalsza rodzina, brakuje miejsca, nie jest łatwo z jedzeniem. W okolicy zaczyna się wywożenie ludzi na roboty do Niemiec. Rodzice Sławka decydują się wyruszyć do Kamienia. Zostawiają Borzęcin, którego ludność niebawem – o czym jeszcze nie wiedzą – będzie przewożona do obozów zagłady.

Spośród mieszkańców rodzinnej wsi Mrożka do końca wojny zginą 143 osoby.

W Kamieniu wojsko jest wszędzie, ale wuj Ludwik ma trzy domy, więc przyjęcie rodziny to dla niego nie kłopot. Jesienią Sławek idzie do czwartej klasy, w szkole udaje mu się wreszcie znaleźć przyjaciela – Lolka Bareńskiego, syna dyrektorki. Przechodzi w tym czasie religijny okres, który nigdy potem już się nie powtórzy. Na dziesięciolatku wrażenie robi zapewne srogi katecheta, który skrupulatnie rozlicza dzieci z zadanych zdrowasiek, straszy piekielną męką i niestrudzenie tropi ich grzeszki. „Dobrze spełniona, uczciwa szkoła neurastenii" – podsumuje Mrożek w autobiografii.

Czy to doświadczenie zaważy na jego stosunku do wiary? W latach osiemdziesiątych napisze *Nauczycieli*. Choć w opowiadaniu zabrzmią też echa socjalistycznej indoktrynacji, obecnej po wojnie w oświacie, na samym początku pojawi się charakterystyczna postać duchownego. „»Jest Pan Bóg« – naucza mnie ksiądz katecheta. »Nie ma żadnego Pana Boga« – naucza mnie profesor biologii. Jak tu wierzyć jedną połową głowy, że Pan Bóg jest, a drugą, że go nie ma?" – zastanawia się chłopiec narrator.

Najbliższe lata wojenne to znów będzie dla Mrożka ciągła zmiana miejsca zamieszkania. Gdy trzymilionowa armia Hitlera w czerwcu 1941 roku uderza w Związek Radziecki, a w Kamieniu robi się coraz niebezpieczniej, zostaje posłany do Porąbki Uszewskiej, skąd pochodzi rodzina Antoniego. To wieś położona kilkanaście kilometrów na południe od Borzęcina. Sławek pamięta jeszcze, jak kilka lat wcześniej pomagał tu dziadkowi, który jest kościelnym, dzwonić na Anioł Pański (bardzo lubi Ignacego, jest małomówny i sympatyczny). Idzie do piątej klasy, ciągłe zmiany szkoły powoli przestają robić na nim wrażenie. Wkrótce zresztą wymusza na bliskich powrót do Krakowa, gdzie pojechali jego rodzice z siostrą Litosławą. Bo tęskni.

Kraków jest teraz stolicą Generalnego Gubernatorstwa, na Wawelu urzęduje Hans Frank. W dzielnicy Podgórze, którą przed wojną zamieszkiwało niewiele ponad trzy tysiące krakowian, Niemcy utworzyli getto. Za murem w kształcie połączonych żydowskich nagrobków stłoczonych zostaje szesnaście tysięcy Żydów. Zaczyna się deportacja mieszkańców getta do obozów zagłady. Decyzja o ostatecznej likwidacji dzielnicy zapada na początku 1943 roku. Wieczorem 14 marca na ulicach leżą już tylko porzucone ubrania, meble i garnki.

Mrożkowie wprowadzają się do jednego z opustoszałych mieszkań jesienią. To początek nowych akcji wysiedleńczych i trzeba zostawić wygodne lokum przy ulicy Kieleckiej. Co sobotę Sławek jeździ z ojcem do Borzęcina lub Porąbki po zapasy od krewnych. Niedługo przed lądowaniem aliantów w Normandii (czerwiec 1944 roku) dostaje zapalenia ucha środkowego. Nie ma szans na antybiotyki. Uczy się teraz w szkole powszechnej przy ulicy Żółkiewskiego. Na tajne komplety będzie chodził w czasie, gdy w stolicy wybuchnie powstanie warszawskie. W mieście pasuje już bardziej do grupy zabijaków – to wynik kilku lat spędzonych wśród wiejskich urwisów. Taka opinia specjalnie mu nie przeszkadza. W ostatnim czasie stał się nad wiek wyrośnięty, co zresztą niesie ze sobą niebezpieczeństwo. Niemcy podczas łapanki mogą go wziąć za dorosłego.

Łapanki, naloty, strzelaniny. W autobiografii będzie wymieniał najbardziej traumatyczne przeżycia: nagłe aresztowanie podgórskich sąsiadów i wywiezienie ich do Auschwitz za przynależność do Armii Krajowej; przerażającą noc w borzęcińskim schronie, gdzie otoczony pastą do butów Erdal, która po wojnie miała zapewnić dostatni żywot jego dziadkowi, z drżeniem serca chowa się przed łapanką; obserwowanego z okna mężczyznę, któremu nie udaje się uciec żandarmom i zostaje brutalnie skopany po brzuchu i głowie... W *Dzienniku powrotu* napisze, że uczucie strachu, które poznał podczas wojny, nie opuszczało go przez następne dwadzieścia cztery lata. Stwierdzi: „Wyleczyłem się z niego dopiero w dobrze urządzonej i błogiej Europie Zachodniej”.

„Jestem dzieckiem wojny – przedstawi się w *Małych listach*. – Tak zwykło się nazywać urodzonych między 1939 a 1945. Pomyłka. Dziećmi wojny są ci, którzy już podczas wojny byli dziećmi, a nie dopiero niemowlętami. Którzy już cokolwiek wiedzieli i wobec tego mogli wiedzieć, że wojna jest alternatywą pokoju. Przeżywali wojnę inaczej i silniej niż dorośli. Chłonęli wojnę, ale przeczuwając, że są niańczeni przez potwora. Mojemu pokoleniu łatwiej się porozumieć ze starcami niż z pokoleniem, które wojny nie zna".

Dla wielu pisarzy zaraz po wojnie stanie się naturalne pisanie o niej. Ale nie dla Mrożka. Dopiero w 1980 roku powstanie dramat *Pieszo*.

Nyczek zauważy, że *Pieszo* – mimo pewnej ryzykowności takiego zabiegu – można wywieść z dantejskiego nurtu: oto Ojciec – Wergiliusz – prowadzi Syna – Dantego – przyszłego autora, przez piekło wojny. Szukają żony i matki. Napotykane przez nich postacie to „Polska w pigułce". Są wśród nich porucznik AK i towarzyszący mu drab; wiejska baba z wózkiem pełnym bimbru i jej córka w niechcianej ciąży po przygodzie z żołnierzem; filozofujący niezbyt składnie, za to przesadnie wydelikacony przedstawiciel wyższych sfer i towarzysząca mu elegancka pani, którą ten źle traktuje... Ale oprócz tego korowodu dusz potępionych nie mniej ważne są w dramacie skomplikowane relacje pomiędzy ojcem a synem.

Antoni i Sławomir swoją drogę przez piekło odbywają zimą 1945 roku. Niemcy są już w odwrocie, rozpoczął się marsz na Berlin. Zamęt ostatnich tygodni znów rozdzielił rodzinę. O bladym świcie ojciec i syn wyruszają z Borzęcina do Porąbki Uszewskiej po Zofię – żonę i matkę. Pieszo. Każde kwilenie ptaka, każdy ruch pośród drzew czy przemykający cień, każdy ślad opon na śniegu wprawiają ich w przerażenie. Będąc już niemal u celu, natrafiają na ślady niedawnego bombardowania. Lej w ziemi jeszcze dymi, unosi się nad nim zapach trotylu. Serca im podchodzą do gardeł. Na miejscu zastają jednak Zofię całą i zdrową.

Ojciec i syn nigdy wcześniej nie byli ze sobą tak blisko. Nie będą też nigdy później.

W autobiografii Mrożek napisze o Antonim tak: „Nie był legionistą, nie należał do Bezpartyjnego Bloku Współpracy z Rządem, do sanacji, ONR-u, socjalistów (broń Boże!) ani w ogóle do żadnych ugrupowań. Był typowym Polakiem, który na wszystko mówi »nie«. Lubił przemawiać przy wódce w gronie kolegów na każdy temat, byle wystarczająco ogólny. Jego ignorancja była kompletna. W dodatku przemawiał z poczuciem szlachetnego oburzenia. Nawet anarchistą nie był, bo to zakłada jakiś światopogląd".

O ile pod adresem matki padają tam takie słowa, jak „piękna", „pełna ufności i życia", „otwarta na świat", o tyle o ojcu dowiemy się jeszcze, że nigdy nie przeczytał żadnej książki, własne opowieści upiększał wręcz do absurdu, a w domu czuł się nieswojo, bo nie miał publiczności. To w knajpie był królem życia. Udziałowi Antoniego w polsko-bolszewickiej wojnie 1920 roku czy też niezwykłemu, jak na te czasy, awansowi społecznemu, którego bez wątpienia był samodzielnym twórcą, Mrożek nie nada zbyt wielkiej wagi. W jednym z pisanych na przełomie wieków felietonów dla „Gazety Wyborczej" wspomni, że w powojennej Polsce ojciec miał problemy z Urzędem Bezpieczeństwa, bo nie spodobała mu się kontrola listów na poczcie. Przyzna, że był przystojny.

Skąd taki dystans? Syn czuje się odtrącony przez ojca (napisze to w *Baltazarze*) i zdaje się mieć mu za złe, że matka się nie uśmiecha. We wspomnieniach przyszłego pisarza będzie szczęśliwa tylko dwa razy – na zdjęciu z wujem Ludwikiem, które zrobione zostało jeszcze przed jej małżeństwem, i w apartamencie wuja Ludwika podczas wojennego pobytu w Kamieniu. Dla jedenastoletniego wówczas chłopca lęk przed rozstaniem rodziców jest jednak ogromny. Taka wizja narusza poczucie bezpieczeństwa. Na szczęście rozwód w tym czasie to coś nie do pomyślenia, podobnie jak związek pomiędzy kuzynostwem. Po 1941 roku Zofia i Ludwik już nigdy się nie zobaczą.

Ojciec w dramacie *Pieszo* mówi, że wziął ślub, bo wypadało mieć żonę.

22 kwietnia 1945 roku oddziały radzieckie otaczają Berlin, Hitler popełnia samobójstwo osiem dni później. Na początku maja kapitulują kolejne armie niemieckie. Zanim Japonia we wrześniu zrobi to samo, w sierpniu USA zrzucą bomby atomowe na Hiroszimę i Nagasaki. Kończy się największy konflikt zbrojny w historii świata. Kosztował życie co najmniej pięćdziesięciu milionów ludzi.

Mrożek będzie przyjeżdżał do Borzęcina już tylko sporadycznie, między innymi na pogrzeb matki. Kiedy w 1990 roku odwiedzi rodzinną wieś

z okazji uroczystości swoich sześćdziesiątych urodzin, będzie uznanym w świecie dramaturgiem, prozaikiem, humorystą. Zastanie okolicę żyjącą spokojnym rytmem. Jak zwykle będzie się mało odzywał.

„Przebyłem pięć lat wojny w stanie ogłuszenia" – zaznaczy w *Moim życiorysie*. Będzie twierdził, że niepewność siebie, której wówczas doświadczył, prześladuje go nadal. I doda: „Wtedy nabyłem, mówię: nabyłem, a nie tylko doznałem, bo od tamtej pory mnie nie opuściło, wyczucia, odczucia czy też przeczucia przepaści. Nie tej poczciwej, która zaczyna się urwiskiem i kończy się dnem, ale przepaści, czegoś między nicością a nieskończonością. Ona jest początkiem i końcem, a środka wcale nie ma. Ona jest zawsze z nami".

Mimo to większość biogramów Mrożka zaczynać się będzie w chwili jego debiutu, czyli w roku 1950. Jakby wcześniej nie było nic.

LUDZIE **Włodek**

Poeta Adam Włodek to niezły oryginał. Jest niski i gruby, często wybucha rubasznym śmiechem, a w upały chadza nago po pokoju przy otwartych oknach. Mieszka w Domu Literatów przy ulicy Krupniczej w Krakowie. Na śniadanie potrafi zjeść osiem bułek i jajecznicę z pięciu jaj. Nosi chlebak wypchany książkami i czasopismami, regularnie zagląda do pobliskich księgarń, gdzie wszyscy go znają. I – co zdumiewa kolegów – ma szalone powodzenie u kobiet.

Z Mrożkiem zostają sobie przedstawieni, kiedy Sławomir ma dziewiętnaście lat. Niedawno zdał maturę w krakowskim Liceum im. Nowodworskiego i rozpoczął studia architektoniczne na Wydziałach Politechnicznych Akademii Górniczej (dziś Politechnika Krakowska).

Po wojnie zamieszkał z rodzicami i siostrą przy ulicy Prażmowskiego. U matki wkrótce potem objawiła się gruźlica, na którą chorowali niemal wszyscy członkowie jej rodziny. Cały czas spędzała odtąd w szpitalach i sanatoriach. Przez kilka lat Mrożek był pozostawiony sam sobie, bo ojciec nie interesował się nim szczególnie. Sławek zapuścił się, rozleniwił. Egzamin dojrzałości zdał przeciętnie – był zdziwiony, że w ogóle zdał. Na architekturę poszedł, bo wydała mu się kompromisem pomiędzy zawodem artystycznym, jakiego chciał, a praktycznym, którego życzył sobie jego ojciec (porzuci studia już po trzech miesiącach). Wakacje po maturze spędził w Kamieniu u wuja Ludwika, do którego przestał wreszcie żywić dziecięcą urazę o dwuznaczną relację z matką. Matka zmarła w październiku 1949 roku. To bardzo niedawno.

I właśnie teraz w życiu Mrożka pojawia się Włodek, mąż młodej poetki Wisławy Szymborskiej.

Kim jest?

Adam Włodek przychodzi na świat 8 sierpnia 1922 roku w Krakowie, jest synem Henryka i Karoliny Włodków. Jego ojciec to zawodowy wojskowy, matka zajmuje się domem. W dzieciństwie przyszły poeta wydaje się nieokrzesany. Jako bardziej uzdolniony od rówieśników często się nudzi na lekcjach, dlatego też rozrabia i stroi głupie miny.

Szkolny kolega Tadeusz Jęczalik, również późniejszy literat, będzie wspominał: „Wychowawcą naszym został świetny pedagog, profesor matematyki Adolf Scheybal... Lubiłem go bardzo, ale naraz straciłem doń całą sympatię, gdy pewnego razu posadził obok mnie Adama Włodka, człowieka, który zrobił na mnie wrażenie wręcz rozpaczliwe, nie tyle samym wyglądem i dzikim stylem rozmowy, co przebywaniem w towarzystwie nader podejrzanych kolegów... Rychło jednak czas miał mnie przekonać o mylności moich poglądów, skoro z wroga niemal śmiertelnego stał się moim najlepszym przyjacielem... Przyznaję, że pierwsze lody on jednak przełamał... Bo oto wobec mojego niechętnego do niego stosunku nie okazał się chamem i uprzejmie mnie podszedł, chwytając tym samym za serce".

Już w szkole obaj przyjaciele postanawiają zostać poetami. Przekonuje ich do tego polonista zwany przez młodzież „Cyklopem" (plotka głosi, że jedno oko ma szklane). Któregoś razu próbuje im sugestywnie wpoić, że wiersz może mieć formę różnoraką, nawet bliską z pozoru prozie. W tym celu zadaje uczniom napisanie własnego utworu.

Jako siedemnastolatek Włodek – podobnie jak ojciec Mrożka – uczestniczy w kampanii wrześniowej. Jest ochotnikiem. W książce *Nasz łup*

ŚWIADECTWO DOJRZAŁOŚCI SZKOŁY OGÓLNOKSZTAŁCĄCEJ STOPNIA LICEALNEGO

Mrożek Sławomir Piotr Paweł
(nazwisko i imię)

urodzon.y dnia 26. czerwca 1930 r.

w Borzęcinie

powiat: brzeski

po ukończeniu nauki w szkole ogólnokształcącej stopnia licealnego zdał.. egzamin dojrzałości według programu wydziału humanistycznego przed Państwową Komisją Egzaminacyjną, powołaną przez Kuratora Okręgu Szkolnego Krakowskiego pismem z dnia 22. kwietnia 1949 Nr II.15361/49/2a w Krakowie

Szkoła Ogólnokształcąca st. licealnego PAŃSTWOWE GIMNAZJUM im. Bartł. Nowodworskiego w Krakowie

w ....

Świadectwo niniejsze uprawnia do studiów w szkołach wyższych w myśl art. 79 i 80 dekretu z dnia 28 października 1947 r. o organizacji nauki i szkolnictwa wyższego (Dz. U. R. P. Nr 66, poz. 415).

Kraków, dnia 16. maja 1949 r.

Nr 14.

PRZEWODNICZĄCY PAŃSTWOWEJ KOMISJI EGZAMINACYJNEJ:

[signature]

I PAŃSTW. LIC. I GIMN. IM. B. NOWODWORSKIEGO W KRAKOWIE

CZŁONKOWIE PAŃSTWOWEJ KOMISJI EGZAMINACYJNEJ:

[signatures]

L. Dupl.

Min. Ośw. 221 PZWS C-437 IV 49 — 25.000 E-09138

Mrożek Sławomir Piotr Paweł
(nazwisko i imię)

otrzymał/ następujące oceny roczne w klasie XI Szkoły Ogólnokształcącej st. licealnego i na egzaminie:

język polski	bardzo dobry
język łaciński	dostateczny
język angielski	bardzo dobry
historia	dobry
nauka o Polsce i świecie współczesnym	dobry
biologia	dostateczny
geografia	
geologia	
fizyka ~~i kosmografia~~ z chemią	dobry
chemia	
matematyka	dobry
propedeutyka filozofii	dostateczny
rysunek	
wychowanie fizyczne	dostateczny
przysposobienie wojskowe (S. P.)	dobry
religia	bardzo dobry

DYREKTOR

Skala ocen: bardzo dobry, dobry, dostateczny

PROTOKÓŁ

EGZAMINU DOJRZAŁOŚCI W LICEUM OGÓLNOKSZTAŁCĄCYM

Nr 14

(wypełnia dyrektor szkoły)

Nazwisko ...... Mrożek

Imię ...... Sławomir, Piotr, Paweł (3 im.)

Urodzony dnia 26. czerwca roku 1930

w Borzęcinie powiatu brzeskiego, woj. krakowskiego

Wyznania rzym. kat.

Miejsce stałego zamieszkania Kraków, ul. Prażmowskiego 64

Zdaje egzamin według programu wydziału humanist.

Zdaje egzamin po raz pierwszy

Do egzaminu ustnego wybiera przedmiot nauczania ......

PODPIS PRZEWODNICZĄCEGO PAŃSTWOWEJ KOMISJI EGZAMINACYJNEJ LUB JEGO ZASTĘPCY:

ZESTAWIENIE OCEN

PRZEDMIOTY EGZAMINU	Sprawowanie	Religia	Język polski	Język	Język łaciński	Język grecki	Język ang.	Historia	Zagadnienia życia współczesnego	Geografia i Geologia	Biologia	Fizyka z astronomią	Chemia z astronomią	Matematyka	Propedeutyka filozofii	Przysposobienie wojskowe	Ćwiczenia cielesne	Rysunki	Przedmioty nadobowiązkowe
Oceny roczne z kl. I liceum	db	bdb	db	/	db	/	db	dst	dst	/	dst	dst	/	dst	/	db	zw	/	
Oceny roczne z kl. II liceum	bdb	bdb	db	/	dst	/	bdb	dst	db	/	/	db	/	~~dst~~ db wy	dst	/	dst	/	
Egzamin piśmienny	/	/	bd	/	/	/	bd	/											
Egzamin ustny			bd				bd	db	db					db W.E.S.					
Ocena ostateczna	bd	bd	bd	-	dst	-	bd	db	db	-	dst	db	-	~~dst~~ db	dst	db	dst	/	

Uchwała Państwowej Komisji Egzaminacyjnej

...... zdał egzamin ...... dojrzałości w liceum ogólnokształcącym

PRZEWODNICZĄCY PAŃSTWOWEJ KOMISJI EGZAMINACYJNEJ

Uwagi:

CZŁONKOWIE PAŃSTWOWEJ KOMISJI

182

PROTOKÓŁ EGZAMINÓW USTNYCH

Przedmiot egzaminu	Data	TREŚĆ EGZAMINU	Podpis
Religia			
Język polski	16 V 1949	Mickiewicz jako publicysta i działacz polityczny. „Lalka” Prusa jako obraz stosunków ekonomicznych i społecznych w drugiej połowie XIX w. Problematyka „Szczepana Rudnickiego” Odpowiedź bardzo dobra.	D. Stypuchowa
Język łaciński			
Język ~~obcy~~ ang.	16. V. 1949.	Tekst: [illegible]: The Ox Waggon in South Africa. Pytanie: English colonial expansion. Abiturient posługuje się językiem [illegible] i poprawnie, wykazał także [illegible] znajomość tematu	M. [illegible]
Historia	16/V. 49	1. Cromwell i rzeczpospolita angielska 2. Walka Polski z naporem germańskim. Orientuje się w tematach dobrze, myśli zagadnienia samodzielnie. Trudności w posługiwaniu się mapą.	[illegible]
Zagadnienia życia współczesnego	16 V	Związek Samopomocy Chłopskiej [illegible] Odp. db	[illegible]
Geografia z geologią			
Biologia			
Fizyka z astronomią			
Chemia			
Matematyka			

Przewodniczący Komisji Egzaminacyjnej: [illegible]

wojenny (tytuł to cytat z wiersza Szymborskiej), która łączy w sobie elementy pamiętnika i pracy krytycznoliterackiej, wspominać będzie 1 września 1939 roku: dźwięk syren, które w domu rodzinnym zastały go przy śniadaniu; ludzi dziwiących się tak wczesnym ćwiczeniom; pierwszy okrzyk „To już wojna!"; odezwę prezydenta RP rozklejaną na murach i kioskach; chowanie się w bramach, gdy z głośników rozlegają się słowa: „Uwaga… nadchodzi…". O samej kampanii napisze, że wespół z tysiącami swoich rówieśników dzielił losy cofających się armii, aby jak tylu innych „błagać o karabin, jak skazaniec o łaskę" (to z kolei cytat z Juliana Przybosia).

Choć jest starszy od Mrożka o osiem lat, jego dotychczasowy świat zostaje zburzony nie mniej brutalnie. Późniejszy wiersz *Wojna* zacznie od słów:

> Srebrnego lotu smugą
> samolot starł mi sen z oczu.
> Wojna
> dotąd wklejana w albumy ilustracji
> pierwszą prawdziwą bombą
> spadła.
>
> Dworzec. W odkrytym wagonie
> warkot ciężkiego nieba zaciskał gardło.
> Każda chwila jak wybuch.
> Lecz najcięższym ładunkiem
> przez dzień cały
> eksplodował
> strach.

W czasie okupacji Włodek działa w krakowskim podziemiu kulturalnym. W latach 1944–1945 współtworzy konspiracyjną „Bibliotekę Poetów", w której debiutuje tomem *Wiązanka jaskrów*. Szymborską poznaje w 1945 roku.

Wraz z Jęczalikiem przygotowuje właśnie pierwszy numer „Walki" – dodatku do „Dziennika Polskiego". Redakcyjny kolega Witold Zechenter przynosi im kilka tasiemcowych wierszy nikomu nieznanej młodej autorki. „Wiersze te nie wyróżniały się niczym nadzwyczajnym – co więcej: były po prostu słabe. Tak słabe, że nie widzieliśmy możliwości wykorzystania żadnego z nich" – napisze Włodek po latach. Zechenter – być może z przekory – nie daje się jednak łatwo spławić i wreszcie sugeruje kolegom, aby przeredagowali zaproponowane utwory według własnego uznania. W trzecim numerze „Walki" Szymborska wreszcie debiutuje.

Wiersz *Szukam słowa* mało przypomina oryginał. Zaraz po druku autorka zjawia się osobiście w redakcji, ale zamiast – jak na przewrażliwioną debiutantkę przystało – zrobić redaktorom awanturę, gratuluje im ciekawej „interpretacji" jej utworu i pyta rezolutnie: „Ale honorarium za ten w a s z wiersz wypłacicie jednak m n i e?".

Kolejne teksty przyszłej noblistki są coraz lepsze, więc redaktorzy posyłają je do zecerni z prawdziwą satysfakcją. Włodek już wkrótce będzie pomagał także Mrożkowi. „Adam nie mówił mi wprost, że moje wierszyki są straszne, ale przez umiejętnie podsuwane książki pozwalał mi to zrozumieć – wspominać będzie Szymborska mistrza starszego od siebie zaledwie o rok. – Nie wytykał mielizn w mojej pisaninie, ale starał się podkreślać te nieliczne wersy czy choćby urywki wersów, które uznał za lepsze od całej, przeważnie długiej reszty. I taka była jego metoda wobec wszystkich początkujących poetów – nie zniechęcać z miejsca, nie wyśmiewać, raczej chwalić to, co od biedy chwalić można było".

Po ślubie w kwietniu 1948 roku Szymborska wprowadza się do pokoiku męża na poddaszu Domu Literatów, gdzie za kilka lat zamieszka również Mrożek. Przeraźliwe zimno, stosy książek, kilka nierozpakowanych walizek i jedno łóżko polowe – tak wygląda gniazdko nowożeńców. W noc poślubną, po symbolicznej lampce wina w kawiarni, do drzwi niespodziewanie puka ubrany w piżamę Tadeusz Peiper – poeta i krytyk, główny teoretyk Awangardy Krakowskiej – i pyta: „Panie kolego, przyjechał do mnie gość z Lublina, muszę go przenocować. Czy ma pan pożyczyć coś do spania?". Dla Włodka, który zaczynał od poezji bliskiej Awangardzie, Peiper to guru. Bez chwili wahania łapie za jedyne posłanie i uprzejmie mu wręcza.

Na świecie trwa zimna wojna. Kraj będzie się wkrótce nazywał Polska Rzeczpospolita Ludowa; po wojnie znalazł się w sowieckiej strefie wpływów. Choć taki porządek nastał dopiero kilka lat temu, polityka już parokrotnie pojawiła się w życiu młodego Mrożka. W 1946 roku spontanicznie przyłączył się do demonstrujących w rocznicę Konstytucji 3 maja studentów, którzy następnie spotkali się z brutalną reakcją komunistycznej władzy (kilkaset osób zatrzymano). Zrobił to raczej z chęci przygody, a nie z pobudek ideologicznych. Już w 1948 roku zapisał się do Związku Młodzieży Polskiej, który uważany jest za wstęp do Polskiej Zjednoczonej Partii Robotniczej (powstaje w grudniu tego roku), a w czasie wakacji – jako junak Służby Polsce – pracował przy budowie lotniska wojskowego na warszawskim Boernerowie. Gdy aplikował na studia, obowiązywały już nowe zasady rekrutacji, według których pierwszeństwo przysługiwało robotnikom i chłopom. Miał większe szanse.

W tekście *Szyny* z 1997 roku będzie wspominał, jak został powołany w trybie wojskowym do – jak się wyrazi – „obozu pracy przymusowej". Choć Służba Polsce w zasadzie miała być ochotnicza, na wezwaniu widniał dopisek, że niestawienie się jest karalne. Na lotnisku pracuje razem z niemieckimi jeńcami, których oficjalnie w Polsce już nie ma. Budzą w nim pewną ciekawość, bo kontakt z nimi jest zakazany. Napisze: „Pamiętam dwóch: starszawego, wołali go Paul, i młodego, w naszym wieku. Dziwiła mnie pergaminowa białość ich skóry i jakby opuchłość – dziś wiem, że mogła to być opuchlizna głodowa czy w ogóle jakaś awitaminoza – oraz martwota spojrzenia. Patrzyli jakby w dal, ale nic nie widząc. Dziwiła mnie też schludność i kunszt, z jakim łatali, chyba sami, bo kto by im to robił, swoje spodnie i koszule kroju równie nieokreślonego, co koloru, w każdym razie szarawego. Całe składały się z łat i łat na tych łatach, a na tych łatach z jeszcze mniejszych łatek. Wszystkie przyszyte tak starannie, że staranniejszych w życiu nie widziałem, ani przedtem, ani potem. Tych dwóch pamiętam, bo dłużej niż z innymi z nimi pracowałem. My kopaliśmy rowy, a oni układali w nich rury wodociągowe i mocowali je na złączach. Tak więc, nawet po wojnie, Polak był ziemlokopem, a Niemiec siłą wykwalifikowaną. Mimo to czuliśmy się teraz nieskończenie od nich wyżsi".

Tribun
PRICE
1950
Szpi
„Prawdziwa cnota krytyk się nie boi."
KRASICKI
MIĘDZY NAMI
WSZYSTKO SKOŃCZONE
PROSZEK OD BÓLU GŁOWY
dla dorosłych
Kowalskina
Ap. KOWALSKI
COŚ DO CIEBIE !
Krytyka konsumenta czynnikiem usprawnienia naszej pracy.
POSPOLITA LUDOWA

Poczucie wyższości zwycięzców? Potrzeba nowego ładu? Chęć odcięcia się od dramatu wojny? Wszystko to sprawia, że w dużej części społeczeństwa wiara w system socjalistyczny jest spora. Gdy Mrożek poznaje Włodka, ten jest zagorzałym komunistą. Na przekór szarej rzeczywistości w Domu Literatów trwa nieustanna zabawa. Spotkania najczęściej odbywają się u Włodków, którzy zdążyli już dostać nieco większe mieszkanie. Bywa tam także Leszek Herdegen, przyjaciel Mrożka jeszcze z liceum. Któregoś razu zabiera ze sobą przyszłego pisarza.

„Schyłkowcze, jesteś!" – takim okrzykiem wita go gospodarz. Okazuje się, że Herdegen wyraził się wcześniej w ten sposób, opowiadając o przyjacielu. Włodek to podchwycił i natychmiast nadał Mrożkowi pseudonim, którego będzie używał przez kolejne lata. Wśród rozbawionej grupy artystów nowy gość czuje się na razie dosyć nieswojo. Przez całą wizytę nie uda mu się wydukać ani jednego słowa.

W tym czasie pomieszkuje na strychu u Herdegena przy ulicy Świerczewskiego (dzisiejsza Studencka), bo ma już dość słuchania nieustannych kłótni egoistycznego ojca z burzliwie dorastającą córką Litką. To niedaleko od Krupniczej, więc wkrótce zaczyna coraz częściej spotykać się z Włodkiem. Nierzadko spędzają ze sobą całe dnie – chodzą razem do baru mlecznego, a potem do księgarń, odwiedzają znajomych. Cały czas rozmawiają. „Miał swój dosadny język, bardzo zabawny, po części knajacki, z nieoczekiwanymi zwrotami z innych dziedzin – będzie wspominał Mrożek. – A ja, ponieważ było mi wszystko jedno, nie protestowałem ani nie aprobowałem. Trwałem w mojej pozie schyłkowca. On, znając »oręż marksizmu«, spodziewał się, że prędzej czy później wpadnę w jego sieci. Dwudziestoletni schyłkowiec to rzecz śmieszna i w tym stylu nie mogłem wytrwać".

W kwietniu 1950 roku Włodkowie razem wstępują do partii, Mrożek zrobi to dwa lata później. „Nas, Adama i mnie, nie trzeba było nawet specjalnie agitować – napisze Szymborska już po śmierci Włodka o jego i własnym ówczesnym światopoglądzie. – Byliśmy głupi, naiwni, politycznie niewyrobieni i bez zastrzeżeń wierzyliśmy w to, co mówili nam starsi towarzysze. Którzy, jeżeli wiedzieli więcej niż trzeba, w tamtych latach milczeli. Jako członek partii Adam, z racji swojego temperamentu, bardziej był czynny niż ja, ale myśleliśmy podobnie. Tylko ba, czy w ogóle myśleliśmy? Przecież partia myślała za nas i to nam powinno było wystarczać. I na parę lat rzeczywiście wystarczało. Może wyda się to komuś dziwne, co powiem, ale nie uważam tych lat za całkiem stracone. W rezultacie na zawsze uodporniły mnie one na wszelkie doktryny zwalniające ludzi z obowiązku samodzielnego myślenia".

Włodek nie ukrywa swych komunistycznych sympatii. Po wstąpieniu do partii zostaje opiekunem Koła Młodych przy krakowskim oddziale Związku Literatów Polskich (jego członkiem już wkrótce zostanie Mrożek) i opowiadać będzie, że to on zamówił u Szymborskiej i Tadeusza Nowaka epitafia po śmierci Józefa Stalina. Aby zdążyli z tekstami do żałobnego numeru „Życia Literackiego", przymusza ich do pracy, zamykając w kanciapie przy szatni klubu. Jak głosi anegdota, co jakiś czas młodzi poeci wysuwają mu przez szparę pod drzwiami efekty swojej pracy, a on je oddaje po naniesieniu poprawek. Wiersze ukazują się obok siebie. Można w nich odnaleźć podobne motywy.

Nieco wcześniej pomaga w debiucie Mrożkowi. Pierwszy krok do kariery dwudziestolatek ma już za sobą – w kwietniu 1950 roku wygrał konkurs tygodnika „Szpilki" na żart rysunkowy i humoreskę. Coraz bardziej jednak potrzebuje pieniędzy, zaczyna trochę przypominać kloszarda. Chodzi cały czas w jednych skarpetkach, które stają się w końcu tak brudne, że dostaje od tego zakażenia krwi (nie narzeka na wizytę w szpitalu – może się wreszcie wykąpać). Podejmuje próbę nielegalnego handlu papierosami, ale kończy się to katastrofą. Niczego nieświadomy pakuje się w sam środek rewiru podległego nikotynowej mafii i już za drugim razem zostaje przegoniony. Skutecznie. Czasem ktoś mu postawi obiad za drobną przysługę. Pojawia się też w spektaklu teatralnym jako statysta. Występuje w roli jednego z nieszczęśników, których mają rozstrzelać Niemcy, ale ostatecznie ratują ich radzieccy partyzanci.

Ratunek, który przychodzi dla Mrożka w jego ubogim życiu, jest również radziecki – przynajmniej w pewnym sensie. Włodek, który jest liczącą się postacią w krakowskim ZLP i ma kontakty we wszystkich redakcjach w mieście, proponuje mu napisanie reportażu z budowy Nowej Huty. To oszałamiająca oferta, bo tekst ma się ukazać w „Przekroju", cieszącym się już wówczas opinią najchętniej czytanego czasopisma w kraju. Mrożek stwierdzi potem w *Baltazarze*, że poeta postanowił go „użyć", nie ulega jednak wątpliwości, że bardzo mu pomógł w jego ówczesnej sytuacji życiowej. W autobiografii padnie też sugestia, że chcąc uratować swoich współpracowników przed kompromitacją, redaktor naczelny Marian Eile wolał, aby zamówiony przez władze tekst napisał ktoś zupełnie nieznany.

23 lipca 1950 roku ukazuje się świąteczny numer „Przekroju" (dzień wcześniej obchodzono rocznicę ogłoszenia Manifestu PKWN, który w 1944 roku określił nowy ład – to w nowej Polsce najważniejsze święto państwowe). Na okładce uśmiechnięte twarze dziarskich robotników, na rozkładówce w środku – bogato ilustrowany reportaż *Młode miasto*. Podpis: Sławomir Mrożek.

Tekst jest wzorcowym przykładem nowomowy. Nieznany autor z zaskakującą u debiutanta zręcznością tworzy kolaż najgorętszych haseł propagandy socjalistycznej. Pisze o przodownictwie w pracy, sile młodzieżowych brygad ochotniczych, wyzysku chłopów przez bogaczy, codziennej walce klas, przyjaźni z Krajem Rad, ZSRR. W dygresji pojawia się nawet wojna koreańska. Nowa Huta zostaje nazwana „marzeniem złapanym w sieć matematycznych obliczeń". W przedstawionych przez Mrożka obrazkach (przyzna potem, że wymyślonych) brygady po skończeniu dniówki rzucają się bez ociągania do pomocy kolegom, którzy jeszcze pracują, i w duchu sportowej rywalizacji wyrabiają nawet po 700 procent normy.

CIĄG DALSZY „FIRMY TEHA"

Sławomir Mrożek

MŁODE MIASTO

Między dwoma brzegami — rokiem 1949 i 1955 — rozpięto już olbrzymi most na sześciu przęsłach: świetną konstrukcję planu sześcioletniego. Marzenie złapano w sieć matematycznych obliczeń — narysowano jego portret w postaci wykresów technicznych. Mówimy: rośnie Nowa Huta.

Produkcja tego nowego zakładu przemysłowego przewyższy dotychczasową produkcję wszystkich zakładów tego typu w Polsce. Dziś podkrakowskie równiny, rozdzwoniły się szczękiem twórczego budownictwa. Jutro wypełnią się gwarem wielkiego, pracującego miasta.

Ludzie nowych czasów, nieświadomi poeci, każdą cegłą i każdym metrem sześciennym wykopanej ziemi piszą największy „poemat przemysłowy" w dziejach Polski. Od jego niezwykłych strof zależy dalszy, szybki rozwój podstawowych gałęzi przemysłu, produkcja: obrabiarek, traktorów, maszyn rolniczych, środków transportowych itp.

Nie jest rzeczą przypadku, iż wybitny odsetek owych nieświadomych poetów a świadomych budowniczych nowego miasta — stanowi młodzież.

Młodzież: pierwsze szeregi bezklasowego społeczeństwa pierwszego miasta socjalistycznego w Polsce. Element najbardziej entuzjastyczny, najbardziej zdolny do rozwoju.

MODELE MARZEŃ

Chłopcy z 51 Ochotniczej Brygady ZMP ustawili przed namiotami betonowe i ceglane makiety domów i fabryk. Jest coś wzruszającego w tych zabawkach. Chcą mieć swoją hutę koło siebie — podobnie jak przy sobie przechowuje się fotografię ukochanej osoby.

W świetlicy brygady wisi na ścianie duży rysunek, wykonany nieskomplikowanymi środkami. Przedstawia on panoramę fabryczną, w którą autorzy wpletli taki napis: „My Wydrzyński i Aniołczyk tak sobie wyobrażamy Nową Hutę — a wy koledzy?" Nie poprzestają zresztą na najpiękniejszej chociby wyobraźni. W codziennej pracy nie szczędzą sił, przybliżając nadejście wymarzonej rzeczywistości.

WIELKA SZKOŁA

Młodzież w liczbie około 13.000, zorganizowana jest w brygadach SP i ZMP. Uczestnicy brygad SP pracują w ramach turnusowej Służby Polsce; wśród nich są również ochotnicy. Natomiast brygady ZMP — składające tu po raz pierwszy swój bojowy egzamin — zasilane są wyłącznie ochotnikami, którzy zobowiązali się do służby rocznej. Wszyscy są członkami Związku Młodzieży Polskiej.

O wzrastającej popularności tej nowej formy organizacyjnej świadczy najlepiej fakt, że po ukończeniu dwumiesięcznego turnusu w brygadach SP junacy zgłaszają się do dalszej pracy w brygadach ochotniczych.

Ale nie tylko pod względem organizacyjnym młodzież stanowi zwartą grupę wśród załogi Nowej Huty. Niektóre zadania na budowie powierza się wyłącznie młodym robotnikom. Rosną bloki młodzieżowe — stawiane przez zetempowców. Ostatnio wysunięto też projekt, aby młodzież przeprowadziła w całości budowę gmachu szkoły podstawowej. Wykonywanie tych zadań przez chłopców, którzy przybyli do brygad jako robotnicy niewykwalifikowani, możliwe jest jedynie dzięki prowadzonemu szkoleniu zawodowemu i akcji współzawodnictwa pracy.

Jest to szkoła nie tylko dla uczniów, ale także dla starych majstrów-nauczycieli, którzy uczą się, jak uczyć nowe kadry. Wychowani w kapitalistycznych warunkach — niejednokrotnie dopiero teraz, kształcąc swych uczniów, przyswajają sobie metody właściwej z nimi współpracy. Pomocników wychowują na swych zastępców i następców. „Młodzi się sami garną do nauki, sami się zgłaszają i o nią proszą. Tym bardziej trzeba im pomóc" — mówi jeden z majstrów, ob. Denisiuk z SPB.

Awans zawodowy staje się zjawiskiem zwyczajnym. Według sprawozdania przewodniczącego Zarządu ZMP w Nowej Hucie, Kleszcza — ponad tysiąc młodych murarzy, zbrojarzy i betoniarzy zdobędzie w najbliższym czasie pełne kwalifikacje i rozpocznie samodzielną pracę.

WIELU GODNYCH CHORĄŻYCH

Odcinki młodzieżowe należą do przodujących. Jakimi jednak drogami trzeba było dojść do zwiększenia wydajności pracy, do wykorzenienia bumelanctwa? Jeżeli obecnie nie ma już brygad wykonujących poniżej 100% normy — jest to wynikiem cierpliwych wysiłków ze strony przodujących jednostek i zespołów.

— „My przenieśliśmy po dwie belki, a wy w tym samym czasie po jednej. Zobaczymy, czy potraficie!" — tak brzmiało wyzwanie rzucone przez dwu przodowników pracy dwom znanym bumelantom, którzy na jednym z odcinków byli główną przyczyną opóźnień w pracy. Żadne perswazje nie trafiły im dotąd do przekonania. Teraz jednak wyzwanie przyjęli. Tyle że niezupełnie ściśle wykonywali warunki umowy... Zamiast po jednej belce, zaczęli przenosić — po cztery. Cały dzień trwał emocjonujący pojedynek. Obydwa zespoły wykonały ponad 700% normy, a brygada zyskała dwu nowych przodowników.

W brygadzie wisi proporczyk ZMP: „Pierwsi w nauce i pracy". Znajduje on wielu godnych chorążych.

POLITYKA NA CODZIEŃ

W codziennej pracy przekonuje się młodzież naocznie, jak wielkie znaczenie ma rewolucyjna ideologia dla urzeczywistnienia trudnych zadań budowy. Nigdzie nie ma tak doskonałych warunków dla konfrontacji rewolucyjnej teorii z codzienną praktyką i do przekonywania się o słuszności teorii.

Aby osiągnąć poziom wyrobienia ideologicznego, trzeba było przebyć szereg etapów. Oto etap początkowy: przybycie ochotników do brygady.

— Gdzie pracowaliście przedtem? — zapytuje przewodniczący ZMP jednej z ochotniczych brygad. Zapytany jest chłopcem dziewiętnastoletnim, ale wygląda najwyżej na lat siedemnaście. Niski i drobny. I zalęknione spojrzenie. Dlaczego?

Z przyzwyczajenia. Okazuje się bowiem, że do niedawna był na służbie u wiejskiego bogacza w miechowskim. Wielohektarowe gospodarstwo, trzy konie, krowy...

— Jak długo robiliście u niego?
— Cały rok.
— Zapłacił wam?
— Nie.

Nic dziwnego, że bogacze wiejscy rozpętali propagandę przeciwko brygadom młodzieżowym. Pozbawiają ich one jakże taniej siły roboczej, odbierają możność wyzysku.

Początkowy, trudny okres wpajania elementarnych zasad socjalistycznego współżycia i pracy — mają już brygady poza sobą.

BRATERSTWO PRACY

Szczególnie utkwiło mi w pamięci pewne, drobne na pozór, zdarzenie, które charakterystyczne jest jednak dla stylu pracy zetempowskich brygad.

Przeprowadzaliśmy wyładunek wagonów. Traktory ryczały wśród kurzu. Słońce od rana nabierało wprawy, aż koło południa zaczęło prażyć z niezwykłą precyzją. Czarny pył węglowy, biały pył drogi i drgające od gorąca powietrze — stanowiły zwartą mieszankę. Z końcem dniówki wyrzucono ostatnie łopaty węgla, przypadającego na nasz oddział. Ludzie wracają zmęczeni. Po drodze spotkanie: jedzie inna grupa, która nie skończyła jeszcze wyładunku.

— Koledzy, pomożemy im! — padają czyjeś słowa.

Nikt się nie ociągał — wezwanie przyjęto jako rzecz zupełnie naturalną. Drugi wagon został wyładowany w rekordowym czasie.

Piotr Ożański (na fotografii), jeden z dwóch murarzy z 51 Brygady ZMP, którzy przy budowie Nowej Huty ustanowili nowy rekord murarski Polski

Chłopcy chcą mieć hutę koło siebie, jak fotografię bliskiej osoby. Przed namiotami wybudowali starannie makietę przyszłego miasta i fabryki

Młodzi budowniczy Nowej Huty solidaryzując się z ludem Korei walczącym o swą wolność — manifestują pod hasłem „Ręce precz od Korei"

Systematyczna nauka, lektura książek i przy... pularnego „Sztandaru Młodych" — oto ... ...ję świetlicowych po zakończeniu dziennej ...

WALKA KLASOWA TRWA

Kiedy kilka tygodni temu junacy jednej z brygad zetempowskich jednomyślnie postanowili przepracować nadprogramowo dzień świąteczny — a pieniądze w ten sposób zarobione przeznaczyć na cele społeczne — spotkali się z wieloma niezrozumiałymi na pozór trudnościami. „Zabrakło" samochodów do transportu ludzi. „Zabrakło" nawet łopat. Na tak ważnym odcinku walki klasowej, jakim jest Nowa Huta, wróg posługuje się zarówno propagandą jak i małym sabotażem, wykorzystując niedostateczne niekiedy wyrobienie polityczne i brak czujności u pewnej części załogi technicznej i administracyjnej.

Ob. Szczygieł, I sekretarz KP PZPR w Nowej Hucie stwierdził: „Z przejawami tej działalności wroga klasowego trzeba umieć walczyć. Trzeba je umieć dostrzec w zdawało by się niewinnej awarii czy postoju..."

Zetempowskie skandowanie: „My — chce — my — pra — co — wać" rozlegające się pod oknami baraku kierownictwa odnośnego odcinka robót zrobiło swoje. Łopaty się „znalazły"...

HUTA POKOJU I PRZYJAŹNI

Pośród młodych budowniczych dużą popularność posiada powiedzenie: „Nowa Huta jest młodszą siostrą Komsomolska". Istotnie — tylko w kraju zwycięskiego socjalizmu można szukać przykładów i wzorów dla przeprowadzenia tak wielkiego przedsięwzięcia. Na carskich mapach naprózno szukano by takich nazw, jak: Magnitogorsk, Kuźnieck, Azowstal, Komsomolsk. Podobnie — na dotychczas wydawanych mapach obojętna nazwa wsi podkrakowskiej niczym nie wróżyła takiego ładunku woli i życia, jakim jest Nowa Huta.

Wiemy już, jak głęboko osobiste znaczenie ma Nowa Huta dla jej budowniczych. Głęboka też jest ich wdzięczność i przyjaźń dla Kraju Rad. Przecież, gdyby nie pomoc sojusznika — cementowe zabawki pozostałyby tylko zabawkami. Nie trzeba też chyba tłumaczyć, dlaczego młodzież radziecka jest dla zetempowców wzorem patriotyzmu, wytrwałości i energii.

14 lipca członkowie 51 brygady ZMP pobili młodzieżowy rekord Polski, układając w ciągu 8-godzinnego dnia pracy 34 728 cegieł.

W tym samym dniu ich rówieśnicy na dalekiej Korei odpierali najazd imperialistycznych kandydatów do roli „zdobywców świata". Wzmożoną pracą dokumentują ju... swoją solidarność z koreańs... kolegami. Dla tych, którzy włas... rękami wznoszą miasta i dla ... którzy walczą w obronie sw... miast — pokój jest sprawą naj... szą i wspólną.

MIASTO WIEŻYC STU...

„Chwal pieśni miasto w... stu..." — oto słowa piosenki o ... rym Krakowie. Ale dopiero zb... jąc się do terenów Nowej Huty ... żna stwierdzić, o ile bardziej ... alnie brzmią tutaj te słowa.

Te wieże — windy budow... zasługują na pieśń. I nie tylko ... że. Pamiętajmy bowiem, że ... są dziełem ludzi — świadomyc... fiarnych, wytrwałych budo... czych.

SŁAWOMIR MROŻ...
FOT.: E. WĘGŁOWS...

„Kiedy kilka tygodni temu junacy jednej z brygad zetempowskich jednomyślnie postanowili przepracować nadprogramowo dzień świąteczny – a pieniądze w ten sposób zarobione przeznaczyć na cele społeczne – spotkali się z wieloma niezrozumiałymi na pozór trudnościami – pisze Mrożek. – »Zabrakło« samochodów do transportu ludzi. »Zabrakło« nawet łopat. Na tak ważnym odcinku walki klasowej, jakim jest Nowa Huta, wróg posługuje się zarówno propagandą, jak i małym sabotażem, wykorzystując niedostateczne

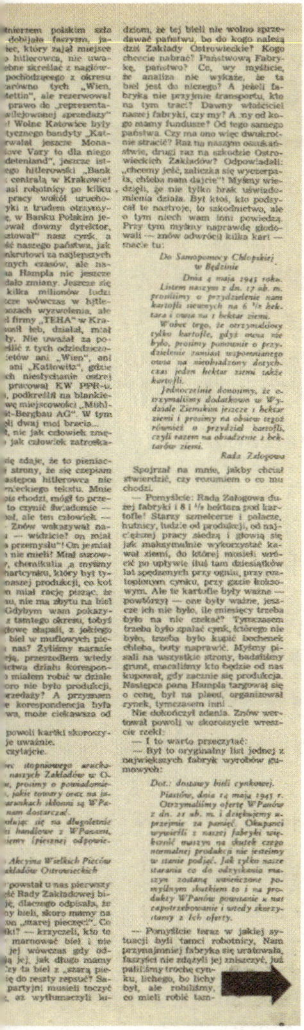

dziom, że tej bieli nie wolno sprzedawać państwu, bo do kogo należą dziś Zakłady Ostrowieckie? Kogo chcecie nabrać? Państwową Fabrykę, państwo? Co, wy myślicie, że analiza nie wykaże, że ta biel jest do niczego? A jeżeli fabryka nie przyjmie transportu, kto na tym traci? Dawny właściciel naszej fabryki, czy my? A my od kogo mamy fundusze? Od tego samego państwa. Czy ma ono więc dwukrotnie stracić? Raz na naszym oszukaństwie, drugi raz na szkodzie Ostrowieckich Zakładów? Odpowiadali: „chcemy jeść, zaliczka się wyczerpała, chleba nam dajcie"! Myśmy wiedzieli, że nie tylko brak uświadomienia działa. Był ktoś, kto podsycał te nastroje, to szkodnictwo, ale o tym niech wam inni powiedzą. Przy tym myśmy naprawdę głodowali — znów odwrócił kilka kart — macie tu:

Do Samopomocy Chłopskiej w Będzinie

Dnia 4 maja 1945 roku.
Listem naszym z dn. 17 ub. m. prosiliśmy o przydzielenie nam kartofli sieweych na 6 ½ hektara i owsa na 1 hektar ziemi.
Wobec tego, że otrzymaliśmy tylko kartofle, gdyż owsa nie było, prosimy ponownie o przydzielenie zamiast wspomnianego owsa na nieobsadzony dotychczas jeden hektar ziemi także kartofli.
Jednocześnie donosimy, że otrzymaliśmy dodatkowo w Wydziale Ziemskim jeszcze 1 hektar ziemi i prosimy na obsiew tegoż również o przydział kartofli, czyli razem na obsadzenie 2 hektarów ziemi.
Rada Załogowa

Spojrzał na mnie, jakby chciał stwierdzić, czy rozumiem o co mu chodzi.
— Pomyślcie: Rada Załogowa dużej fabryki i 8 i ½ hektara pod kartofle! Starzy szmelcerze i palacze, hutnicy, ludzie od produkcji, od najcięższej pracy siedzą i głowią się jak maksymalnie wykorzystać kawał ziemi, do której musieli wrócić po upływie iluś tam dziesiątków lat spędzonych przy ogniu, przy roztopionym cynku, przy gazie koksowym. Ale te kartofle były ważne — powtórzył — one były ważne, jeszcze ich nie było, ile miesięcy trzeba było na nie czekać? Tymczasem trzeba było spalać cynk, którego nie było, trzeba było kupić bochenek chleba, buty naprawić. Myśmy pisali na wszystkie strony, badaliśmy grunt, macaliśmy kto będzie od nas kupował, gdy zacznie się produkcja. Następca pana Hampla targował się o cenę, był na placu, organizował rynek, tymczasem inni ...
Nie dokończył zdania. Znów wertował powoli w skoroszycie wreszcie rzekł:
— I to warto przeczytać:
— Był to oryginalny list jednej z największych fabryk wyrobów gumowych:

Dot.: dostawy bieli cynkowej.
Piastów, dnia 14 maja 1945 r.
Otrzymaliśmy ofertę W Panów z dn. 21 ub. m. i dziękujemy uprzejmie za pamięć. Okupanci wywieźli z naszej fabryki większość maszyn na skutek czego normalnej produkcji nie jesteśmy w stanie podjąć. Jak tylko nasze starania co do odzyskania maszyn zostaną uwieńczone pomyślnym skutkiem to i na produkty W Panów powstanie u nas zapotrzebowanie i wtedy skorzystamy z ich oferty.

— Pomyślcie teraz w jakiej sytuacji byli tamci robotnicy. Nam przynajmniej fabryka się uratowała, faszyści nie zdążyli jej zniszczyć, już paliliśmy trochę cynku, lichego, bo lichy był, ale robiliśmy, co mieli robić tam-

niekiedy wyrobienie polityczne i brak czujności u pewnej części załogi technicznej i administracyjnej. (...) Zetempowskie skandowanie: »My-chce-my-pra-co-wać!« rozlegające się pod oknami baraku kierownictwa odnośnego odcinka robót zrobiło swoje. Łopaty się »znalazły«...".

Po debiucie sypią się kolejne zlecenia. Jeszcze w tym samym roku – również za wstawiennictwem Włodka – Mrożek rozpoczyna etatową pracę w „Dzienniku Polskim", początkowo jako chłopiec redakcyjny, wkrótce nawiązuje znajomość z szanowanym redaktorem Janem Kalkowskim. W latach osiemdziesiątych będzie ironizował w paryskiej „Kulturze": „Miałem dwadzieścia jeden lat i co dopiero stał się cud: z biednego studenta – żegnaj, wyższe wykształcenie, z bezdomnego buntownika – żegnaj, parafiańska rodzino, jam raczej lord Byron, wyniosło mnie na Pana Redaktora z samochodem, tak, z samochodem, z zieloną škodą – gdym był delegowany w teren – do dyspozycji". W cytowanym tekście noszącym tytuł *Jaworzno* (w latach 1945–1949 działał w tym śląskim mieście obóz pracy przymusowej) napisze, jak bardzo nie chciał wówczas dostrzec ciemnej strony otaczającego go świata.

Nigdy nie skończy studiów. Po architekturze, z której zostaje mu głównie znajomość z malarzem Tadeuszem Brzozowskim, wówczas asystentem katedry rysunków, rozpoczyna co prawda naukę w Państwowej Szkole Sztuk Plastycznych w Krakowie (wcześniej i później – Akademia Sztuk Pięknych), ale praca dziennikarska bardziej go absorbuje. W 1951 roku zapisuje się na orientalistykę na Uniwersytecie Jagiellońskim, jednak robi to tylko po to, żeby uniknąć służby wojskowej – wspomnienie kopania rowów i biegania z szynami na górkę w Boernerowie wciąż jeszcze jest świeże. Rezygnuje natychmiast, gdy mija niebezpieczeństwo. Z tych studiów zostaje mu z kolei przyjaźń z Wojciechem Skalmowskim.

W niektórych opracowaniach pojawiać się będzie informacja, że studiował też krótko aktorstwo w krakowskiej Państwowej Wyższej Szkole Teatralnej. Albo że tylko na nie zdawał. Mrożek sprostuje to w wywiadzie, który w latach dziewięćdziesiątych przeprowadzi z nim teatrolog i reżyser Józef Opalski, a później także w *Baltazarze*: nie studiował, ale często bywał na uczelni, bo odwiedzał tam Herdegena, który miał dużo pięknych koleżanek. Szkoła mieści się przy ulicy Szpitalnej naprzeciwko Teatru Słowackiego. Tam Mrożek poznaje również Jerzego Jarockiego, który stanie się w przyszłości czołowym reżyserem jego sztuk. Przynosi mu czasem wierszyki do gazetki ściennej „Młode Maski", na przykład „o pomniku Fredry, który stał wśród wiatru, przodem do szkoły, dupą do teatru".

„Czy Adam Włodek był »odkrywcą« Mrożka? W każdym razie bardzo wcześnie, o ile wiem, wcześniej niż ktokolwiek inny, dostrzegł talent licealisty i pomógł mu wejść w środowisko, w którym ten talent szybko się zaczął uzewnętrzniać" – napisze dziennikarz Andrzej Klominek. – Włodek był mentorem Mrożka, właściwie on go wychowywał. Mrożek mu wiele zawdzięczał, choć potem różnie o tym mówił – przyzna poeta i filolog Bronisław Maj, który pozna ich obu już później.

Sam Włodek jest nie tylko poetą, który do końca życia wyda dziesięć tomów wierszy, ale także tłumaczem. Dzięki niemu Polacy mogą poznać twórczość czołowych autorów czeskich i słowackich, ale też Oscara Wilde'a, Rainera Marii Rilkego czy Władimira Majakowskiego. Przez piętnaście lat opieki nad Kołem Młodych pomaga między innymi wspomnianym Szymborskiej, Błońskiemu, Mrożkowi, Nowakowi, ale też na przykład Ludwikowi Flaszenowi czy Konstantemu Puzynie. Po latach o wdzięczności dla niego mówić też będą chociażby Marta Wyka, Maj czy Ewa Lipska.

Ta ostatnia, która zwiąże się z Włodkiem jako młoda dziewczyna, napisze: „Poznałam go na progu mojej dorosłości, u progu życia, w którym odegrał tak ważną i niezastąpioną rolę. Był przez wiele lat najbliższym mi człowiekiem, współtwórcą mojej osobowości. (...) Przez wiele lat prowadziliśmy wielogodzinne, nieustanne, poranne, wieczorne i nocne rozmowy. Gdybyśmy się później nie rozstali, przegadalibyśmy pewnie całe życie...". Szymborska doda: „Nigdy nie słyszałam, żeby komuś powiedział: »Jestem zajęty, spróbuj przyjść za tydzień«. Zawsze cudze dylematy, kłopoty życiowe, no i przede wszystkim nowo napisane teksty uważał za sprawę pilniejszą od własnej twórczości".

Mrożek będzie miał dla mistrza znacznie mniej uwielbienia. W latach sześćdziesiątych zapisze w dzienniku: „Opiekun mój A.W. – był i jest do tej pory klasycznym, preparatowym niemal typem *autoritario* według klasyfikacji i nomenklatury Fromma, o jaskrawej potrzebie zarówno subordynacji, jak i dominowania, pierwsze w górę, drugie w dół". Pisarz będzie uważał, że na przełomie lat czterdziestych i pięćdziesiątych okazał się łatwą ofiarą dla krzewiącego komunizm Włodka, bo odczuwał wówczas silną potrzebę odcięcia się od rodziny, a nowa ideologia obiecywała mu przynależność do innej, lepszej i większej wspólnoty.

Już w XXI wieku komunistyczna przeszłość Włodka wzbudzi kontrowersje.

A zwłaszcza sprawa pewnego donosu.

Jedną z osób, które przyjaźnią się z Włodkami i chętnie u nich bywają, jest Maciej Słomczyński – pisarz i tłumacz. Spędzają razem mnóstwo czasu, zabawiają się, pisując limeryki i inne rymowanki (na przykład „Chciałby wejść na Parnas Włodek. / Za wysoki pierwszy schodek").

Do czego dojdzie w tym trójkącie? Szymborska i Słomczyński na pewno są sobą zauroczeni i mówią o sobie z ogromną sympatią. Czy Włodek jest zazdrosny? I czy ma podstawy? Trudno powiedzieć. Wiadomo za to, że w 1953 roku Słomczyński zostaje na krótko tajnym współpracownikiem UB i przyjmuje pseudonim „Włodek". Sam Włodek nieco wcześniej składa na niego ośmiostronicowy „donos obywatelski", który podpisuje imieniem i nazwiskiem: „Oświadczenie, które niniejszym składam, wynika z poczucia czujności partyjnej i obywatelskiej. Podane fakty są przypuszczeniami – a nie twierdzeniami. Nie jest to oskarżenie, a zwrócenie uwagi. Informacje te dotyczą osoby Macieja Słomczyńskiego".

W dalszej części Włodek sugeruje między innymi, że na koledze z Domu Literatów mogą ciążyć przewinienia okupacyjne i że może być związany z wywiadem anglosaskim (Słomczyński jest biologicznym synem Amerykanina i Angielki, nazwisko nosi po drugim mężu matki). Wyjaśnia, że swoje przemyślenia opiera na obserwacjach własnych, swojej żony i Mrożka, ale tylko w przypadku tego ostatniego zaznacza, że nie został on powiadomiony o jego inicjatywie.

Czy Szymborska wie o tym donosie? Jej przyjaciele twierdzą, że niekoniecznie. W 2006 roku Mrożek napisze w autobiografii *Baltazar*: „Włodek był komunistą. Jedynym komunistą, jakiego wtedy znałem. Później namnożyło się ich dosyć. Mogę dodać, że Włodek był komunistą-entuzjastą. Już później, za granicą, słyszałem o nim brzydkie rzeczy. Że donosił na UB bez względu na przyjaźń, która u Polaków była rzekomo w wysokiej cenie. Na pół w to wierzyłem, na pół nie, to znaczy zachowywałem rezerwę. Taka możliwość nie była wykluczona". Szymborska będzie mu miała za złe, że powtarza niepotwierdzone insynuacje. Posunie się nawet do zerwania znajomości. Napisze ostry list, którego kopię schowa do teczki z najważniejszymi dokumentami – w tym pisemną decyzją o wystąpieniu z partii.

Co się dzieje z Włodkiem po sprawie Słomczyńskiego?

Z Szymborską rozstaje się w przyjaźni po sześciu latach małżeństwa, w dalszym ciągu utrzymują kontakt. Występuje z partii w 1957 roku, kiedy zlikwidowane zostaje pismo „Po prostu", które przygotowało grunt pod polski Październik. Robi to jako jeden z pierwszych. Jego światopogląd się zmienia. Zostaje odsunięty od Koła Młodych, ale literaci wciąż do niego przychodzą, prosząc o radę. Robi dalej swoje. Zajmuje teraz maleńkie mieszkanie przy ulicy Daszyńskiego, w którym każdy kąt skrzętnie jest zastawiony książkami, czasopismami, wydrukami debiutów. Spędza tak długie lata zanurzony po uszy w świecie literatury.

Literaturoznawca Jacek Baluch wspomni: „Było to mieszkanie niezwykłe. Gościły w nim wprawdzie kobiety, ale żadnej z nich Adam nigdy nie pozwalał sprzątać. Kategorycznie zaprotestował też, kiedy chciałem mu naprawić piecyk gazowy, od lat nieczynny, okopcony (...). W łazience nad automatem DAL, do spłukiwania klozetu, był starannie wymalowany farbą na lamperii napis: »Automat był, jest i będzie zepsuty! Proszę obsłużyć się rondelkiem«. Rondelek wisiał na gwoździu".

W tym mieszkaniu w 1978 roku odwiedza go Mrożek, gdy na krótko przyjeżdża do Krakowa z Paryża. Ma już francuski paszport, nie był w Polsce od lat. Dostrzega nagle we Włodku – jak się wyrazi – „gorzką wiedzę człowieka, którego dobra wola, zapał i młodość zostały nadużyte do innych celów i zmarnowane". Zaskakuje go odkrycie pokładów starych gazet codziennych, które dawny opiekun magazynuje w maleńkim lokum, twierdząc, że nie ma czasu czytać ich na bieżąco i zostawia je sobie na później. „To »później« przedłużyło się do jego śmierci" – zauważy Mrożek w autobiografii.

Włodek umiera 19 stycznia 1986 roku. W szpitalu prosi, aby go nie podłączać do żadnej aparatury. Szymborska co roku obchodzi rocznicę jego śmierci. Idzie z przyjaciółmi na cmentarz, potem zaprasza do siebie na zupę i wspominanie. W testamencie zobowiązuje ustanowioną na jego mocy fundację do przyznawania Nagrody imienia Włodka młodym pisarzom.

W wierszu *Spokojnie* jej były mąż pisał:

Może trwać nieśmiertelność
dzień, tydzień, rok i wiek,
i dziesiątki wieków trwać może.
Ale kiedyś imiona
– jak łoskot różnych rzek –
w jednobrzmiące zestroi się morze.

Smutno? Może i smutno.
Ale powstań i patrz:
skoro życie w nieprzerwanym biegu,
zawsze fale położą
najlepsze z naszych prac
jak bursztynu klejnoty – na brzegu.

MIEJSCA Dom Literatów

„Tutaj na tym zdjęciu jest Wyka. Tutaj, proszę pana, jest Kruczkowski. Tutaj jest, proszę pana, Andrzejewski. Miłosz. Tu jest Dygat, tu jest Zawieyski, tu Breza" – wylicza na początku filmu Bronisława Maja i Henryka Urbanka z 1990 roku drobna staruszka. To Karolina Surówka, tytułowa *Pani Lola*, woźna krakowskiego Domu Literatów przy Krupniczej. Do listy byłych lokatorów mogłaby dodać jeszcze Konstantego Ildefonsa Gałczyńskiego, Tadeusza Różewicza, Szymborską, Stefana Kisielewskiego (zwanego powszechnie „Kisielem"), Annę Świrszczyńską, Halinę Poświatowską, Nowaka, Kornela Filipowicza, Kazimierza Brandysa, Słomczyńskiego, Jerzego Szaniawskiego, Lipską i wielu innych.

W tym Mrożka.

Do Krakowa, który w porównaniu ze stolicą nie został wcale zniszczony, już w ostatnich tygodniach wojny ściąga, kto tylko może. Na ulicach panuje zamęt, mijają się ubrani jeszcze w pasiaki byli więźniowie obozów koncentracyjnych, taszczący walizki uciekinierzy z rozbitej Warszawy, polscy i radzieccy żołnierze. Ludzie walczą ze sobą o poniemieckie mieszkania, kwitnie przestępczość, w sierpniu dojdzie do antyżydowskiego pogromu. W takiej scenerii kamienica przy Krupniczej zostaje zdobyta na siedzibę Związku Zawodowego Literatów Polskich (za kilka lat – pod naporem komunistycznej władzy – przymiotnik „zawodowy" zniknie z jego nazwy, a wraz z nim znikną niektóre prawa przynależne członkom).

Jakim cudem udaje się to przejęcie?

Krążyć na ten temat będą rozmaite legendy. Oto najbardziej popularna:

Poeta Adam Ważyk, kapitan Wojska Polskiego przybyły właśnie z Lublina, szef krakowskiego ZZLP Kazimierz Czachowski oraz młody literat Tadeusz Kwiatkowski, mąż aktorki Haliny, udają się pod numer 22 z dokumentem potwierdzającym przydział na budynek dla związku. Kamienicę wybiera Kwiatkowski, głównie ze względu na wspomnienie pysznych kremówek, które serwowała mieszcząca się tam przed wojną kawiarenka. Przed bramą stoi jednak radziecki żołnierz i nikogo nie wpuszcza. Nie przekonują go żadne argumenty ani nawet opieczętowany dokument. Ważyk, malutki mężczyzna z olbrzymim naganem obijającym mu się o pięty, wpada nagle na genialny pomysł. Przywołuje jednego z chłopców bawiących się w pobliżu, szybko coś z nim uzgadnia półszeptem, po czym maluch niepostrzeżenie wbiega do sąsiedniej bramy, gdzie zaczyna się drzeć w niebogłosy. Żołnierz początkowo stoi niewzruszony, ale gdy wrzaski nie milkną, zaczyna się niespokojnie wiercić. Wreszcie ściska mocniej karabin i leci zobaczyć, co takiego się stało. Uradowani literaci wbiegają do środka. Zastani w jednym z pokoi oficerowie radzieccy mówią im tylko:

– Chcecie, to się ładujcie. My pojutrze na Berlin.

Do kamienicy niemal od razu wprowadzają się między innymi Peiper, Leon Kruczkowski i Jerzy Andrzejewski, który właśnie tu pisze *Popiół i diament*, noszący początkowo tytuł *Zaraz po wojnie*. Ale do literatów dołącza chociażby Jadwiga Unrug, wdowa po Witkacym, która okaże się namiętną brydżystką („Piękna, piękna pani!" – powie o niej Różewicz; „Do południa się ubiera, a od południa rozbiera" – będą drwiły zazdrośnice). Przyszły noblista Czesław Miłosz mieszka przy ulicy Świętego Tomasza, jednak na Krupniczej uczestniczy w odbywających się tam często libacjach. Podczas jednej z nich wpada w ramiona przesadnie roztkliwionego alkoholem Ważyka. Po latach napisze o tym wiersz *Rok 1945*.

Zacznie słowami:

> – Ty, ostatni poeto polski!: pijany ściskał mnie
> Kolega z Awangardy, w długim wojskowym szynelu,
> Który wojnę przeżył na wschodzie i tam zrozumiał.

„Każdy się sprowadził w tym, co miał, z Warszawy albo skądś – opowiadać będzie urocza Pani Lola, która szybko stanie się powierniczką wszystkich sekretów mieszkańców. – Miał urwany rękaw, to był w urwanym rękawie, albo jednego buta miał zawiązanego, a do drugiego nie miał sznurówki. Aleśmy się bardzo cieszyli, że się wojna skończyła i na doleśmy się bawili. Ale jak się bawili, to się bawili, ale jak pracowali, to po nocach tylko słychać było maszyny. Tak jakby fabryka była".

Według księgi meldunkowej Mrożek wprowadza się na Krupniczą w 1951 roku (w *Baltazarze* napisze, że w 1952). Ma już za sobą debiut w „Przekroju" i drobne publikacje w „Dzienniku Polskim", ale nie jest pisarzem, bez czego nie może zostać członkiem ZLP ani nawet Koła Młodych. Przynależność do związku jest tymczasem w Domu Literatów wymagana przy rozdzielaniu mieszkań. Znów pomaga mu Adam Włodek. Przekonuje kolegów z partii, że młody dziennikarz intensywnie pracuje właśnie nad swą pierwszą książką, co nie do końca jest prawdą, ale na pewno działa na Mrożka motywująco – w tym samym roku weźmie udział w drugim zjeździe młodych pisarzy w Nieborowie, zadebiutuje w 1953.

Dostaje pokoik po zmarłym w wieku osiemdziesięciu pięciu lat dramatopisarzu Ignacym Nikorowiczu, który lubił zamęczać wszystkich opowieściami o tym, jak to Kazimierz Przerwa-Tetmajer nie zwrócił mu pożyczki udzielonej przed laty w Wiedniu.

– Ten dom jest jak Akademia Francuska – opowiada poeta Bronisław Maj, który wprowadzi się na Krupniczą w latach siedemdziesiątych. – Ma

trzy klatki schodowe jasno wyznaczające hierarchię. Kiedy umiera zasłużony starzec, który przeważnie dogorywał już w eleganckiej części od frontu, do jego mieszkania przenosi się nieco mniej zasłużony klasyk z klatki środkowej, do mieszkania mniej zasłużonego klasyka przenosi się ktoś z wyższych pięter, czyli z trzeciej klatki z wejściem od podwórka, a na miejsce tego ostatniego – wprowadza się młody, dobrze zapowiadający się pisarz. Po serii korzystnych zgonów ja sam zająłem mieszkanie, które Mrożek dzielił wcześniej ze Stanisławem Czyczem.

Czycz to jeden z bardziej oryginalnych polskich pisarzy XX wieku, nieco dziś zapomniany. Autor katastroficzno-wizyjnej poezji i anarchistycznej prozy. Znana jest anegdota o tym, jak ubiegał się o członkostwo w ZLP i przyniósł jako swoje wiersze zakazanego wówczas Miłosza. Każdy opowiada tę historię nieco inaczej. Jedni twierdzą, że teksty były przemieszane z własną twórczością Czycza, drudzy – że dał przyszłemu nobliście wyłączność. Kolejni upierają się, że komisja wcale się nie zorientowała, jeszcze inni – że i owszem, ale przewrotnie doceniła niezły gust kandydata. Dość na tym, że Czycza przyjęto i w drugiej połowie lat pięćdziesiątych mieszkał już na Krupniczej.

Mrożek po latach opisze związane z własną przeprowadzką dwie sceny łóżkowe (dosłownie).

W 2002 roku opublikuje w „Gazecie Wyborczej" felieton *Łóżko Nikorowicza*. W tym tekście jako młody mężczyzna otwiera drzwi do swego pierwszego samodzielnego mieszkania i zastaje tam na podłodze pustą ramę od łóżka po poprzednim lokatorze. Nie poświęca zmarłemu ani jednej myśli, cieszy się sytuacją, którą otworzyła mu nagle śmierć dramaturga. „Wtedy nie wiedziałem, kim był Nikorowicz. Nie wiedziałem nawet, kim byłem ja sam, gdyż było mnie jeszcze za mało, żeby to wiedzieć" – napisze. Na razie czuje się wolny i wszechmocny, świat ma u swych stóp. Z czasem do drewnianej ramy dołoży metalową siatkę i materac, tworząc w ten sposób pierwsze własne łóżko.

W *Baltazarze* Mrożek zabiera łóżko z domu na Prażmowskiego, gdzie mieszkają jego ojciec i siostra. Układa na meblu cały dobytek, po czym w piękny czerwcowy dzień niesie go wraz z Leszkiem Herdegenem przez kawał miasta. Nigdzie im się nie spieszy. Często przystają, siadają na łóżku i dyskutują. „Byliśmy młodzi i obiecujący – napisze. – Na razie niedostępne nam były troski wieku dojrzałego, a niezmierzona przyszłość rozciągała się przed nami".

Obu tym historiom, choć wzajemnie się wykluczają, wspólny jest nastrój Mrożka gotowego podbić świat. Cudem zdobyte mizerne lokum jawi się jako królestwo.

– Jak się wchodziło, po prawej stronie był pokój Mrożka, na wprost wspólna, przejściowa, mikroskopijna kuchnia razem z łazienką, a za tym pokój Czycza – opowiada Maj. – W sumie może jakieś trzydzieści metrów kwadratowych. Gdy objąłem te pokoje, część Czycza była... nie powiem, że zdewastowana, ale było widać, że ktoś w niej mieszkał, i to delikatnie mówiąc. Mrożkowska część była natomiast dziewiczo nieskazitelna. Mrożek prawie nie palił w piecu, nie otwierał okien. Miał niewiarygodnie uregulowany tryb życia. Wychodził rano do baru na ulicę Rajską, zjadał bułkę, wypijał szklankę mleka i jak najszybciej wracał. Nie chcąc tracić czasu na rozpalanie w piecu, bo to przecież głupstwa, zakładał rękawiczki i pisał. Okna zaklejał papierem, żeby ciepło nie uciekało i żeby mu nikt nie przeszkadzał.

Takie warunki to na Krupniczej normalna sprawa. Różewicz jeszcze w latach czterdziestych zajmuje w Domu Literatów maleńki pokoik z widokiem na śmietnik, gdzie każdego dnia bezlitośnie tłucze muchy za pomocą „Trybuny Ludu". Naprzeciwko jego drzwi mieszka Antonina Brzozowska, wdowa po Stanisławie. Mają wspólną wannę i – niestety – ubikację. „Pani Antonina była już starszą panią, miała kaprysy, humory, byłem często wyganiany z łazienki. Mój kolega, któremu zaproponowałem kąpiel, musiał wyjść namydlony" – wspomni poeta potem w jakimś wywiadzie.

Jak głosi legenda, przez lata wspólnego mieszkania Mrożek i Czycz widzą się ledwie kilka razy. Ten pierwszy się chowa, bo ma obsesję, że ten drugi chce od niego pożyczać pieniądze. Gdy słyszy, że kolega się krząta

po kuchni, na wszelki wypadek nie wychodzi z pokoju. Któregoś razu daje się zaskoczyć w piwnicy przy węglu. Nie wiedząc, kto nadchodzi, na wszelki wypadek gasi świecę i pada. W opowieściach Czycza pełne nazwisko współlokatora brzmi: „Ten Skąpy Skurwysyn Mrożek".

– Stężenie normalności w tym domu było poniżej błędu statystycznego – powie kiedyś Maj.

Mieszkańcy Krupniczej to galeria osobliwości. Wojenną traumę odreagowują śmiechem. Stanisław Dygat i Andrzejewski lubią dobijać się do sąsiadów w środku nocy, a gdy w końcu im się otworzy, grzecznie przepraszać, że nie mogą złożyć wizyty o tak późnej porze. Szymborska podrzuca znajomym sztucznego szczura, którego zamówiła u siostry pracującej w zakładach futrzarskich. Najbardziej hałaśliwy ze wszystkich jest jednak Gałczyński – oszałamiająco przystojny i zawsze modnie ubrany.

Poeta, który napisze tu między innymi swoją słynną *Zaczarowaną dorożkę*, a także wiersz *Dancing w Domu Literatów*, mieszka z żoną Natalią i córką Kirą. Mimo wielkiej miłości, jaką darzy rodzinę, stale uprzykrza jej życie pijaństwem. Bywa, że w środku mroźnej nocy wybiega gdzieś nagle półnagi, nieustannie chce się bić albo krzyczy, że wszystkich zabije. Któregoś razu nie spodoba mu się Słomczyński (według innej wersji anegdoty będzie to Jerzy Broszkiewicz). Zanim zdąży się jednak porządnie zamachnąć, znacznie drobniejszy od niego przeciwnik niespodziewanie powali go jednym sprytnym chwytem wyuczonym w wojsku. Upokorzony Gałczyński, leżąc na podłodze, wysyczy z pogardą: – Gówniarzu, zabiłeś Europę.

Słowa te wejdą do historii kamienicy, podobnie jak zachowanie pokonanego, który po wyjściu przeciwnika długo jeszcze będzie go szukał po szafach, pokrzykując, że „pierwsza runda nic nie znaczy". Innym razem Gałczyński siedzi w stołówce Domu Literatów i leczy kaca polewaną spod stołu miętówką. Do lokalu wchodzi mieszkający w pobliżu krytyk literacki i pyta uprzejmie, jaka dziś zupa. W odpowiedzi słyszy: – Prawdę mówiąc, chujowa.

– Stołówka działała od początku istnienia Domu Literatów w lokalu numer 2, a w okolicach godziny szesnastej prze-

Wisława Szymborska i Sławomir Mrożek (początek lat 50.)

mieniała się zwykle w siedzibę Klubu Literackiego – wyjaśnia Anna Grochowska, która przygotowuje monografię słynnej kamienicy. – Najpierw prowadziły ją zresztą żony literatów, panie Brandysowa, Brezowa, Otwinowska. Szybko się jednak okazało, że z powodu zbyt hojnego udzielania kredytów, których bywalcy ani myśleli spłacać, mężowie szanownych pań zbankrutowaliby, żywiąc zasadniczą część lokatorów. Wtedy stołówkę przejęły siły fachowe. Przez jakiś czas pracowała tam również żona Kazimierza Wyki, Jadwiga. Potem opowieści z tego czasu zaczynała od słów: „Kiedy byłam oberżystką...".

Osobną sławą cieszyć się będzie stołówkowa ubikacja, na której ścianach lokatorzy dają upust dopadającej ich wenie twórczej. „Każdy sobie tutaj siurka/ Ze swojego Jalu Kurka" albo „Tu w spokoju, co niedziela/ Czytam felieton Kisiela" – to tylko niektóre przykłady liryki toaletowej. Pisarz i tłumacz Adam Polewka, który w 1951 roku zostaje prezesem krakowskiego ZLP, regularnie zamalowuje napisy, ale na ich miejscu błyskawicznie pojawiają się nowe. Wreszcie bierze sobie za punkt honoru przyłapać wandala na gorącym uczynku. Po każdym literacie wchodzi do wucetu, by skontrolować stan przybytku. Nie udaje mu się jednak zapobiec pojawieniu się rymowanki: „Ej, Polewka, nie bądź Sławoj,/ Pod wychodkiem nie wystawoj". To krytyk Ludwik Flaszen przechytrzył go i wlazł przez okno.

Na mieście kamienica szybko zaczyna być przezywana „czworakami literackimi" albo „domem czterdziestu wieszczy". Pewnego dnia ktoś przychodzi z wizytą do Szaniawskiego, ale nie zna numeru jego mieszkania. By nie latać na darmo po trzech klatkach schodowych, staje na podwórku i krzyczy: „Mistrzu! Mistrzu!". Otwierają się dokładnie wszystkie okna. Poza jednym. Gość bez wahania udaje się pod ten adres, gdzie rzeczywiście zastaje autora *Dwóch teatrów*.

„Bardziej liberalnie tam było w Krakowie niż w Warszawie. Ludzie się mniej przejmowali komunizmem, ustrojem, bardziej literaturą, bardziej złośliwościami. Rozmaite śmieszne rzeczy były – będzie wspominał Kisielewski w filmie Maja i Urbanka. – Był ten bardzo śmieszny Jerzy Hordyński, poeta z wielkim psem. Kiedyś mu administracja robiła awanturę, że ten pies straszy dzieci, paskudzi. On powiedział: »Ta ja nie widzę, żeby on paskudził, ta ja nie widzę, żeby on straszył«. A administrator mówi: »Pan nic nie widzisz, bo pan w swoim głupim świecie żyjesz!«. I to się przyjęło, że cały dom żyje w swoim głupim świecie".

Po kilku latach Gałczyński przenosi się do Warszawy. Do jego mieszkania, w którym wymalował na ścianie wielkie złote słońce, wprowadzają się Włodek i Szymborska. Do obrazka już niebawem dołączą przedstawiające ich freski. Mają teraz więcej miejsca, więc coraz częściej gości u nich rozbawione towarzystwo. Mrożek wśród artystów stopniowo czuje się coraz pewniej. Jeśli akurat nie zamyka się w pokoju, by siąść nad pracą, nie tylko przychodzi, ale nawet odstawia z Herdegenem minikabarety. Nikomu z obecnych nie przyjdzie do głowy, aby coś z tych wygłupów zapisać na gorąco. Po latach pozostanie tylko wrażenie, że występy były szalenie zabawne. „Pamiętam powstańców w oknie lub gdy ubrani w koszulki w poprzeczne paski stawali koło siebie i pytali: »Jak oddycha pierś marynarza?« – Nabierali dużo powietrza w płuca i wydychając je, mówili zwycięsko »S w o b o d n i e«" – napisze aktorka i reżyserka Anna Lutosławska.

Starszy od Mrożka o rok Herdegen jest już w tym czasie mężem aktorki Haliny Zaczek. Na Krupniczej poznaje swoją przyszłą drugą żonę, aktorkę i reżyserkę Lidię Zamkow (w przyszłości wystawi ona między innymi *Indyka* oraz kilka jednoaktówek Mrożka), która w latach pięćdziesiątych jest z kolei żoną Słomczyńskiego. Słomczyński natomiast weźmie potem ślub z Teresą Grzybowską, córką znanego krakowskiego historyka.

Herdegena, późniejszego pisarza i aktora, Mrożek opisze w paryskiej „Kulturze": „Wysoki blondyn o urodzie wymarzonej przez niemieckich teoretyków ras, brał udział w powstaniu warszawskim, siedział w więzieniach niemieckich i z nich uciekał, miał ojca na Zachodzie, psa i piękną narzeczoną, nosił kurtki z amerykańskiego demobilu, palił papierosy, jeździł na rowerze i mówił autentycznym doniosłym barytonem. Uczył się od niechcenia i źle, ale profesorowie jakoś mu wiele wybaczali, choć traktował ich z naiwną niby nonszalancją. Był zgodnie akceptowany, cieszył

CO PAN IM DAJE NA PRZYNĘTĘ?
SŁOWO HONORU
WY, CHŁOPCY, NIE MACIE MI CZEGO ZAZDROŚCIĆ. MORALNIE STOJĘ NIŻEJ OD WAS.
Trybun
WARSZAWA — SOBOTA 20
kat o obradach
etu Centralnego P
RIANA SPYCHALSKIEGO,
WIŃSKIEGO i ZENONA KLIS
udział w obradach jako pełnopraw
Centralnego.
Obrady Plenum kontynuowane będą
od hasłem kons
Kraj w oblic

się nimbem i prestiżem, odpowiadał regułom hordy, z wyjątkiem sportu, którym gardził, a jednak w jego wypadku nie miało to żadnego znaczenia. Był »swój«, najbardziej »swój«, jak tylko być można”.

W cytowanym tekście Mrożka z 1984 roku Herdegen zachowa się na dodatek bardzo szlachetnie, bo przerwie łomot, jaki szkolni rówieśnicy spuszczają właśnie żydowskiemu koledze. W *Baltazarze* pobrzmiewać już będzie inny ton. Mrożek napisze, że jego przyjaciel „tyranizował bliskich, robił z nimi, co chciał” i że „pogoń za efektem i natychmiastowym aplauzem u publiczności, i to za wszelką cenę, była główną i stałą cechą jego charakteru”. Doda ponadto: „Wiem o nim wiele i zabiorę to, co wiem, do grobu”. Oba te teksty powstaną już po śmierci Herdegena w 1980 roku. Dzielić je natomiast będzie choroba autora.

Bez względu na to, co stanie się później, na Krupniczej na pewno są ze sobą blisko. Mrożek początkowo nie zdaje sobie sprawy z tego, że uchodzą za parę pederastów, dziś powiedzielibyśmy: gejów. Wiele lat później napisze w dzienniku: „Moja młodzieńcza przyjaźń z Leszkiem Herdegenem – między innymi łączył nas strach przed kobietami, którego nigdyśmy sobie nie wyznali. On bał się na skutek utajonych skłonności homoseksualnych, ja – na skutek zbyt wielkiej skłonności do kobiet, większej niż moje doświadczenia i mniejszej niż moje kompleksy psychotowarzyskie”. Zachowają się zdjęcia, na których przyjaciele biegają w samych majtkach po dachu kamienicy, przybierając dziwne pozy i robiąc głupie miny. – Razem ważyli wtedy może jakieś czterdzieści kilo – powie o nich Maj.

Wspólnie wymyślają też dowcip, który polega na porozumiewaniu się z otoczeniem wyłącznie za pomocą karteczek. Napotkanym osobom wręczają fiszki z napisami „Dzień dobry”, a potem „Co słychać?”. Któregoś razu Włodek, chcąc zaskoczyć Mrożka, podaje mu własne „Co słychać?” jako pierwszy. Adresat spokojnie grzebie w kieszeni i bez mrugnięcia okiem wyjmuje odpowiedź: „Po staremu”.

„Młody Mrożek to było okropne dziwadło – powie Kisielewski w filmie *Pani Lola*. – Chodził w jakichś czarnych kapeluszach z zasłoniętą twarzą, przebierał się dziwnie, obiad mu przynosili, pod drzwi podstawiali. No, oryginał wielki był".

„Dzieciństwo miałem takie sobie. Ale moja młodość była szczególnie jasna i kompromitująca, z uwagi na warunki, w jakich musiała upłynąć" – napisze Mrożek w *Małych listach*.

Wstąpienie do partii w 1952 roku spróbuje w autobiografii zbanalizować. Wyzna, że powodem była zdrada dziewczyny, z którą się wówczas spotykał. Rozczarowany i cierpiący, choć sam na takie potraktowanie zasłużył, postanawia poświęcić się idei socjalistycznej. Na dodatek czuje się obrażony na dawnych znajomych, którzy odwrócili się od niego po reportażu z budowy Nowej Huty, i podejmuje decyzję o zapisaniu się do partii niejako im na złość. Jak dziecko.

W jednym z wywiadów będzie o tym opowiadał nieco inaczej: „Zacząłem więc pracować w tym »Dzienniku Polskim« i pozrywałem ze wszystkimi, zupełnie jak kretyn. Zerwałem nawet z własnym ojcem, nie widziałem go przez dwa czy trzy lata, co nie było ani ładne, ani ludzkie, ani potrzebne, świadczy jednak o tym, jaki byłem zaangażowany i wierzący. I wtedy właśnie doszły mnie słuchy, że mówią na mieście, że ludzie mówią: ten Mrożek to pisze i owszem różne rzeczy w »Dzienniku«, ale do partii to nie wstąpi, kombinuje... Gdy się o tym dowiedziałem, pomyślałem: ja kombinuję?! – to ja wam zaraz pokażę!".

Wyobrażenie o partii ma dość romantyczne. Daje się więc wreszcie namówić Włodkowi, który urabia go w tej sprawie od dawna. Przykład z Mrożka natychmiast bierze Herdegen i odtąd razem nudzą się na zebraniach.

I tyle? Niezupełnie. Zanim Mrożek wyda pierwszy zbiór opowiadań, a także przez jakiś czas potem, spod jego pióra wychodzą artykuły dla „Dziennika Polskiego". Wszystkie są zgodne z powszechnie obowiązującą linią. Oto krótki przegląd:

„Czy pokój obronimy? Obroniliśmy dotąd, bo działaliśmy pod mądrym kierownictwem. »Szczególnie cenne jest dla nas to zaufanie, które oznacza gotowość poparcia naszej partii w jej walce przeciwko wojnie, w jej walce o zachowanie pokoju« – powiedział Stalin na XIX Zjeździe Komunistycznej Partii Związku Radzieckiego. Jest to zaufanie płynące z doświadczenia. Ufamy Wielkiemu Stalinowi, ufamy Komunistycznej Partii Związku Radzieckiego. Dlaczego więc nie mielibyśmy być pewni przyszłości?" (*Pozdrawiamy domy, kwiaty i towarzyszy*, 30 listopada – 1 grudnia 1952).

„Dwa powyższe cytaty [fragment przysięgi z 1924 roku oraz fragment przemówienia wygłoszonego podczas XIX Zjazdu KPZR] pochodzą z pracy Towarzysza Stalina. Tylko dwa fragmenty z dzieła Jego życia, a zawierają taką wielkość i celność całej myśli, że można ją porównać tylko z globem ziemskim, na którym stawia się małe domki. Jego myśl jest takim globem, na którym my stawiamy nasze komentarze. On odkrył prawa, my mierzymy tymi prawami naszą najbliższą rzeczywistość" (*Prosta droga*, 27 marca 1953).

„Nie aktor filmowy, nie wędrujący dziennikarz wybawi cię z prowincjalizmu, ale Państwowa Fabryka Śrub i inne duże obiekty przemysłu powstające obok i spółdzielnie produkcyjne w powiecie. One nadadzą inny kierunek twoim marzeniom, mądrzejszym i rozleglejszym, nie sentymentalnym, ale prawdziwie czułym" (*Którędy biegnie linia*, 1 maja 1953).

„Nie ma już na świecie takiego hasła, które by wyrażało tęsknoty zwykłego, prostego człowieka, a które by nie było równocześnie hasłem i działaniem Partii" (*Ludzie uczciwi*, 10 marca 1954).

„Zasadniczą metodą wyrobników imperialistycznej propagandy jest posługiwanie się specjalnie stworzonym, wymodelowanym obrazem naszej Partii, zupełnie, od samego tła poczynając, fałszywym. Posługując się elementami zaczerpniętymi z ich własnej rzeczywistości – klecą jedno z największych chyba oszczerstw, jakie kiedykolwiek popełniano, że każda partia komunistyczna to »straszny reżim, mordujący pobożnych fabrykantów, który omamia, panie święty, dobry i potulny z natury lud«. Usiłując w ten sposób przedstawić partię jako garstkę wyodrębnioną, jako organizację dla organizacji – wyrobnicy imperialistycznej propagandy usiłują zaprzeczyć zasadniczej i przez to najgroźniejszej dla nich prawdzie, że dobro Partii a dobro mas – to jedno" (*Siedem gazet*, 23 marca 1954).

W dniu urodzin Bolesława Bieruta młody dziennikarz apeluje, by w prezencie od narodu zrealizować szybciej plan sześcioletni. Wrogiem numer jeden jest dla niego Ameryka; pisząc o niej, nie waha się nawet porównywać Trumana i Eisenhowera z Hitlerem. Ze swym ówczesnym światopoglądem Mrożek rozliczy się w eseju *Popiół? Diament?* drukowanym w 1983 roku w paryskiej „Kulturze". Przyzna, że z dnia na dzień pokochał Józefa Stalina, i doda: „Dano mi pierścień magiczny, różdżkę czarodziejską, zaklęcie, które rozwiązało mój kryzys i zastąpiło je poczuciem wszechmocy i wszechwiedzy. Jest rzeczywiście coś magicznego w tym, jak totalitaryzm zmienia nieszczęsnego, niedouczonego, sfrustrowanego, zabiedzonego gówniarza w mędrca i giganta".

Podczas pobytu w Domu Literatów Mrożek składa też pewien podpis.

Dokument zaczyna się od słów: „W ostatnich dniach toczył się w Krakowie proces grupy szpiegów amerykańskich powiązanych z krakowską Kurią Metropolitarną. My, zebrani w dniu 8 lutego 1953 członkowie krakowskiego Oddziału Związku Literatów Polskich, wyrażamy bezwzględne potępienie zdrajców Ojczyzny, którzy wykorzystując swe duchowne stanowiska i wpływ na część młodzieży skupionej w KSM [Katolickim Stowarzyszeniu Młodzieży], działali wrogo wobec narodu i państwa ludowego, uprawiali – za amerykańskie pieniądze – szpiegostwo i dywersję".

Rezolucję przeciwko duchownym skazanym w sfingowanym procesie krakowskiej kurii razem z Mrożkiem podpisują między innymi: Szymborska, Włodek, Andrzej Kijowski, Kurek, Przyboś czy Słomczyński. W sumie pięćdziesiąt trzy osoby, czyli właściwie wszyscy ówcześni członkowie krakowskiego Związku Literatów Polskich. Zobowiązują się „w twórczości swojej jeszcze bardziej bojowo i wnikliwiej niż dotychczas podejmować aktualne problemy walki o socjalizm i ostrzej piętnować wrogów narodu – dla dobra Polski silnej i sprawiedliwej".

Literaturoznawca i wybitny publicysta Jan Błoński, jeden z sygnatariuszy, powie po latach, że wtedy nikt nie pytał: „kto za?", a jedynie: „kto przeciw?". A na to brakowało odwagi (lub głupoty), by wyrywać się przed szereg, więc podpisy składano czasem nawet w imieniu nieobecnych.

Niekoniecznie jest to jednak przypadek Mrożka, który z własnej inicjatywy dopisuje: „Nie ma zbrodni, której byśmy się po nich nie mogli spodziewać. Zaciekłość niedobitków będzie tym większa, tym bardziej będą się upodabniać do esesmanów, do rycerzy płonącego krzyża – Ku-Klux-Klanu, do brunatnych i czarnych koszul – występując w tym samym co esesmani, krzyżowcy, koszule i inni falangiści interesie". Nacisk na młodych jest w tym czasie bardzo silny. W siedzibie związku raz po raz odbywają się szkolenia ideologiczne. Pod pozorem troski partia stara się utrzymać jak najwięcej literatów pod ścisłą kontrolą.

W *Małych listach* Mrożek napisze także: „Trzydzieści lat temu rzeczy były te same, tylko moje zdanie o nich inne. Czy to znaczy, że się wtedy myliłem albo teraz mylę?".

Na Krupniczej – obok imprez i wygłupów – mają też miejsce polityczne spory. Prym wiodą Polewka i Kisielewski. To ogień i woda.

Zaraz po wojnie Polewka, zapalony komunista, był kierownikiem wydziału propagandy partii w Krakowie i co rano przemawiał przez lokalne radio, czym nie zaskarbił sobie sympatii mieszkańców – dostawać miał nawet listy z pogróżkami. Kiedy się zdenerwuje, ku uciesze zebranych krzyczy: „Jest cudownie! Jest wspaniale! Ale jak nie będziemy pracować, to będzie jeszcze gorzej!". Wciąż jest personą wysoko postawioną w partii, a przez kilka lat także prezesem krakowskiego ZLP. Po jego śmierci w 1956 roku władza ludowa nazwie jego imieniem krakowski park, w którym postawi popiersie pisarza (zostanie usunięte po 1989 roku, a nazwa miejsca zmieniona).

Kisiel – publicysta, prozaik, kompozytor – brał za to udział w powstaniu warszawskim w szeregach Armii Krajowej (choć nazywał je potem „narodowym grzechem"). Otwarcie zwalcza ideologię marksistowską i krytykuje realny socjalizm. Sam siebie uważa za liberalnego konserwatystę.

Z zupełnie niezrozumiałych dla nikogo względów tych dwóch uwielbia spędzać ze sobą czas. Każdy z nich potrafi godzinami przekonywać rozmówcę o słuszności swoich racji, dokuczają sobie, dowcipkują. Regularnie jadają razem obiady, ale nigdy nie przejdą na ty. Któregoś razu wpadają na siebie późnym wieczorem na ciemnej klatce schodowej. Kisiel, słysząc, że ktoś się tłucze, pyta: „Kto idzie?". Polewka mówi: „Swój". W odpowiedzi słyszy: „O, to już pana wylali?".

Kiedy jednak Kisiel ma poważne nieprzyjemności po tym, jak przy świadkach wypowiedział się o Stalinie w sposób nieparlamentarny, Polewka staje w jego obronie. Argumentuje, że felietonista złożył samokrytykę, tłumacząc się słowami: „wolno psu szczekać na Pana Boga". Sprawa kończy się dla Kisiela trzymiesięcznym zakazem wstępu do stołówki. Przez ten czas obaj panowie chodzą markotni. Pewnego dnia spotykają się na ulicy.

– Może wstąpimy na jednego? – pyta Polewka, wskazując na drzwi stołówki.

– Nie mogę – odpowiada Kisiel.

– Jak to?

– Pan mi zabronił.

– E tam, ze mną możecie.

W jednym z odcinków Polskiej Kroniki Filmowej z drugiej połowy lat pięćdziesiątych Mrożek pojawia się w swym mieszkaniu na Krupniczej. Najpierw widzimy operatora PKF, jak wspina się po schodach Domu Literatów. Potem drzwi z numerem 17 i krzywo wydrapanym nazwiskiem „Mrożek". W zaaranżowanej na potrzeby nagrania scence pisarz udaje zaskoczonego nagłą wizytą. Przyjmuje gościa z pianą do golenia na twarzy i ściereczką wetkniętą w charakterze śliniaka za dekolt swetra. Jak opowiada dziarski głos zza kadru, jest już laureatem nagrody „Przeglądu Kulturalnego", a w „Dzienniku Polskim" (później w „Życiu Literackim") prowadzi „Postępowca" – popularną rubrykę parodystyczną. Ten materiał to dowód, że kariera Mrożka rozwija się dynamicznie. Obok dziennikarstwa zabrał się już na poważnie do literatury pięknej.

Pierwsze próbki przedstawia na zebraniach Koła Młodych (zwanych też Studium Literackim). Zachowa się protokół jednego z nich:

POSTĘPOWIEC

ROK III NR 78 DNIA 30 III 1958

Z kraju

POTOMEK JANOSIKA

Jak się okazuje, potomek sławnego Janosika (w prostej linii) nadal kontynuuje działalność tego sławnego rozbójnika.

Potomek, pracując jako konduktor tramwajowy, nie wydaje reszty bogatym pasażerom, posiadającym buty i rękawiczki. Złupione pieniądze zuchwały watażka rozdaje biednym.

DO SPOŁECZEŃSTWA

W najbliższym czasie odbędzie się kwesta uliczna na fundusz podróży międzyplanetarnych.

Nie wątpimy, że i tym razem apel skierowany do ofiarności społeczeństwa, ze względu na szlachetność celu — nie zawiedzie.

Hasło tygodnia

W trosce o prawidłowość życia intelektualno-emocjonalnego szerokiej publiczności, „Postępowiec" będzie podawał co tydzień hasło wytyczające najodpowiedniejszy wektor ogólny naszej pracy i walki:

Dziecko, przyjaciel człowieka.

Ze świata cyfr

Jak wynika z ostatnich danych statystycznych spożycie zupy w Polsce znacznie wzrosło.

OCHRONA ZABYTKÓW

Prace nad zabezpieczeniem zabytków przebiegają pomyślnie. Oto bezcenny kościółek z XIII w. z wmontowanym parasolem.

Ignacy Kraszewski

(47) STARA BAŚŃ

— Jedziemy! — zawołał starszy, potrza nam przybyć przed wieczorem! — W koło bór szumiał. Czasem jeno zakląskał ptak, coś poruszyło się w gęstwie. Lekki wiatr poruszał gałązkami i znowu — cisza była, leśna, głęboka.

(C. d. n.)

Wszystko: **SŁAWOMIR MROŻEK**

POSTĘPOWIEC

Rok III Nr 115 „Dn. 14. XII. 1958 r.

Z KRAJU

WIERCENIA POSZUKIWAWCZE

W Jochnówkach odbyły się próbne wiercenia poszukiwawcze, które dały pozytywne rezultaty. Już za pierwszym razem udało się trafić korkociągiem w korek i butelka została otwarta.

ZBRODNIA UKARANA

Znamienny zbieg okoliczności miał miejsce w pociągu na trasie Hejhejewo — Rany. Popełniwszy w Hejhejewie zabójstwo w stanie nietrzeźwym — niejaki R. dzięki kobiecemu przebraniu potrafił zmylić pogoń MO i wskoczył do pociągu udającego się w kierunku Rany. Jakież jednak było zdziwienie niefortunnego uciekiniera, gdy w przedziale został zgwałcony przez grupę pijanych pracowników dojeżdżających na bilety miesięczne do Hejhejewa.

ZZA GRANICY

KREWKI WOLNOŚCIOWIEC

W Santos (Piguerra) został dotkliwie pobity donosiciel mleka przez jednego z lokatorów jego rejonu. Zatrzymany winowajca oświadczył, że nie żałuje swojego czynu, ponieważ nienawidzi donosicieli.

Z dnia

Nasz czytelnik nadesłał nam zdjęcie, nie pozostające bez związku z zagadnieniem, o którym wspomina choćby popularna piosenka „Gdybym ci ja miała skrzydełka jak gąska — poleciałabym ja za Jaśkiem do Śląska".

Ignacy Kraszewski

84) STARA BAŚŃ

Twarz starca spokojna była i poważna, ogorzała, ze skórą jakby spękaną, tak ją fałdy i zmarszczki pokryły całą siecią gęstą.

Wszystko: **SŁAWOMIR MROŻEK**

„Zebranie Studium Literackiego 8.3.1951

Po odczytaniu przez Kol. Sławomira Mrożka utworów satyrycznych pt.:

»Posłuchajmy radia«

»Z pamiętnika Kajtusia«

»Opowieść prawdziwa«

»Przeróbki«

rozpoczęła się ożywiona dyskusja.

Kol. Mazurkiewicz stwierdził, że tematyka poruszona przez autora jest banalna i nie ma społecznego wydźwięku. Błyskotliwy dowcip to jeszcze nie wszystko.

Zdanie jego poparł Kol. Kwiatkowski, mówiąc, że w utworach nie ma strony ideologicznej. Satyry tego rodzaju nie mają wg niego prawa bytu.

Kol. Słomczyński poruszył kwestię mobilizującej roli satyry. Następnie zaproponował dyskusję nad problemem, czy wolno pisać satyry i humoreski, nie uwzględniając tematyki społeczno-politycznej?

Kol. Borkowski odpowiedział na to pytanie, że satyra powinna być nasycona problematyką polityczną i społeczną, obśmiewać wroga, krytykować błędy.

Większość opowiedziała się za jego zdaniem – podając jako przykład doskonałą satyrę polityczno-społeczną, radziecką.

Kraków 8.3.1951".

Satyra *Z pamiętnika Kajtusia* jest być może prototypem opowiadania, które jako *Z pamiętnika Piotrusia* znajdzie się w 1953 roku w zbiorze *Półpancerze praktyczne* (Wydawnictwo Literackie). To dość zabawna historyjka z morałem. Mały chłopiec – tytułowy Piotruś – okazuje się w niej bardziej dojrzały od swojego ojca, który z powodu głupich przesądów gotów jest zdobyć na święta choinkę, łamiąc prawo i niszcząc wspólne dobro, czyli las. Upiera się, że kupne drzewka mają pełno korników, a te zjedzą całą rodzinę. Gdy zirytowany malec bierze sprawy w swoje ręce i sam nabywa ozdobę legalnie, przerażony protoplasta odmawia powrotu do domu.

Joe Mac Carthy! Osławiony „senator z Wisconsin"! „Łowca czarownic"! Któż nie zna tego nazwiska — ponurego symbolu amerykańskiego faszyzmu... Przed kilkoma miesiącami ukazała się w USA obszerna książka biograficzna pt. „Mc Carthy, the Man, the senator, the „Ism" („Mc Carthy — człowiek, senator, „yzm" — czytaj: „maccarthyzm") pióra Jack Andersona i Ronald May'a. Książka ta dotarła do naszej redakcji.

Przeczytaliśmy ją i uznaliśmy, że bogaty materiał źródłowy w niej zawarty wprost ciśnie się pod pióro satyryka. Powierzyliśmy więc biografię „łowcy czarownic" Brunonowi Miecugowowi i Sławomirowi Mrożkowi. Dziś zamieszczamy pierwszy odcinek ich relacji „Hallo, Joe"! Czytając ją pamiętajcie Czytelnicy, że podane fakty są prawdziwe. A że oryginalne? No, cóż — made in USA!

I. NOS NA SZALI

okal klubu dyskusyjnego studentów kolegium „Marquette" w Milwaukee (Wisconsin), szybko się zapełniał. Chociaż panował ruch i hałas dorównujący niemal hałasowi chicagowskich rzeźni, niesposób było nie zauważyć jednego ze studentów, młodzieńca mniej więcej dwudziestoletniego. Był on bardzo zajęty. Usiłował przywitać się z wszystkimi wchodzącymi do sali. Najbliższym ściskał dłonie, wykorzystując przy tym obydwie ręce naraz tak, aby załatwiać dwóch równocześnie. Dalszych obdzielał przyjacielskimi okrzykami i gwizdnięciami, a najdalszym, którzy mogliby go nie usłyszeć, przesyłał niezmiernie serdeczne uśmiechy, miny i potrząsanie głową.

— Kto to? — zapytała swego sąsiada pewna studentka, która dopiero niedawno wstąpiła do kolegium.

— Nie znasz go jeszcze? — zdziwił się zapytany — to przecież Joe Mc Carthy. Morowy chłop! „Milwaukee Sentinel" pisała o nim, że *„jest to student, który zrozumiał amerykańskiego ducha"*. Znam go jak te pięć palców — dorzucił, podnosząc rękę zajętą dotąd poklepywaniem uda sąsiadki. Aby zaś udowodnić, jak dobrze zna nadzwyczajnego Joe, poderwał się i krzyknął:

— Hallo, Joe!

Żywe wcielenie amerykańskiego ducha odwzajemniło mu się natychmiast niezwykle serdecznym wysunięciem dolnej szczęki.

Tymczasem przewodniczący już od kilkunastu minut nawoływał do spokoju, aby rozpocząć zapowiedzianą dyskusję. Formalnie miała ona dotyczyć różnych systemów gry w baseball, wszyscy wiedzieli jednak, że chodzi o znacznie ważniejsze sprawy: spośród najlepszych mówców miał wyłonić się nowy prezes klubu. Wreszcie, kiedy przewodniczący i członkowie zarządu już zachrypli, sala uciszyła się o tyle, że można było słyszeć chrzest przeżuwanej gumy. Przekrzykiwać ludzi, którzy mogą mówić tylko szeptem, to już żadna sztuka, ani rozrywka. Pierwszy mówca wstąpił na trybunę.

Po pięciu minutach Joe zaczął się niecierpliwić. Miał przemawiać jako drugi z kolei. Zbyt długa mowa pierwszego oratora była mu nie na rękę. Odczekał jeszcze pięć minut i nagle wrzasnął:

Powstało zamieszanie, które Joe wykorzystał natychmiast, aby zepchnąć rywala z mównicy i rozpocząć swoją rzecz.

a wstępie odczytał znany nam już wyjątek z „Milwaukee Sentinel", po czym przeszedł do ogólniejszych rozważań. Nie zdążył jeszcze dokończyć pięknego okresu o Ameryce, lojalności, patriotyzmie i zasadach, w imię których umierali przodkowie, kiedy zorientował się, że sala już go nie słucha.

Joe nie umiał przemawiać. Po prostu nie miał talentu. Niestety, nie widział jednak innej drogi do tak upragnionej godności prezesa i sławy związanej z nią. Aby ratować braki wymowy, Joe uczynił szeroki gest prawą ręką, zapominając, że właśnie trzyma w niej szklankę z wodą. Szklanka wyślizgnęła mu się z palców i poleciała prosto w kapitana drużyny base-ballowej. Znieważony sportowiec podniósł natychmiast swój kij, z którym się nigdy nie rozstawał i

zamierzył się nim na mówcę. Ruch ten wykonany był wprawdzie według wszelkich prawideł gry, ale z takim rozmachem, że siedzący w najbliższym rzędzie koledzy nie uniknęli mniejszych lub większych obrażeń.

Natychmiast wywiązała się gwałtowna bijatyka, w centrum której znalazł się Joe, mimowolny winowajca. Przewrócona mównica osłaniała go przed ciosami walczących, za co Joe był niezmiernie wdzięczny opatrzności. Ale tylko przez chwilę — natychmiast bowiem skonstatował, że w ten sposób zniknął całkowicie z oczu publiczności. Myśl, że go nikt nie widzi, była dla Joe nie do zniesienia, doprowadzała do szału. Jednym uderzeniem rozbił mównicę i zaczął rozrzucać spiętrzony nad nim stos walczących. Część słuchaczy nie biorąca udziału w bójce spostrzegła natych-

Ale wysunięta głowa stała się równocześnie łatwiejszym celem dla przeciwników i Joe prócz porcji uznania otrzymał w tym samym momencie druzgocący cios w sam środek nosa. Żal mu

się zrobiło bezpiecznej kryjówki pod mównicą, ale wahanie trwało krótko. Nowe okrzyki dodały mu siły. „Skoro jakiś starożytny facet mógł dla sławy podpalić kościół, to dlaczego ja nie miałbym rzucić swego nosa na szalę?" — pomyślał Joe. I rzucił swój nos.

Nikt nie mógł sprostać tej ślepej furii. Nawet zarząd klubu pierzchnął wkrótce i Joe stał sam na spustoszonej estradzie.

Zewsząd wyciągały się do Mc Carthy'ego dłonie, padały słowa uznania, powinszowania, pochwały i zachwyty. Joe promieniał. Ponieważ obolałe dłonie nie pozwalały mu na odwzajemnianie zaofiarowanych uścisków, a rozbity nos uniemożliwiał nawet przyjacielskie uśmiechy, Joe rozdzielał hojnie niezwykle serdeczne mrugnięcia prawym okiem (lewe było zapuchnięte), i zgiętymi w łokciach rękami poklepywał najbliżej stojących po ramionach.

Teraz już było jasne kto ma największe szanse na prezesurę w klubie dyskusyjnym. Ale Joe postanowił w duchu wystąpić jeszcze w paru bokserskich meczach, żeby już mieć pewność, że go wybiorą.

ie opuszczał klub niesiony na rękach przez wielbicieli. Trzymając pióro w zębach wypisywał autografy. Syn bogacza kupił od niego za 100 dolarów postrzępiony w walce krawat, a za strzęp koszuli płacono już po 2 dolary. Dziewczęta całowały go, delikatnie odchylając na bok spuchnięty nos.

Kiedy triumfator ze świtą wyszedł na ulicę, przez tłum przedostała się

W autobiografii Mrożek przyzna, że w początkach swojej twórczości zdarzyło mu się nawet napisać utwór propagujący pogłowie świń, co było wynikiem ogłoszonej w partii mobilizacji. Tekst nie wejdzie jednak do *Dzieł zebranych*. Podobnie jak i napisana wspólnie z Brunonem Miecugowem, a publikowana w odcinkach w „Dzienniku Polskim" powieść o senatorze Josephie McCarthym. *Hallo, Joe!* jest malowniczą satyrą na Amerykę i tamtejsze kariery. Autorzy szydzą z biografii pierwszego tropiciela komunistów zza oceanu, poczynając od czasów dyskusyjnego klubu studenckiego, kiedy to dla poklasku miał się wdawać w bójki z kapitanem drużyny baseballowej, poprzez II wojnę światową, podczas której udało mu się nie zobaczyć ani jednego Japończyka, ale i tak zostać bohaterem, aż po brawurowe wystąpienia oskarżycielskie w Waszyngtonie. Niepodparte ich zdaniem ani jednym faktem.

Jeszcze kilka miesięcy przed *Półpancerzami...* ukazują się *Opowiadania z Trzmielowej Góry* z ilustracjami autora (Spółdzielnia Wydawnicza „Czytelnik"). To zaledwie piętnastostronicowa broszurka, ale wydana w nakładzie aż 25 tysięcy 220 egzemplarzy, co świadczy dobitnie o poparciu autora przez aparat propagandy. „Bardzo chciałem zrobić karierę, to było bardzo przyjemne uczucie, kiedy zacząłem ją robić" – będzie wspominał Mrożek.

– Dla nas, początkujących, najważniejsze było w tym czasie, ile ktoś ma wydrukowane i czy wydał już książkę – wspomina poeta Bogdan Loebl. – W naszej hierarchii Mrożek stał dosyć wysoko. Wszyscy kłanialiśmy się mu zawsze jako pierwsi. Żadnych rozmówek o pogodzie. Nie musiał zabiegać o niczyje względy, przejmować jakimiś dziennikarzami. Był wtedy chudy, wysoki, wyglądał jak olbrzymie ptaszysko. Pamiętam ostatnie zebranie Koła Młodych z jego udziałem, w stołówce na Krupniczej. Został już przyjęty do Związku Literatów, więc poproszono go, żeby powiedział na koniec kilka słów pożegnania. Coś tam raczej wydukał, jak to on. Przede wszystkim pamiętam jednak przepiękne dziewczyny, które bywały czasem w jego pokoiku. Zazdrościliśmy mu tych wizyt okropnie.

Zarówno *Opowiadania z Trzmielowej Góry*, jak i *Półpancerze praktyczne* to książki powstałe jeszcze pod wpływem socrealizmu. Autor dowcipnie

piętnuje w nich na przykład nieuczciwość sklepikarzy, którzy chowają co bardziej pożądane towary dla swoich bliskich (*O tym, co się Kmoterkowi przydarzyło po drodze*), albo lenistwo i chciwość bogatych chłopów, którzy nie respektują dekretów o pomocy sąsiedzkiej (*O tym, jak Jęczak się przechytrzył*). Biorąc sobie do serca rady kolegów ze Studium Literackiego, Mrożek nasyca swoją satyrę problematyką społeczną.

W wydanym cztery lata później zbiorze *Słoń* trudno już jednak osądzić, z kogo tak naprawdę autor się naśmiewa. Sam zresztą napisze o nim znacznie później: „Moja pierwsza poważna książka, a więc ta, której autorem byłem ja sam, a nie moja głupota".

W tytułowym opowiadaniu dyrektor prowincjonalnego ogrodu zoologicznego zrzeka się długo oczekiwanego przydziału na słonia, gdyż marzy mu się wielka kariera i postanawia się wykazać, wysyłając do centrali memoriał z planem uzyskania słonia sposobem gospodarczym. Zwierzę ma być gumowe, choć do złudzenia przypominające prawdziwe. Dmuchanie atrapy idzie jednak powoli, a przygotowujący ją robotnicy nie mają specjalnej ochoty wyrabiać po nocy dodatkowych procent normy („Wszystko przez to, że nasz dyrektor jest lewak" – marudzą), więc postanawiają posłużyć się gazem. W dniu oficjalnej premiery słoń odfruwa na oczach zdumionej wycieczki szkolnej, by skończyć swój krótki żywot na kaktusie w pobliskim ogrodzie botanicznym. Opowiadanie kończy się słowami: „A uczniowie, którzy byli wtedy w ogrodzie zoologicznym, opuścili się w nauce i stali chuliganami. Podobno piją wódkę i tłuką szyby. W słonie nie wierzą w ogóle".

Już w 1957 roku krytyk Jerzy Kwiatkowski zauważa w „Życiu Literackim", że „pasja, z jaką Mrożek ukazuje nonsensy stalinizmu, może być tylko pasją dawnego wyznawcy, wstrząśniętego i przeżartego rozczarowaniem, broniącego się już tylko drwiną".

Dlaczego to robi?

Zacznijmy od tego, że może.

Stalin umarł w marcu 1953 roku. Trzy lata później wybuchł poznański Czerwiec, pierwszy w PRL-u strajk generalny i zarazem wielkie demonstracje uliczne. Choć premier Józef Cyrankiewicz powiedział w pierwszej reakcji, że „każdy prowokator czy szaleniec, który odważy się podnieść rękę przeciw władzy ludowej, niech będzie pewny, że mu tę rękę władza ludowa odrąbie", pod wpływem Czerwca w październiku kierownictwo PZPR zadeklarowało chęć „naprawy błędów i wypaczeń". Zaczęła się tzw. odwilż.

A dla Mrożka zaczęła się na dobre kariera.

„Komisja do spraw Naprawy Błędów i Wypaczeń" pojawia się już wkrótce w pierwszym polskim komiksie o superbohaterze, którego jest autorem. *Tarzana w Białowieży* drukuje w odcinkach „Dziennik Polski". Z czasem zapomniana, choć prekursorska w formie powieść rysunkowa przedstawia historię pięknej i ubogiej Dolly Kowalskiej, którą miejscowy kacyk biurokrata nakazuje uprowadzić, gdyż upatrzył ją sobie na sekretarkę. Na jej ratunek przybywa muskularny Król Małp. Musi stawić czoła licznym przeciwnościom, ale na szczęście spinacze, którymi zostaje spętany, okazują się krajowej produkcji i łamią się w odpowiednim momencie. Do happy endu doprowadza ostatecznie interwencja owej komisji. Komiks kończą słowa: „I wszystko obróciło się na lepsze".

Zmiana sytuacji w kraju szczęśliwie zbiega się w czasie ze zmianą światopoglądu Mrożka. O propozycji komunistycznej będzie potem mówił, że wydawała mu się „bardzo interesująca", dlatego też początkowo dał się jej uwieść, ale jednak nie był „kompletnym idiotą". W 1987 roku napisze dramat *Portret*. W rozmowie, którą podczas gry w szachy jego bohater odbywa z personifikacją swojego wyrzutu sumienia, łatwo się dopatrzyć tropów autobiograficznych:

... był wierny —
to całe życie!
Gdybym miał dziewczę —
to sami wiecie...
Gdybym miłował —
to sercem całym!
Gdybym miał szczęście —
to... byłbym mały.
Gdybym obiecał —
o jak Zawisza!

... gdybym miał plecy —
IFę bym miał...
Gdybym, ach gdybym,
co to pomoże!...
A więc ostatnie
Już wiersze złożę!
Gdybym miał Sezam —
to bym go stracił,
GDYBYM miał FORSĘ —
DŁUGI bym SPŁACIŁ!!!

... znika w ciemniach nocy. — Czy tajemniczym rowerzystą był pewien b. działacz polityczny? — Labirynt zagadek. — Ofiara walczy o życie. — Cała milicja na nogach!

W łagodnym świetle lamp tonęła ulica Zacisze, gdy młoda kobieta, ubrana skromnie, ale szykownie, w płaszcz, trzewiki i kapelusz, z torebką i jakimś pakunkiem w ręku, obli-

... tylko szybciej.

Drugą: uskoczyć w stronę mijanych kamienic.

Trzecią: uskoczyć na jezdnię.

WYBRAŁA TRZECIĄ DROGĘ!!

Jeden skok — już jest na jezdni. Zeskakując, znalazła się tuż przed pędzącym rowerem. Całą siłą rozpędu rower wpadł na kobietę. Kłąb stali, gum i ludzkich ciał potoczył się po jezdni. Nieszczęsna zdołała zawołać tylko rozpaczliwie:

Ofiara walczy o życie. Walczy sztab lekarzy. Rany są straszne: zdarcie naskórka w wielu miejscach na różnych częściach ciała, połamane kości (lewa noga wydaje się być stracona!). Miednica ma obitą emalię!

Milicja zjawiła się rekordowo szybko (już nazajutrz!) na miejscu wypadku i wszczęła dochodzenia. Ustalono na podstawie zeznań ofiary i papierów znalezionych w jej torebce, że jest to 49-letnia Apolonia Grzebyk, ekspedientka w sklepie MHD nr 191 (opatrunki i delikatesy).

W DZISIEJSZYM NUMERZE ROZPOCZYNAMY POWIEŚĆ RYSUNKOWĄ SŁAWOMIRA MROŻKA.

(Ciąg dalszy za tydzień)

... się na pamięć encyklopedii. Już dojechałem do litery Z! A Słownik Wy-...

zaokrąglonych — jak ... „Polaka znak, sześć razy tak!" — no i jestem w Paryżu.

— Gal ux! — odpowiadam bez namysłu — to jest... przepraszam: Galileusz...

— Masz pięć punktów, — powiada żona — a teraz ty mnie spytaj!

— Dobra! Powiedz, Pelcia, kto na-...

dobno w tym ... topą nieszczę... technik den... stali tam, ja-...

Opowiadanie

...ewczęta są inne...

... cholerę nie mogłem równo prowadzić wozu.

Jak tylko wydostaliśmy się za miasto, w niewielkiej odległości za nami ukazało się jakieś auto. Skręciłem trochę na bok, żeby je przepuścić, ale facet co w nim siedział nie chciał nas minąć. Pomyślałem sobie, że to dziwne, bo jechaliśmy jakieś 15 km na godzinę i kurz był okropny. Ten gość musiał być zupełnym durniem, żeby się trzymać za nami.

Betty przytulała się coraz więcej i była taka miła, że nie wiedziałem, jak to rozumieć.

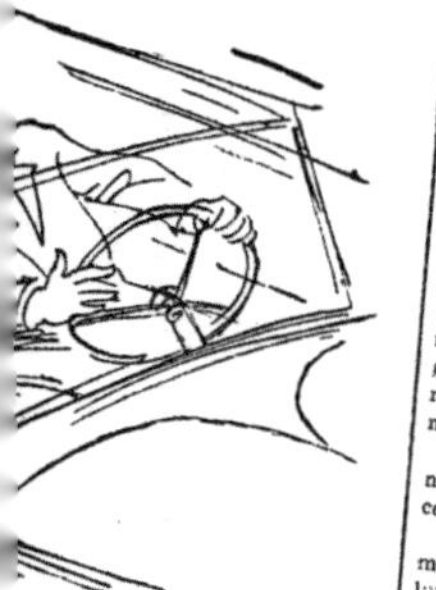

Rys. Tadeusz Olszewski

... Do licha — powiedziałem sobie ... spróbuję ją pocałować. To było ... ryzykowne, bo wszystkie zna... dziewczęta były strasznie wrażliwe ... na takie rzeczy i nie zastanawia... się długo, czy dać facetowi w ...

... ny gwint! Pocałowałem ją, a ... nie chciała mnie puścić! Wóz latał od rowu do rowu jak pijany. Nic ... widziałem, bo Betty nie przestawała mnie całować i dopiero jak ... zaliśmy prawie do rowu, zo... wałem się, w którą stronę ... kierownicą. Kurza twarz, te ... częta z Rosemark naprawdę są ...

... ła mnie w końcu, tak, że mo... łapać oddech i popatrzeć przed ...

... e smakują ci moje pocałunki? ... tała, ściągając znowu ramio... to dziewczyny umieją, kiedy ... etowi zawrócić głowę.

... cha, nie mogłem przepuścić ... kazji. Objąłem ją jedną rę... ... zacząłem ją całować jak tylko ... mocno. Wcale nie narzeka... ... mocno. Chyba się jej po... ... o objęła mnie za szyję i po... ... nogi na kolanach. Ledwie ... łapać oddech. Jasny gwint, ... m pojęcia, że dziewczęta ... ć takie rzeczy! Ben mówił, ... częta z Rosemark są inne, ... rzypuszczałem, że aż tak ... urza twarz, Betty trzyma... ... moich kolanach pod kie... ... ja za cholerę nie mogłem ... całowania z kierowaniem

... uż, że przy pierwszej o... ... pojadę do Rosemark.

Ben wiedział, co mówi, że nasze dziewczęta ani się nie umywają do tych z Rosemark. Kurza twarz, te kozy w ogóle nic nie są warte.

Przez ten czas dojechaliśmy do osady, gdzie mieszkała Betty. W ostatniej chwili przerwała pocałunek, żeby mi pokazać, którędy jechać. Zanim zdążyłem skręcić, auto, jadące za nami, wyskoczyło nagle naprzód i musiałem gwałtownie zahamować, żeby się z nim nie zderzyć.

— Cóż to za dureń? — zapytałem.

— To tato — odpowiedziała Betty.

Miałem już na końcu języka parę ciepłych słówek pod jego adresem, ale przyszło mi na myśl, że może lepiej nic nie mówić, jeżeli chcę się jeszcze kiedyś z nią zobaczyć. Miałem zamiar umówić się z nią na całą kupę randek, jak tylko staniemy przed jej domem.

Spuściła nogi i usiadła grzecznie, jakby nigdy nic. Zgasiłem motor i otworzyłem jej drzwiczki. Wyskoczyła zgrabnie, a ja zacząłem wyłazić za nią. Nie zdążyłem jeszcze wystawić nogi aż tu ten facet, który nas wyminął, wepchnął mnie do środka tak gwałtownie że uderzyłem się o kierownicę. Podszedł bliżej i pchnął mnie jeszcze raz.

— Gdzie się wybierasz? — warknął. — Zjeżdżaj stąd i niech cię więcej nie widzę.

Teraz zobaczyłem, że w ręce trzymał wielki zardzewiały pistolet z lufą długą chyba na pół metra.

— Jak cię jeszcze raz złapię z Betty to ci podziurawię brzuch kulami.

Naturalnie nie zastanawiałem się długo. Serce mnie bolało odjeżdżać od Betty, nie umówiwszy się z nią, ale to nie miało i tak sensu, jeżeli nie mogłem się tu więcej pokazać.

Wróciłem do domu i położyłem się spać. Teraz wiedziałem, dlaczego Ben nigdy nie chodził drugi raz na randkę z tą samą dziewczyną. I wiedziałem, co znaczy, że tamte dziewczęta są inne. Pewnie, że były inne. Trudno powiedzieć, na czym polega różnica, ale jak tylko się tam raz pojechało to jakoś człowiek sam to kapował.

Na drugi dzień poszedłem do Bena i powiedziałem mu, że byłem wczoraj w Rosemark. Potem opowiedziałem mu jeszcze, jak ona się całowała i jak chciała mi usiąść na kolanach.

— Co! — zawołał, wytrzeszczając oczy.

Więc mu powtórzyłem i jeszcze powiedziałem, jak nie chciała przerywać pocałunków i jak mi położyła nogi na kolanach.

Jasny gwint! To coś dziwnego. Mnie jeszcze żadna nie pocałowała i żadna nic nie robiła z nogami.

— A niech cię, Ben — powiedziałem — to czemu mówiłeś, że one są inne?

— A bo ja wiem — powiedział, marszcząc brwi — Sam nie wiem.

tłum. J. Piątkowski

Zamieszczamy 2-gi odcinek powieści rys. Mrożka. — Ciąg dalszy za tydzień.

... rejonu Łąc... adku poza ... liza kaskad ... wą w ra... ojektowych ... alną.

... w podanych ... rozpatrzone ... sorty, które ... ch zastrze... szość zbior... nych Skał... Narodowa ... swoje usto... owywanego ... y Dunajca. ... y Przyrody ... Sztuki pro... rnikowi w ... tach uzna... duje zbior... nych Skał-...

... jektującego ... a polemika ... m stosun... instytucji. ... ustronnych ... adnicza róż... a Czorsztyn ... odowej do... rm nawią-...

... awione za... vią dopusz... postulata... dóbr kultu... skusje i o... iewątpliwie ... przejść do ... o zasadni... odarki na-...

... tawa Ar... kuchnią. ... wia.

Powieść rysunkowa Sławomira Mrożka

Kolejny odcinek zamieścimy za tydzień.

...ki i uwagi

— czy to naprawdę Or... ...nna Millera? Skąd ta ... założyciel ...

swoim utworom ... Miller ...

Powieść rysunkowa Sławomira Mrożka

„ANATOL: Dlaczego ty go wtedy aż tak kochałeś?
BARTODZIEJ: To było dawno.
ANATOL: Zgoda, ale dlaczego? Coś ty w nim widział?
BARTODZIEJ: Nie ja jeden.
ANATOL: To cię nie usprawiedliwia. Bo miał wąsy? Wąsy, owszem, miał ładne, ale to jeszcze nie powód.
BARTODZIEJ: To nie wąsy, to idea. Był ucieleśnieniem idei.
ANATOL: A bez idei nie mogłeś żyć?
BARTODZIEJ: Wtedy – nie. *(pauza)* Tak mi się przynajmniej wydawało.
ANATOL: Właśnie. Ty zawsze potrzebowałeś czegoś z zewnątrz, czegoś gotowego, jakieś ubranko gotowe do noszenia. Wkładasz na siebie i już masz, od razu jest ci milutko. Sam szyć nie potrafisz. *(pauza)* A może czegoś ci brakowało? Członka jakiegoś? Proteza ci była potrzebna? *(pauza)* Jak nie idea, to kariera, a najlepiej kariera z ideą.
BARTODZIEJ: Nie, ja nie dla kariery.
ANATOL: Ale tak się jakoś złożyło, prawda? Jedno z drugim. Ta miłość ci się opłaciła.
BARTODZIEJ: Ja go naprawdę kochałem!".

Podobnie jak jego bohater Mrożek też ma świadomość, że miłość do Stalina bardzo mu pomogła w karierze. Teraz jednak postanawia nauczyć się szyć (czyli żyć) sam. I to również mu się opłaci. Zmęczeni realnym socjalizmem czytelnicy są zachwyceni, Mrożek staje się niemal z dnia na dzień autorem na fali. Cytaty z jego opowiadań i rysunków wchodzą do języka, Agnieszka Osiecka ekranizuje jego *Słonia* (tak sobie), wreszcie pojawia się powiedzenie „jak z Mrożka" albo „Mrożek by tego nie wymyślił". Sam będzie wspominał po latach: „byłem znany jako »kawalarz« i satyryk, i taki paryski egzystencjalista (bo miałem czarne spodnie)".

Pisarz rezygnuje z etatu w „Dzienniku Polskim", ale na łamach gazety ogłasza w odcinkach satyryczną powieść *Maleńkie lato*. W „Echu Krakowa" publikuje recenzje teatralne. Pierwszy zawodowy kontakt przyszłego dramaturga ze sceną zaczyna się od przypadku. W kawiarni spotyka Teresę Stanisławską, redaktor naczelną gazety, która proponuje mu funkcję krytyka. Mrożek postanawia spróbować. Pisanie o spektaklach sprawia mu przyjemność, ale szybko dochodzi do wniosku, że nie umie równocześnie kolegować się z ludźmi teatru i fachowo oceniać ich pracy. A przynajmniej nie umie tego robić bez narażania się na nieprzyjemności. Oferuje więc odstąpienie rubryki Ludwikowi Flaszenowi, którego również spotyka przypadkiem (tym razem na ulicy). – Dobrze, mogę – odpowiada kolega z Krupniczej i już wkrótce staje się jednym z najwybitniejszych polskich teatrologów.

Mrożek w tym czasie zaczyna współpracę z krakowskim Teatrem Satyryków i Piwnicą pod Baranami, warszawskim Teatrem Syrena i kabaretem Szpak, wystąpi nawet w etiudzie filmowej (*Rondo* w reżyserii Janusza Majewskiego). Najwięcej łączy go jednak z gdańskim teatrem Bim-Bom. W 1956 roku ze skeczem *Profesor* bierze udział w premierze jego programu *Radość poważna* w reżyserii Zbigniewa Cybulskiego i Bogumiła Kobieli. W autobiografii przyzna, że wydarzenie to miało kluczowy wpływ na jego decyzję o spróbowaniu sił w zawodzie dramaturga. Wszystkie laury zebrali wówczas autorzy, po prostu im pozazdrościł. Już w latach dziewięćdziesiątych napisze opowiadanie o dwóch kabareciarzach – Bimie i Bomie. Żyją oni ze sobą w idealnej harmonii, dopóki nie pójdą razem do fryzjera, a tam niespodzianie padnie pytanie, kto pierwszy. „Podobno Bom usiłował udusić Bima, a Bim otruć Boma" – spuentuje Mrożek.

Tymczasem debiutuje jako dramaturg. Sztuka nosi tytuł *Policja*. Oto ostatni więzień polityczny podpisuje akt lojalnościowy wobec Infanta i jego wuja Regenta, choć naczelnik policji próbuje go odwieść od tej decyzji nawet ofertą pomocy w zbieraniu znaczków (więzień to zapalony filatelista). Na dodatek przychodzi pobity przez lojalny lud sierżant, do którego znienawidzonych obowiązków należą publiczne prowokacje w celu wykrycia ewentualnych wrogów systemu. Policja staje się niepotrzebna. Aby jakoś temu zaradzić, sierżant daje się aresztować. Gdy trochę posiedzi, dojdzie do wniosku, że w kraju jednak nie jest przesadnie różowo. Potem

pojawiają się jeszcze generał i były więzień, teraz w roli eksperta do spraw wywrotowych akcji. Na koniec wszyscy nawzajem się aresztują.

Na wszelki wypadek Mrożek podkreśla w didaskaliach, że sztuka nie jest żadną metaforą. Cenzura nakazuje tylko zmienić tytuł na *Policjanci*, co w przyszłości przysporzy autorowi kłopotów przy tłumaczeniach na obce języki. W 1958 roku dramat ukazuje się w „Dialogu", premiera w reżyserii Jana Świderskiego ma miejsce pod koniec czerwca w Teatrze Dramatycznym w Warszawie. To ostatni moment przed rychłym końcem odwilży. Mrożek ma, czego chciał. Sukces jest ogromny. „Każdemu neurotykowi, który stale się trapi swoim nędznym losem, polecam napisanie sztuki i wystawienie jej w teatrze" – będzie żartował. Już w następnym roku *Policja* zostaje wystawiona we Frankfurcie, później sypią się kolejne adaptacje w całej Europie. Halina Stephan, badaczka twórczości Mrożka, wyliczy, że jeszcze przed opublikowaniem najpopularniejszego *Tanga* był on autorem dziesięciu sztuk wystawianych w pięćdziesięciu sześciu teatrach, licząc tylko przedstawienia krajowe.

Pisarz powoli wyrasta poza Dom Literatów. W 1955 roku – jako wysłannik „Dziennika Polskiego" – wziął już udział w V Światowym Festiwalu Młodzieży i Studentów w Warszawie. Zachłysnął się wówczas międzynarodową atmosferą, podszytą lekko erotyzmem („Nieustannie kochałem się w coraz to innej, widzianej z daleka dziewczynie, a raz nawet zatańczyłem z Murzynką"). Rok później pojechał na orbisowską wycieczkę po Związku Radzieckim, gdzie po-

znał przyszłą żonę Marię Obrembę, potem ZLP wysłał go razem z Szymborską i Nowakiem na stypendium do stolicy Francji. Tam odkrył z niejakim zdumieniem, że w wielkim świecie potrafi sobie poradzić. Z pasją chodził do kina, kupił sobie kamizelkę z ekstrawaganckim wzorem. W Maisons-Laffitte pod Paryżem poznał Jerzego Giedroycia.

Mrożek podróżuje coraz więcej, na Krupniczej bywa coraz rzadziej. Któregoś razu, gdy od kilku tygodni przebywa już za granicą, sąsiedzi zauważają, że drzwi do jego mieszkanka są uchylone, a przy zamku ktoś jakby majstrował. Nie udaje im się ustalić, co zniknęło z pokoju, wzywają więc milicjanta, aby stwierdził ewentualne włamanie. Szymborska wspominać będzie w piśmie „NaGłos": „Przyszedł, rozejrzał się, otworzył szafę i zanotował: »ręczniki dwa, koszule męskie trzy, para spodni jedna, marynarka używana jedna«. Interesowały go raczej rzeczy praktyczne, o zrozumiałym przeznaczeniu, toteż książek do protokołu nie wciągnął, odnotował za to pustą walizkę wywleczoną spod tapczanu. Wreszcie zbliżył się do biurka i pozaglądał do szuflad. Były w nich bardzo starannie ułożone rękopisy, maszynopisy, rysunki. Chwilę pomyślał, pomyślał, westchnął z politowaniem i dopisał: »w biurku cztery szuflady szpargałów«...".

W wakacje 1959 roku Mrożek przebywa na stypendium Uniwersytetu Harvarda w Ameryce, którą wcześniej tak atakował, wracając zwiedza Francję i Włochy. Na statku poznaje Gunnara Brandella, szwedzkiego literaturoznawcę, który w przyszłości będzie zgłaszał jego kandydaturę do Literackiej Nagrody Nobla. W latach osiemdziesiątych opisze w dzienniku sen, w którym przeniesie się znów do stołówki ZLP. Właśnie wrócił z zagranicy i zabrakło dla niego sznycelków. Opowiada kolegom literatom, jak chciał posiąść Marilyn Monroe, ale ta go potraktowała jak sympatycznego starszego brata. „No comment" – zakończy.

W listopadzie żeni się z Marią Obrembą i wkrótce przenosi się do Warszawy. Przed wyjazdem oddaje legitymację partyjną, bez zbędnych manifestacji. Reakcja lokalnych władz okazuje się obojętna. Na zebrania i tak już od dawna nie chodził.

Z Krupniczej powoli znikają co znamienitsze nazwiska. W 1983 roku zostanie rozwiązany ZLP, a większość autorów – przegoniona z klubu, czyli ze stołówki. Pani Lola jako jedyna ze starej załogi dożyje tutaj nie tylko upadku komunizmu, ale nawet początku XXI wieku. Doczeka się też swojej legendy. Bronisław Maj – najpierw podczas spotkań towarzyskich, a potem, po latach, już oficjalnie w ramach jubileuszowego kabaretu wydawnictwa Znak – wcieli się w jej postać. Będzie opowiadał, jak to „pomagała" pisać wiersze mieszkającym w Domu Literatów poetom i jak to wszyscy się „w niej" kochali, potem zacznie się cofać w przeszłość, przez Reymonta, Mickiewicza, Norwida, Reja i Kochanowskiego, aż wreszcie powie: „Różne literaci mi dawali do zrymowania, pan Wergiliusz przychodzi i mówi: »No jakieś mam natchnienie, ale nie wiem, co będzie na początek«. No ja żem się chwilę zastanowiła i mówię: »Panie Wergiliuszku, mam taki początek: *Arma virumque cano*... No to już dalej se pan ułóż«. I on se ułożył". I tak powstała *Eneida*.

Potem jeszcze urodzi się pomysł, by Krupniczą jakoś uhonorować. Mrożek napisze: „W latach dziewięćdziesiątych pojawiły się w prasie krakowskiej artykuły domagające się zakupienia Domu Literatów przez magistrat, a następnie ożywienia, zadbania czy też ochrony tego obiektu jako »doniosłej spuścizny kulturalnej Krakowa«. Jeden z pomysłów postulował utworzenie »Muzeum Literatury Pisarzy Krakowskich« w odnowionych i wyfroterowanych salonach z nieuchronną dyrekcją i godzinami wstępu z wyjątkiem poniedziałków. Już sama myśl o »wycieczkach szkolnych z Przemyśla« zwiedzających moje poddasze wydała mi się tak śmieszna, jak śmieszne są monologi Bronisława Maja".

Mrożek zasugeruje kiedyś w wywiadzie, że opowieści o jego latach w Domu Literatów są przez kolegów z lekka ubarwione. „Choć mówiąc »handlowo«, te wszystkie anegdotyzmy bardzo mi się opłacają" – zaznaczy. I nie będzie z nimi walczył. Przed opuszczeniem Krupniczej pali przy trzepaku brudnopisy, wczesny dziennik, notatki... Jakiś czas temu miał maniakalny okres kolekcjonowania wszystkich papierków, nawet biletów tramwajowych, więc trochę się tego zebrało. Podwórko zasnuwa czarny dym, podmuchy wiatru unoszą skrawki papieru, on poprawia ogień drewnianą tyczką. Po latach powie scenografowi Janowi Polewce, synowi Adama:

– Spaliłem przeszłość.

LUDZIE **Mara**

„Nie należę do osób, które chętnie się żenią" – przyzna Mrożek w *Baltazarze*. A jednak 16 listopada 1959 roku w katowickim urzędzie stanu cywilnego bierze ślub z Marią Obrembą, zwaną przez wszystkich Marą. Będą małżeństwem przez dziesięć lat. 31 października 1969 roku Mara umrze na raka w szpitalu w Berlinie Zachodnim. Mrożek błędnie zapamięta, że było to dokładnie w rocznicę ich ślubu i tak też zapisze w autobiografii. Od czasu zdiagnozowania jej choroby do śmierci minie zaledwie osiemnaście dni. Niespełna pół wieku później niemal wszystkie informacje na jej temat ograniczać się będą do trzech punktów: była żoną Mrożka, malarką i nagle umarła.

Wkrótce po jej śmierci Mrożek napisze dwa listy – do przyjaciela Piotra Rawicza i swojej siostry Litosławy. Będą bardzo podobne: „Mara miała ręce pokłute i umęczone, całe storturowane zastrzykami, jakimiś transfuzjami jakiegoś białego płynu ze specjalnego aparatu, opatrunkami i przede wszystkim chorobą. Coraz zimniejsze i prawie czuło się wątlutki strumyczek krwi, co w nich jeszcze płynął, ale taki mały i taki wątły, że właśnie czuło się go wyraźniej, niż kiedy były zdrowe, bo kiedy były zdrowe, to po prostu były ciepłe i zdrowe i ich ciepło i krew były nieistniejące, bo ręce były nimi wypełnione całkiem, jedno było drugim, ręce były ciepłem, wszystko się pokrywało, identyfikowało i było sobie, bez uwag".

Maria Obremba przychodzi na świat 24 marca 1927 roku w Mysłowicach. Ma siostrę bliźniaczkę, Gabrielę, i brata. O swoim ojcu opowiadać będzie przyszłemu mężowi, a on jej historie przekaże dalej – w kilku rozmowach i w autobiografii.

Wyłania się z nich obraz mężczyzny urodzonego w bogatej rodzinie chłopskiej, który dzięki inteligencji i uporowi zdał maturę, ukończył studia medyczne i został wybitnym lekarzem. Jego matka mówiła podobno tylko po niemiecku, ale reszta śląskiej rodziny trwała w polskości. Kiedy podczas ustalania granic po I wojnie światowej doszło do walk między polską a niemiecką ludnością, przyszły teść Mrożka był adiutantem Wojciecha Korfantego – przywódcy narodowego Górnego Śląska, związanego z chrześcijańską demokracją. Z tego powodu od września 1939 roku musiał się ukrywać, bo gestapo miało go na swej liście, a pełnił już wtedy funkcję kierownika Katowickiej Ubezpieczalni Społecznej. Do domu wrócił dopiero po wojnie. Matka Marii pochodziła z Poznania i biorąc z nim ślub, jako mieszczanka, popełniła mezalians, co mu wypominała, kiedy tylko mogła.

W prasie międzywojennej można znaleźć wzmianki o doktorze Teodorze Obrembie, który przedstawiany jest również jako poseł do Sejmu Śląskiego i samorządowiec. Radomsko-kieleckie „Słowo" z 17 maja 1930 roku donosi na przykład, że zdobył właśnie mandat, startując z ramienia grupy posła Korfantego. W archiwum korporacji akademickiej Silesia dodatkowo znajdują się informacje, że jako chłopiec został wydalony z gimnazjum w Gliwicach za przynależność do Towarzystwa Tomasza Zana (filomaci), po czym ukończył gimnazjum w Wittstocku w Brandenburgii. Absolwentem medycyny na Uniwersytecie Wrocławskim został w 1920 roku, w czasie okupacji współpracował z ruchem oporu, a po wojnie był lekarzem kolejowym w Katowicach. Zmarł w 1951 roku.

Mrożek zawsze będzie podkreślał, że choć nie poznał teścia osobiście, ma dla niego dużo sympatii.

„Kiedy byłem z nią sam, podchodziłem do jakiegoś dużego wykresu, na którym pielęgniarki zaznaczały ciśnienie i temperaturę, jedno i drugie schodziło w dół, najpierw tuż nad poziomą grubą kreskę, widocznie jakieś krytyczne minimum, potem szło już poniżej. Kiedy dotykałem jej ręki, to ciepło jednak, czy też jego resztka, było tak delikatne, tak czułe, że było inne niż zwyczajne. I właśnie nie mogę się opędzić od wrażenia, że było lepsze. (...) Skąd ta piękność Mary umierającej, storturowanej i, według kanonów zdrowia, bardzo brzydkiej?".

Po wojnie siostry Obrembianki zgodnie postanawiają: będą artystkami. Gaba dostaje się na Akademię Sztuk Pięknych w Krakowie (dyplom zrobi już na warszawskiej ASP), gdzie poznaje przystojnego studenta malarstwa. Andrzej Wajda jeszcze niedawno był łącznikiem Armii Krajowej, w przyszłości zostanie filmowcem i zdobędzie Oscara. Wkrótce wezmą ślub. Mimo odmiennych stylów prace bliźniaczek często będą mylone, podobnie jak one same.

Maria studiuje w Państwowej Wyższej Szkole Sztuk Plastycznych w Katowicach. W swoich pracach często posługuje się motywem ludzkiej twarzy zatopionej w tajemniczym półmroku. Jej kreska jest cienka i delikatna. Znana będzie przede wszystkim jako graficzka. W „Przemianach" i innych czasopismach z lat pięćdziesiątych znaleźć można jej ilustracje utrzymane w bajkowym nastroju. Prace się podobają. Ich autorka bywa porównywana nawet z Paulem Klee. Wkrótce przyłącza się do grupy St-53.

Właściwie grupa nie ma jeszcze nazwy – zostanie wymyślona dopiero kilka lat później na potrzeby pierwszej wspólnej wystawy. „St" oficjalnie oznacza Stalinogród, bo takie miano w chwili powstania grupy noszą Katowice, ale tak naprawdę chodzi o Władysława Strzemińskiego, którego młodzi adepci sztuk pięknych wybierają sobie na duchowego przewodnika. „53" to rok założenia grupy.

Strzemiński umarł rok wcześniej. W dobie narzucanego wszystkim socrealizmu to artysta niemal wyklęty. Pionier awangardy międzywojennej, twórca oryginalnej teorii unizmu, malarz powidoków. Kilka lat przed śmiercią został wyrzucony z Państwowej Wyższej Szkoły Sztuk Plastycznych w Łodzi, której na dodatek był współzałożycielem, za nierespektowanie zasad „podstawowej i jedynej metody twórczości artystycznej". Na początku XXI wieku powstanie film dokumentalny *Podaj cegłę, czyli polski socrealizm*, którego autor Andrzej Sapija będzie przekonywał, że Strzemiński umarł z głodu, bo ówczesne władze uniemożliwiały opozycyjnym artystom podejmowanie pracy.

Dla Mary i jej przyjaciół z grupy Strzemiński jest przede wszystkim autorem *Teorii widzenia*, według której to poziom świadomości wzrokowej człowieka decyduje o sposobie postrzegania świata (sam był ślepy na jedno oko, podczas I wojny światowej został ciężko ranny, stracił też rękę i nogę). Tekst przynosi im w formie skryptu ze zdjęciami dawny znajomy, początkujący reżyser teatralny Konrad Swinarski – student wyższych szkół sztuk plastycznych, najpierw w Katowicach, potem w Łodzi. To on w ostatnich tygodniach opiekował się słabnącym mistrzem. Klaudiusz Jędrusik, który uważany będzie za spiritus movens rodzącej się grupy, najpierw uzna pracę za „bełkot". Ale potem zrozumie. Odtąd nic już nie będzie tak samo.

Zamiast z dbałością o realistyczne obrazowanie malować portrety socjalistycznych wodzów i ludu przy pracy, ewentualnie sceny batalistyczne, artyści rzucają się z pasją do studiowania myśli Strzemińskiego.

„Bo kiedy myślę o jej życiu, to coraz więcej mam przekonania, że to było wielkie życie, może większe od życia na przykład Isadory Duncan. Właśnie to jej życie, spokojnej i cichej, »nieistniejącej« Marysi Obrembianki. Paradoks – jeśli oceniać według wszelkich możliwych obiegowych kryteriów i sposobów na wielkie, »mocne« życie. A nawet jej śmierć, chociaż nie była efektownym samobójstwem i nie poprzedzały jej żadne widoczne towarzyskie rozruchy, była takiego wymiaru i takiej dramatyczności, że różne scenografie wydają się przy niej efektami w złym guście. Była chyba jednym z najlepiej napisanych ludzkich utworów, o jakich wiem".

„Oczyszczenie i rewizja pojęć naszej wiedzy o sztuce", „osiągnięcie świadomości wzrokowej aż do kubizmu", „potwierdzenie w praktyce niesprzeczności teorii widzenia" – to wyimki ze spisanych celów działania nieformalnej wciąż grupy. Spotykają się co tydzień, są młodzi i pełni zapału. Grają na gitarach i noszą kapelusze, wyróżniają się na szarych ulicach. Gdy cudem uda im się wypożyczyć na krótko którąś z książek Alberta Camusa lub Bertolta Brechta, razem czytają ją na głos lub przepisują na maszynie w ciągu jednej nocy. Z nabożeństwem oglądają przywiezione z Zachodu pocztówki z reprodukcjami impresjonistów. Słuchają płyt Helene Weigel. Ich zgromadzenia właściwie są nielegalne. Pogryzają na nich suchy chleb, czasem ktoś przyniesie bardzo kiepskie wino.

Julian Przyboś, czołowy poeta Awangardy Krakowskiej, napisze o członkach grupy St-53, że byli „najpierwszymi w Polsce wychowankami szkół malarskich uczących socrealizmu, którzy się przeciw tej nauce zbuntowali. Nie »Arsenałowcom« warszawskim, nie »Grupie Staromiejskiej« – doda – przysługuje pierwszeństwo w walce z brzydotą i zacofaniem socrealistycznego naturalizmu, ale im, katowiczanom". W innym tekście podkreśli, że „uderzająca jest rzetelność i powaga tych młodych malarzy, jest coś w ich sposobie bycia i myślenia, co przypomina atmosferę kursu Strzemińskiego".

W rzeczywistości poza „sposobem bycia i myślenia" w artystycznych wyborach nie łączy ich wiele. Największą karierę zrobi Hilary Krzysztofiak znany po prostu jako „Hilary", w którego pracach widać wpływy ekspresjonizmu i symbolizmu – jego obraz *Martwa natura (Szczęka)* wzbudzi w 1955 roku poruszenie na wystawie w warszawskim Arsenale. Kubistyczne abstrakcje geometryczne to domena Zdzisława Stanka i Tadeusza Ślimakowskiego, w mniejszym stopniu Urszuli Broll. Do grupy należą także przedstawiciele innych dziedzin sztuki, choćby poetka Krystyna Broll, siostra Urszuli, dziennikarz Andrzej Wydrzyński i oczywiście Swinarski. Z jej członkami przyjaźni się również Waldemar Świerzy, który później zostanie jednym z twórców tzw. polskiej szkoły plakatu.

Krytyczka sztuki Aleksandra Krypczyk napisze: „Odrębnym zjawiskiem była graficzna, pełna liryzmu twórczość [Marii] Obremby".

„Można by powiedzieć, że jej wielką siłą (ale to oczywiste i dlatego za łatwe) była jej absolutna zdolność do miłości, o której tylko ja jeden wiem. Klęska wszystkich innych kobiet wobec niej chyba na tym polegała, że choć może są takie podobnie »zdolne«, to wątpię, żebym miał już trzynaście lat, takich samych lat mojego życia, żeby o tym tak dokładnie i tak samo się przekonać. (...) To, co się nam czy innym zdarza od czasu do czasu i tylko drogą wyjątkowej łaski, ona miała stale i w pełnej mocy, a to, że akurat ja byłem jej medium, nie ma tu większego znaczenia".

Mara uchodzi za piękność. Cicha i spokojna, ma w sobie coś subtelnego, choć nie brak jej charakteru. To w jej – stosunkowo przestronnym – mieszkaniu przy ulicy Warszawskiej w Katowicach w 1954 roku odbywa się druga, wciąż jeszcze nieoficjalna wystawa grupy (pierwsza gościła u Sylwestra Wieczorka w nieotynkowanym domku w Bradzie pod Katowicami). Duży pokój zostaje podzielony na korytarze ekspozycyjne za pomocą prześcieradeł przyczepionych do sufitu systemem zmyślnych haczyków. Obok własnych prac artyści pokazują też kilka rysunków Strzemińskiego ściągniętych specjalnie z Łodzi. Na świat wychodzą z podziemia tuż przed nastaniem odwilży. Na wystawę w maju 1956 roku przyjeżdża nawet Tadeusz Kantor.

Jeszcze w tym samym miesiącu Mara poznaje przyszłego męża. Wycieczka do Związku Radzieckiego jest jedną z pierwszych organizowanych przez państwowe biuro turystyczne Orbis. Miejsca wśród chętnych teoretycznie są losowane, więc każdy uczestnik ma poczucie wygranej. Pilnie strzeżoną tajemnicą pozostaje jednak, ile biletów rozeszło się inną drogą. Dość na tym, że nastrój ogólnie jest miły. Podczas gdy w kraju rozgrywają się wydarzenia poznańskiego Czerwca, niczego nieświadomi wczasowicze odwiedzają Moskwę, Kijów, Odessę, Jałtę, Batumi i Baku. Sławomir i Maria nawiązują znajomość od razu pierwszego dnia. W pociągu. Wracają już zakochani.

„Spokój, bezpieczeństwo, jasność i wiele jeszcze innych spraw" – napisze Mrożek o żonie kilka lat po ślubie. Na razie często bywa u Mary w Katowicach, bo ona ma bardziej sprzyjające spotkaniom warunki lokalowe. Sporadycznie uczestniczy w zebraniach grupy St-53. Poznaje w tym czasie Wajdę, który również bywa na Śląsku, gdy Gaba odwiedza siostrę, a w przyszłości wystawi *Emigrantów* szwagra w Starym Teatrze. Reżyserować Mrożka będzie także Swinarski, Hilary z kolei zostanie scenografem kilku innych adaptacji jego sztuk. W 1975 roku – a więc już po śmierci Mary – namaluje też portret jej męża. Z całej grupy przyjaciół partnerki prawdopodobnie jest pisarzowi najbliższy. Zachowają się ich wspólne zdjęcia, Mrożek po wielu latach przygotuje też tekst do katalogu jego wystawy.

Po pierwszej fali zauroczenia między narzeczonymi nie zawsze jest już jednak różowo.

Ponad dwa lata od czasu orbisowskiej wycieczki Mrożek odchodzi od Mary, a potem w samotną noc sylwestrową dzwoni do niej pijany i żebrze o wybaczenie. Jak przyzna w autobiografii, zaczyna rozważać małżeństwo, bo związek trwa już trzy lata i pora na decyzję. Nietrudno zauważyć, że jest podatny na kobiece wdzięki i ceni sobie stan kawalerski. Z drugiego tomu *Dziennika*, który opublikuje w 2012 roku, wynika, że również po ślubie nie zawsze jest wobec żony lojalny. 4 czerwca 1977 roku będzie wspominał: „Tam kiedyś butelka whisky z Piotrem, kiedy Mara żyła, a ja kochałem N.". 15 listopada 1973: „Czy Mara też tak stała w oknie, czekając na mnie? Na pewno. (...) Czy też wiedziała, że kłamię? Na pewno. Co zrobiła? Umarła. Ja nie umrę".

„Była osobą o największych przymiotach. Jej jedyne przewinienie polegało na tym, że poznała mnie w czasie, gdy nie byłem jeszcze gotów na kogoś takiego jak ona" – napisze w *Moim życiorysie*.

„Ale nagle przypominało mi się, co jest pewne. Mara na przykład, jej miłość, jej umęczenie, jej ręka. Kiedy umierała, rozpoznawałem w agonii przerażająco – to samo, co znałem u niej z miłości, jakby te same reakcje fizyczne, ten sam wyraz twarzy, te same oczy. Był we mnie także i obserwator".

Kiedy zapada decyzja o ślubie, mieszkanie w Krakowie i Katowicach traci rację bytu. Mara żegna się z grupą St-53, która z powodu różnych kolei życiowych jej członków i tak powoli przechodzi do historii. Mrożek opuszcza maleńkie lokum w Domu Literatów i razem z żoną przenosi się do Warszawy. Ma opinię młodego zdolnego, więc liczy bardzo, że dopisze mu szczęście, jednak przez rok para musi się tułać po cudzych mieszkaniach. Taki stan rzeczy zmienia się dopiero, gdy pisarz spotyka w redakcji „Nowej Kultury" wielce wtedy wpływowego krytyka Stefana Żółkiewskiego, a ten wciąga go na tzw. listę Cyrankiewicza. Po kilku miesiącach Mrożkowie dostają mieszkanie.

Tymczasem lista publikacji rośnie, kariera pisarza się rozwija. W *Męczeństwie Piotra Oheya* Mrożek pokazuje dramat jednostki w obliczu przerastających ją oczekiwań społecznych – tytułowy bohater zostaje pozbawiony prywatności, gdyż w jego łazience zalągł się tygrys. W jednoaktówkach – *Na pełnym morzu*, *Karol*, *Strip-tease* – autor pokazuje modele ludzkich zachowań w obliczu zagrożenia. Posługując się dowcipną metaforą, którą łatwo pomylić z teatrem absurdu, zaczepia o tematykę totalitarną. W *Indyku* wyszydza dziedzictwo polskiego romantyzmu, które sprowadza się tak naprawdę do zawoalowanej niemożności działania. W *Zabawie* pokazuje sprzeczność między ideą czynu a jej bezsensownym wcielaniem w życie. Jego rosnącą renomę potwierdzają nowe premiery teatralne oraz liczne nagrody, między innymi Fundacji im. Kościelskich w Szwajcarii.

Od 1960 roku coraz więcej podróżuje. Odwiedza Wielką Brytanię, Włochy, Jugosławię, ale wciąż utrzymuje kontakt z kolegami z krakowskiego Domu Literatów. Pisarz Adam Augustyn będzie wspominał, że „kiedy rozeszła się wiadomość o samobójczej śmierci Ernesta Hemingwaya, Sławomir Mrożek przysłał Adamowi Włodkowi z Zakopanego kartkę, w której pisał o dużym zainteresowaniu literaturą wśród górali; słyszał mianowicie, jak śpiewali: »Nikogo mi nie żol, ino Hemingwaya«. W oryginale bohaterem tej piosenki jest oczywiście Mikołaj, który »odcedzał pierogi, oparzył se nogi«".

Utwory Mrożka zaczynają się ukazywać w przekładach na obce języki. Między innymi dzięki tłumaczeniom Ludwiga Zimmerera, pierwszego męża poznanej przez Mrożka jeszcze na Krupniczej Joanny Olczakówny (później Olczak-Ronikier), dramaturg już wkrótce stanie się popularny w Niemczech. Nie wiedzie mu się źle. Ma prawo się czuć doceniany. „Latem 1961 roku przekroczyłem już próg kariery: od dwóch już lat mieszkałem w Warszawie i byłem posiadaczem samochodu. W stołówkach-klubach Związku Literatów, Stowarzyszenia Architektów, Dziennikarzy na Foksal jadałem już obiady nie jako przybysz z prowincji, nie jako »dobrze się zapowiadający«, ale jako ktoś, kto już się zapowiedział i został przyjęty. Ktoś z towarzystwa, ktoś ze sfery. Do Bristolu, do SPATiF-u wstępowałem już pewną nogą, choć jeszcze nie tak pewną, jak uprzednio do krakowskiego Francuza (Hotel Francuski). W każdym razie mogłem siadywać ze Słonimskim, a nawet z Minkiewiczem" – napisze w 1982 roku ironicznie w paryskiej „Kulturze".

A jednak odwilż dawno już się skończyła i sytuacja w Polsce robi się nieciekawa. W Marze odzywa się zdecydowany charakter jej ojca. Podobno to ona podejmuje decyzję. Ma powiedzieć: „Wolę szorować za granicą podłogi niż być w PRL-u panią pisarzową".

„Potem, kiedy całkiem już była nieprzytomna, w jakichś strasznych już własnych odległościach – poznawała mnie, kiedy przychodziłem. Dawała o tym znać jakimś jednym słowem, imieniem, mającym znaczenie tylko dla nas, intymnym. Wymawiała je, bełkocząc, bo już nie umiała mówić. Pielęgniarki radziły, żebym się nie zbliżał, bo moja obecność nie pozwala jej umrzeć, utrudnia jej śmierć, obciąża ją jeszcze na tę stronę. Było to jej przychodzenie z powrotem podobne chyba do przychodzenia umarłych".

Na początku czerwca 1963 roku wyjeżdżają do Włoch i tam pozostają. Znajdują pokoik w robotniczej dzielnicy Chiavari, miasteczka na Riwierze. Mrożek pracuje, tu pisze *Tango*. Mara ima się różnych zajęć. Częściej niż grafiki tworzy już teraz obiekty artystyczne. W surrealistycznym stylu zestawia ze sobą różne przedmioty, kontrastowo łączy materiały. Gdy kończą im się paszporty, przez jakiś czas żyją we Włoszech nielegalnie, ale udaje im się uniknąć deportacji z powodu bałaganu w miejscowej administracji. Potem dokumenty zostają przedłużone na kolejne dwa lata. Pisarz nie chce jeszcze występować o azyl, bo w PRL-u wciąż jest publikowany i wystawiany, a ma to dla niego wartość. W 1965 roku Mara sama jedzie na krótko do Polski. Na pogrzeb matki.

Pod koniec lutego 1968 roku przeprowadzają się do Paryża – początkowo bez prawa stałego pobytu. Tam zapada ostateczna decyzja. Mrożek pisze i publikuje w „Le Monde" oraz paryskiej „Kulturze" list protestacyjny przeciwko udziałowi polskiego wojska w inwazji na Czechosłowację. W odpowiedzi na wezwanie do natychmiastowego powrotu do kraju prosi o azyl we Francji. Dla siebie i Mary. Otrzymuje go bez większego problemu. Władze PRL-u zakazują publikacji jego utworów i wystawiania dramatów.

W następnym roku sporo podróżuje – sam i z żoną. Nowy Jork, Zurych, Stratford w Kanadzie, Korsyka. Gdy to się zaczyna, oboje są akurat w Berlinie Zachodnim. Jeszcze 12 października 1969 roku na marginesie długich rozważań na tematy artystyczne i czysto egzystencjalne Mrożek mimochodem rzuca w dzienniku: „Kobiety – właśnie weszła jedna, moja żona, i zapytała, czy zwariowałem. Na pewno tak (bo jest czwarta w nocy), według wszystkich zwyczajnych kryteriów. Według mnie rzadko byłem tak mało wariatem jak w tej chwili. Oczywiście ona ma rację".

„W kaplicy, gdzie stała jej trumna, przed samym pogrzebem pojawił się motyl i trzepotał w oknie, żeby wylecieć przez szybę. Była już połowa listopada i nigdzie poza tym nie widziałem motyli. Oczywiście, mogłem sobie powiedzieć, w kaplicy było cieplej niż gdzie indziej i cóż dziwnego, że motyl, tylko motyl, tam się zabłąkał. Mogłem też sobie powiedzieć: nie, to nie był tylko motyl. Jaka męka nie móc się zdecydować".

20 października 1969 roku Mrożek zapisuje w dzienniku: „Od wczoraj Mara w szpitalu w Berlinie".

14 listopada: „Mara nie żyje".

Dzień przed jej śmiercią, która według świadectwa zgonu ma przyjść 31 października o 21.35, spędza z nią cztery godziny. Wkrótce zaczną się przygotowania do operacji, a on czuje, że to ich pożegnanie. Zastanawiać się będzie później, czy wiedziała to również.

Następnego dnia wychodzi trzy godziny przed jej śmiercią. Widzi ją znowu godzinę po. Są sami. Wszystko to skrzętnie notuje w dzienniku. Potem już tylko płacze.

Mara zostaje pochowana w Berlinie. Po przełomie roku 1989 jej siostra postara się o przeniesienie zwłok do Katowic.

Według Aleksandry Krypczyk nie zachowa się oryginał żadnej z prac Marii Obremby, a pojęcie o nich dadzą historykom sztuki tylko nieliczne czarno-białe reprodukcje i pisane na gorąco recenzje.

W internecie można znaleźć dwie kompozycje podpisane jej imieniem i nazwiskiem, które w ostatnich latach były wystawiane na aukcjach. Nie wiadomo jednak, czy Mara znów nie została pomylona z Gabą.

Gabriela Obremba dożyje 1997 roku.

MIEJSCA Chiavari

Złociste plaże, przejrzyste morze, rozłożyste palmy. Urokliwe uliczki z ładnymi budynkami, zabytki nawet z XIII wieku. Wspaniałe widoki. Chiavari to niewielka miejscowość na Riwierze Włoskiej, tuż obok Genui. Mrożek odwiedził ją po raz pierwszy w 1959 roku, gdy wracając ze stypendium w USA, gościł u Bohdana Paczowskiego, swojego kolegi jeszcze z architektury. Rozpierała go wówczas młodzieńcza energia, to była beztroska i nieco szalona wyprawa. Kiedy wraz z żoną sprowadza się tu w 1963 roku, właśnie zaczyna się lato. Jest pięknie. Do tego żadnej cenzury, „dokręcania śruby", problemów z prywatnością. Koniec życia zdanego na łaskę lub niełaskę ponurych panów z Ministerstwa Kultury. Wolność.

Po latach Mrożek napisze: „Chiavari – pomyłka, w której tkwiłem kilka lat za długo".

I doda: „To był najgorszy chyba okres w moim życiu".

Jeden z satyrycznych rysunków pisarza przedstawia drogowskaz z napisem „Do świetlanej przyszłości". Przerażony człowieczek ucieka w drugą stronę. Mrożkowie dostają paszporty na wycieczkę po Włoszech. Nikomu jeszcze nie mówią, że nie zamierzają wracać. Wieczorem 3 czerwca lądują w Rzymie, potem jadą nad morze. Wypisane drukowanymi literami „CHIAVARI" po raz pierwszy pojawia się w „Dzienniku" pod datą 15 czerwca. Za dwa tygodnie pisarz skończy trzydzieści trzy lata – wiek Chrystusowy. Razem z żoną znajduje niedrogie lokum w robotniczej dzielnicy miasteczka. Pieniądze, jakie zarobił na świetnie przyjętej *Policji*, wystarczają na razie na codzienne wydatki, a nawet na zakup garbusa.

Nie jest emigrantem zarobkowym, w ojczyźnie nie był prześladowany. Dlaczego właściwie wyjeżdża? Na to pytanie sam nieustannie szuka odpowiedzi. Zasmakował w podróżach – to na pewno. Ale PRL nie broni mu przecież wyjazdów. Cóż zatem jeszcze? Według zapisków z dziennika, zdał sobie sprawę, że w kraju wciąż na coś czeka. A to coś może nigdy nie nadejść. Polski ustrój tylko obiecuje: samochody, mieszkania, sukcesy... Jego obchodzi najbardziej chyba to ostatnie. Wyjechał więc pewnie dla międzynarodowej kariery? To za mało. Z pewnością zaczął już także odczuwać naciski cenzury, która po odwilży uaktywniła się ze zdwojoną mocą. Czyli zdecydował się na ten ruch, by móc tworzyć swobodnie? Ale to przecież w kraju jest wydawany i wystawiany, cieszy się popularnością...

Coraz częściej pije. Pytania kołaczą mu się po głowie umęczonej kacem.

Wracać czy nie wracać? Lata spędzone w Chiavari to ciągłe wątpliwości. Sytuacji nie poprawiają problemy z wydanymi tylko na dwa lata dokumentami. Przedłużanie ich ważności to droga przez mękę. W korespondencji i dzienniku pisarza z tego czasu na przemian pojawiają się zdania w stylu: „Zostanę tu jeszcze kilka miesięcy, ale potem, kiedy wrócę, nie wyjadę już z kraju przez długie lata, nie będę chciał". Albo: „Do Polski wrócić ja nie mogę. A dlaczego? Bo taki już los. To się wie w środku, tego nie trzeba tłumaczyć sobie, chociaż powinno się, dla większego spokoju".

Tego spokoju Mrożkowi wyraźnie brakuje. Niepewny, czy jego wyjazd jest tymczasowy, czy może jednak na stałe, nie umie określić swego miejsca w świecie. Przyzwyczajać się czy nie? I jakie ma to właściwie znaczenie? Kilka miesięcy po opuszczeniu kraju pisze do Jana Błońskiego: „Między wyjazdem pospiesznym, turystycznym a pobytowym jest taka różnica, że nie mają one już w ogóle nic ze sobą wspólnego, bo dopiero kiedy człowiek przyzwyczai się na tyle, że przestanie się co jakiś czas łapać za głowę i wołać z uniesieniem »rany boskie, to ja jestem za granicą«, a przeciwnie, uzna ten stan, że chodzi po asfalcie, który nie jest asfaltem polskim, ale np. włoskim, za całkiem naturalny, wtedy dopiero można mówić... tylko właśnie nie wiem, o czym, może po prostu o innym doświadczeniu".

Kiedy sezon wakacyjny się kończy i z Riwiery wyjeżdżają turyści, opustoszałe pokoje w centrum gwałtownie tanieją. Jeszcze w 1963 roku, w październiku, Mrożkowie zostawiają robotnicze przedmieścia i przeprowadzają się do jednego z tych lepszych mieszkań. Ich życiu przestaje towarzyszyć nieustanny jazgot pił tarczowych za oknem – mieszkają teraz przy zacisznej alei.

Południe kraju zmaga się co prawda z korupcją i mafią, jednak po podpisaniu traktatów rzymskich, które w 1957 roku powołały do życia Europejską Wspólnotę Gospodarczą, włoska ekonomika rozwija się dynamicznie. Fiat, Olivetti, Pirelli – te marki wyrastają w latach sześćdziesiątych na potęgi kontynentu. Państwem rządzi chrześcijańska demokracja, rolę głównej siły opozycyjnej stale odgrywa partia komunistyczna. Stabilność sceny politycznej rozchwieje się tu dopiero w następnej dekadzie. Na razie Włochy nieustannie się modernizują i przeżywają rozkwit.

Mrożek ma okazję przekonać się o tym naocznie. Nie zaszywa się w Chiavari, lecz podróżuje po kraju. W październiku pisze do Błońskiego: „Zaziębiłem się w Wenecji. Twierdzę, że dopóki jeden Polak do drugiego Polaka nie będzie mógł napisać, że zaziębił się w Wenecji, spokojnie i po prostu, dopóty nie będziemy mieli głów normalnych. Bo proszę, piszę ja do Ciebie, że zaziębiłem się w Wenecji i od razu wzbiera we mnie zażenowanie, że przecież jeżeli tak jeden Polak pisze do drugiego, że zakrawa to na niewątpliwe hochsztaplerstwo, co drugi Polak, informowany, może pomyśleć o pierwszym, informującym? Że podtekst pod tym straszliwy i drań specjalnie używa tak prozaicznego czasownika zwrotnego (zaziębić się) w połączeniu z nazwą geograficzną własną taką (Wenecja), żeby wywołać efekt wstrząsu, od którego szlag ma trafić Polaka informowanego".

Polak, którego Mrożek posyła do Wenecji w opowiadaniu *Moniza Clavier*, ma wymięte po podróży ubranie, słomkowy kapelusz z czerwoną wstążeczką i tekturową walizkę pełną kabanosów. Na bankiecie pijany pokazuje szczerbę w uzębieniu i pokrzykuje, że „wybili za wolność", na proszonym obiedzie demoluje dzieła sztuki, by zaprezentować się jako znawca. Na salony trafił niespodziewanie. Wprowadziło go tam nagłe uczucie, jakim zapałała do niego gwiazda filmowa. Inność, która wywołuje w nim nieznośne poczucie niższości, bohater stara się przekuć w swój atut. Kiedy jednak prasa bierze go za Rosjanina, jest zachwycony („Zostanie Rosjaninem dawało mi formę, której mi tak brakowało"). By sprawa się nie wydała, na wszelki wypadek zjada swój paszport.

Opowiadanie, które powstaje prawdopodobnie w latach 1963–1964 (drukiem ukaże się dopiero w roku 1967 w „Twórczości", a jeszcze później w zbiorze *Dwa listy*), przedstawia pełną gamę rozterek prowincjusza wrzuconego w środek wielkiego świata. Sam autor na pewno wie o tym niemało. Ale trzeba też przyznać, że tytułowa Moniza, która ma symbolizować Zachód, piękna i pociągająca jest tylko na plakacie, z daleka. Gdy przyjrzeć jej się z bliska, widać już zmarszczki.

Tym zmarszczkom Mrożek przygląda się teraz każdego dnia.

18 kwietnia 1965 roku pisze w dzienniku: „Znowu żałuję, że nie mogę być taki, żeby jutro jeszcze wrócić nie tylko do Polski, ale i do Krakowa i osiąść już na zawsze, na stałe. Bo i czego ja właściwie jeszcze szukam? Tego, co się spodziewałem znaleźć, wiem już, że nie znajdę".

To wszystko nie znaczy bynajmniej, że nie widzi żadnej różnicy. „Przed wyjazdem miewałem ataki strachu przed niczym, szczególnie wieczorem, w łóżku, jeszcze przed zaśnięciem. Czułem wtedy przez ścianę ulicę, za ulicą inne domy, ściany, ludzi, a potem jakieś puste pola i bałem się, całkiem głupio, bo nie wiedziałem czego. Tutaj też się boję, ale czego innego i inaczej. Tam bałem się ludzi, tutaj boję się samotności. Tam bałem się nieokreślenie, tutaj boję się konkretów, choroby, postarzenia, niewydolności, biedy, trudności urzędowych" – pisze do Błońskiego.

Gdy siada wieczorem do dziennika, za każdym razem chce mieć poczucie, że nie zmarnował dnia. Częściej jednak musi się na siebie zezłościć, bo wydaje mu się, że wszystko, co zrobił, i tak w ostatecznym rozrachunku okaże się całkiem bez znaczenia czy sensu. Nierzadko idzie spać w rozpaczy i bez cienia nadziei, że rano powróci do niego wola walki z dwoma największymi wrogami: Nicością i Nudą. W intymnych zapiskach usilnie stara się spojrzeć na siebie z zewnątrz (nieprzypadkowo tyle w nich o spuściźnie psychoanalityków – Carla Gustava Junga czy Ericha Fromma). I z tej pozycji bywa surowym sędzią, wytyka sobie lenistwo, brak talentu, nieumiarkowane picie.

„Wyschnie bogate źródło" – tak skomentował jego wyjazd Stefan Kisielewski. Chodziło o popularną wówczas teorię, jakoby polski pisarz mógł się rozwijać tylko wśród polskiej mowy. Okaże się, że nie miał racji, bo Mrożek nigdy nie zrezygnuje z ojczystego języka (wyjątkiem będzie napisany po angielsku dramat *Wielebni*, co znajdzie jednak uzasadnienie fabularne, autor zresztą sam go przetłumaczy na polski). Teraz poważniejszym źródłem rozterek jest dla niego raczej pytanie, czy wraz z krajowymi zmartwieniami nie straci również natchnienia. Trapi go na dodatek poczucie własnej mierności, choć przeczą jej kolejne honory – w 1964 roku otrzymuje Prix de l'Humour Noir we Francji, a w Nowym Jorku Nagrodę Fundacji im. Alfreda Jurzykowskiego. Rozpaczliwe lata w Chiavari okażą się jednymi z najbardziej płodnych w całej jego twórczości.

Pracować dużo i ciężko – to jego sposób na zagłuszenie pustki. „Wiele rzeczy napisałem także dlatego, że nie widziałem już żadnego wyjścia" – przyznaje. Coraz częściej nie potrafi sobie odmówić alkoholu. Potem się na siebie wścieka. Na drugi dzień otępienie nie pozwala mu zdziałać zbyt wiele. Próbując lepiej zrozumieć siebie i świat dookoła, Mrożek przepisuje całe stronice innych autorów: Marcela Prousta, Fryderyka Nietzschego, Jeana-Paula Sartre'a. Ćwiczy się przy okazji w językach, napawa literaturą niedostępną w ojczyźnie. Prawdziwie opętany okaże się jednak kimś innym.

Tym kimś będzie Witold Gombrowicz.

Pod jego wyraźnym wpływem Mrożek pisze swój najsłynniejszy dramat.

„Ślub, Wesele, Ożenek, Zaślubiny. Hymen, Weselisko. Pan młody. Młody pan, Żonkoś, Państwo młodzi, Śluby. Dom, Sztuka domowa, Ślubokręt. Chmielny łan, Piwny dzban, Marsz weselny, Staż meselny? Wasz kobielny, Nasz kościelny, Kto się w opiekę, Zaręczyny. Spiskowcy. Młody odbudowniczy. Przesady, zasady. Przesady i zasady. STRACEŃCÓW LOS, rodzinna uroczystość. Arturzysko, Stracone zachody miłości, kontrola urodzeń, usiłowanie. Ultra stomil, młody człowiek. A young man, giovanotto, un jeune homme, der jung man" – zastanawia się Mrożek w dzienniku, jak nazwać najnowszą sztukę.

Tytuł ostatecznie brzmi: *Tango*.

Rzecz opowiada o świecie, którego „już nie można nawet rozsadzić", bo „sam się rozłazi". Przedstawiciele starszego pokolenia, zamiast pilnować konwencjonalnego ładu, siedzą niechlujnie ubrani pośród bałaganu i z rozkoszą ciupią w karty. Matka obojętnym tonem wspomina przy wszystkich o swoim romansie, ojciec sypia do późna i chodzi po domu w rozchełstanej piżamie, babcia ani myśli umierać. Dla młodego Artura jedynym dostępnym buntem pozostaje w tej sytuacji próba narzucenia im konserwatywnych zasad. Symbolem zwycięskiego powrotu porządku ma być tradycyjny ślub, który zamierza wziąć ze swą kuzynką Alą. Choć w staraniach posuwa się nawet do rządów autorytarnych, skazany jest na przegraną z Edkiem – pospolitym chamem, który reprezentuje triumf prostackiej siły czysto fizycznej.

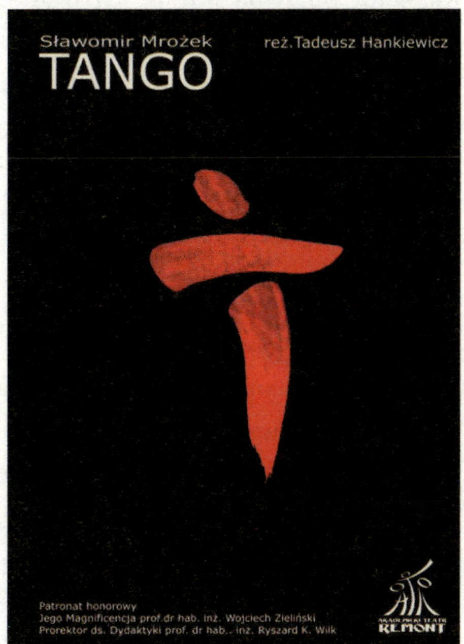

Trzydziestoparoletni Mrożek, gdy pisze *Tango* w słonecznym Chiavari, sam ma wrażenie, że jest już stary. W nowoczesnym świecie nie umie sobie znaleźć miejsca. Miota się. Czuje się zagubiony. W intymnych zapiskach nadmienia o tym uczuciu bez przerwy, wspominając samego siebie sprzed raptem kilku lat. Jak również obserwując innych. Gdy nie spodoba mu się film *Pięści w kieszeni* Marca Bellocchia, wzdycha ironicznie: „Oczywiście jest to zrzędzenie starca, który nie widzi, a raczej widzi w młodej awangardzie tylko upadek, zgniliznę itd. Niech będzie. Powinienem nawet starannie gdzieś ukryć te zapiski, zanim »tigery« je znajdą i ukarzą mnie za szkalowanie". A jednak – sam też się może podobać. I to jak!

W 1964 roku sztuka ukazuje się w „Dialogu", światowa prapremiera ma miejsce w kwietniu następnego roku w Teatrze Atelje 212 w Belgradzie, a krajowa w czerwcu w Teatrze Polskim w Bydgoszczy (reżyseria: Teresa Żukowska).

Już miesiąc później Erwin Axer wystawia ją w Teatrze Współczesnym w Warszawie w obsadzie, która długo cieszyć się będzie opinią najlepszej z możliwych (Wiesław Michnikowski w roli Artura, Mieczysław Czechowicz – Edka). Sukces oszałamia. Recenzja ukazuje się nawet w londyńskim „Timesie", gdzie dramat Mrożka zostaje nazwany „najważniejszą chyba sztuką, jaka pojawiła się w Europie Wschodniej po zakończeniu wojny". Do 1968 roku, kiedy autor trafi na indeks, przedstawienie zagrane zostanie w stolicy 350 razy. W tym samym roku co w Belgradzie *Tango* doczeka się adaptacji w Brnie, błyskawicznie posypią się potem kolejne spektakle. W zestawieniu najczęściej granych nad Wisłą autorów Mrożek – wyjąwszy lata zakazu – będzie od tej pory zajmował długo żelazną drugą pozycję, tuż za Aleksandrem Fredrą. Przyjechać na premierę do kraju, mimo wahań, jednak się nie zdecyduje.

Tango jest odczytywane nie tylko jako utwór o tęsknocie za dawnym porządkiem w świecie moralnego upadku. W Edku łatwo dopatrzyć się metafory władzy komunistycznej, której siła wynika z prostej brutalności, a nie z przewagi intelektualnej. Dostaje się tu także wykształconym elitom, które ograniczają się do głęboko skrywanej pogardy, ale pozostają ordynarnym chamom posłuszne (wuj Eugeniusz mówi o Edku: „Ulegam przemocy, ale w duszy będę nim gardził"). A w Arturze nietrudno się doszukać cech samego autora. Wkrótce po premierze krytyk Andrzej Kijowski zauważa, że dramat

wpisuje się na „listę utworów poświęconych samotności intelektualisty we współczesnym świecie”. Pisze: „Mrożek w *Tangu* dokonał odważnej rzeczy. Spróbował mianowicie wskrzesić dramat idei” (choć nie przeszkadza mu to w osobistym dzienniku nazwać humor autora „sztubackim”).

„Witkacy przyszedł za wcześnie, Gombrowicz jest obok, Mrożek pierwszy przyszedł w samą porę” – zachwyca się w recenzji Jan Kott. I przytacza anegdotę: „W dwa tygodnie po ukazaniu się »Dialogu« z *Tangiem* Mrożka spotkałem w bramie żonę mego przyjaciela, znakomitego astrofizyka. »Wspaniały ten Mrożek« – powiedzieliśmy sobie na przywitanie. A potem, jak zwykle, zaczęliśmy mówić o córkach. »Jak twoja?« – spytała żona przyjaciela. »Niemożliwa. A twoja?«. »Niemożliwa« – powiedziała żona przyjaciela. I dodała: »Ale niemożliwe to są właściwie nasze domy. Bo to nie są domy dla dzieci«. »Mrożek« – powiedziałem. »Mrożek« – powiedziała żona przyjaciela”.

Mniej więcej w okolicach warszawskiej premiery Mrożek spotyka Axera w Wiedniu. Obaj biorą udział w zorganizowanym przez Austriackie Towarzystwo Literackie spotkaniu „Teatr współczesny – współczesność teatru”. Jeszcze po wielu latach reżyser będzie wspominał, jak poszli wtedy na kolację z dyrektorem jednej z miejscowych scen, który usilnie namawiał go na wystawienie *Tanga* w Austrii. „Bardzo dziwnie prowadził rozmowę: zróbcie jakieś inne zakończenie tej sztuki – mówił – bo tu ludzie bardzo wycierpieli w czasie wojny. Zagrajcie to tak, żeby widzowie po przedstawieniu z przyjemnością mogli pójść na kolację... Mrożek kopał mnie pod stołem i szeptał: wszędzie tylko nie tu! Ja też zresztą nie miałem ochoty” – powie Axer w wywiadzie dla „NaGłosu”.

Wkrótce potem reżyser dostaje propozycję z Düsseldorfu. Wystawione tam *Tango* – skądinąd inscenizacyjnie bardzo podobne do warszawskiego – będzie początkiem jego zagranicznej kariery (na tę premierę Mrożek przyjedzie). Przed rozpoczęciem pracy dzwoni do Schiller Theater, gdzie ma wcześniejsze zobowiązania. Słyszy jednak od dyrektora, że pan Mrożek musi się jeszcze wiele nauczyć, zanim jego sztuki będą tam grane. „Potem pluł sobie w brodę – będzie wspominał Axer – bo po *Tangu* w Düsseldorfie poszła fala Mrożków na Zachodzie i Schiller Theater był bardzo szczęśliwy, gdy dostał drugą i trzecią jego sztukę...". Już kilka miesięcy po tym zdarzeniu dramat wystawia Royal Sheakespeare Theatre w reżyserii Trevora Nunna. Tekst przygotowuje wybitny scenarzysta Tom Stoppard.

Kariera Mrożka nabiera wreszcie światowego rozmachu. Jest zapraszany na seminaria i festiwale między innymi do Florencji, Montrealu czy Tours. Coraz częściej przebywa we Francji.

Poczucie zawieszenia w uciążliwym stanie przejściowym nie mija jednak zbyt łatwo. Pisarz nadal sięga po alkohol i szamocze się z własnymi myślami. Robi sobie terapię z pisania do przyjaciół – obok Błońskiego także chociażby do Stanisława Lema. Ale skoro za granicą również się podoba, może warto tu zostać? Co roku przybywa mu kolejnych tłumaczeń, *Tango* miało ostatnio premiery w Genui i w Paryżu. W Mrożku powoli dojrzewa decyzja. Z dystansu lepiej też widzi cechy, które go denerwują w Polakach, jak choćby żenująca skłonność do martyrologii. Ma już dość kraju niewolników, którzy na dodatek masochistycznie rozkochali się w takim stanie. Dochodzi wreszcie do wniosku, że jego ojczystym pejzażem jest stół oświetlony lampą – a ten może znaleźć wszędzie.

Pisze w dzienniku: „Każdego wieczoru jest tak, jak człowiek powalony w bójce zrywa się jeszcze z czworaków i ogłupiony, oślepiony, woła do przeciwnika: co, chcesz się bić, no co, chcesz się bić? Oczywiście ten przeciwnik, życie samo, chce się bić (ciągle jeszcze chce się bić) i jednym ciosem powala z powrotem. Zresztą tak jest raczej rano niż wieczorem. Wieczorem jest już po walce i najwyżej pokonany odgraża się: »Niech ja go tylko dołapię jutro, a ja mu już pokażę«".

Pod koniec lutego 1968 roku Mrożek wstaje i jedzie się bić do Paryża.

LUDZIE **Lem**

„St." i „Sł." – tak często podpisują swoje listy. Prawie nie do odróżnienia. Pierwszy skrót oznacza „Staszka", za kolejnym kryje się „Sławek". Obaj są pisarzami. Poza tym wydają się zupełnie różni. Jeden najlepiej czuje się w futurystycznych przestworzach, drugi – bodaj najwznioślejszy temat brutalnie ściągnie do parteru. Na jednej ze wspólnych fotografii Stanisław Lem ma siwe, przerzedzone włosy, odstające uszy, miłą twarz. W pozycji półleżącej rozpiera się w fotelu, ręce oparłszy na okrągłym brzuszku. Sławomir Mrożek siedzi obok sztywno wyprostowany. Choć pozuje do przyjacielskiego zdjęcia, zdaje się dystansować całym sobą. Jego strzelista postać z wąsem jak zwykle zachowuje rezerwę.

Na pierwszy rzut oka tylko jedno ich łączy: okulary.

– Z tymi okularami to ja miałem! – śmieje się Michał Zych, wydawca i antykwariusz, siostrzeniec Lema, który spędzał dużo czas u wujostwa na krakowskich Klinach. – Na początku lat sześćdziesiątych, a więc jeszcze przed emigracją, Mrożek miał po raz pierwszy odwiedzić wuja. Mnie jako dziecku kojarzył się głównie z rysunkami w „Przekroju", które pod szyldem „Przez okulary Sławomira Mrożka" były tam wtedy publikowane.

Siłą rzeczy wyobrażałem go sobie jako osobę w okularach, które zresztą rzeczywiście nosił. W końcu przyszedł jakiś facet w okularach, a ja ochoczo pobiegłem do domu z okrzykiem „Przyszedł pan Mrożek, przyszedł pan Mrożek!". Okazało się, że to hydraulik.

Pierwszy z zachowanych listów jest samotny. Pochodzi z 20 stycznia 1956 roku, Mrożek zwraca się jeszcze do Lema per pan. Dziewięć lat młodszy pisarz chciałby podyskutować ze starszym kolegą na temat jego *Szpitala przemienienia*.

Obaj jeszcze wtedy mieszkają w Krakowie, Mrożek – w Domu Literatów. Najważniejsze utwory ma dopiero przed sobą, ale jest już rozpoznawalny dzięki publikacjom między innymi w „Dzienniku Polskim", „Szpilkach" czy „Echu Krakowa". Uchodzi za ekscentryka. Lem ma na koncie *Astronautów* i *Dzienniki gwiazdowe*. Udane, ale uważane dziś raczej za młodzieżowe wprawki do dojrzałej twórczości. Urodzony we Lwowie pisarz w przyszłości stanie się najczęściej tłumaczonym na świecie polskim autorem, a przez jakiś czas – najbardziej poczytnym nieanglojęzycznym twórcą science fiction. Już teraz jednak z jego zdaniem warto się liczyć.

W 1959 roku, bo z niego pochodzi kolejny zachowany list, są już na ty. Spotkali się, porozmawiali. Wkrótce Mrożek wyprowadzi się do Warszawy i korespondencja rozkwitnie na dobre. Minie jednak sporo czasu, zanim ustalą płaszczyznę porozumienia.

– Docierają się jak dobrzy znajomi – wyjaśnia Jerzy Jarzębski, profesor polonistyki. – Ma to zabawną postać, bo rozpoczyna się na poziomie języka bardzo groteskowego. Co ciekawe, celuje w tym głównie Lem, jakby starał się być lepszym Mrożkiem niż Mrożek. Jego stylizacja jest ostra, wariacka. Trzeba czekać parę lat, zanim znajdą wspólny język – mniej wymyślny, ale bardziej merytoryczny.

Tak oto Lem zaczyna swoje pierwsze epistoły: „Słoawomirze Miru Sławny! Hospodynie Literatury Polskiej! Okraso Satyry! Omasto Niebios! Doskonałości Wrodzona! Szlachetności, Na Koniec, Której blaskiem skąpany Chadzam".

Albo: „Wasza Protuberancjo!” (dla niewtajemniczonych – chodzi o kłęby gorącego i rzadkiego gazu w postaci języków lub łuków wyrzucanych z powierzchni Słońca, widoczne ponad brzegiem tarczy słonecznej).

Ewentualnie: „Mrogi Drożku!”.

Mrożek tymczasem jest znacznie spokojniejszy. W wielostronicowych listach szybko zaczyna się melancholijnie zwierzać z rozterek duchowych i twórczych. Jakby chciał się w ten sposób oczyścić. Lem mu odpisuje: „Bądź dobrej myśli, bo po co być złej”.

W jednym z listów Mrożek proponuje zaszyfrowanie Warszawy przez „UU”. „Przecież w alfabecie angielskim »W« nazywa się »double ju«, jak nie znają angielskiego, to się nie domyślą” – żartuje. – Raczej na serio nie przypuszczali, że ci, co czytają, nie znają języków – twierdzi Jarzębski. – Zawsze tam ktoś siedział, kto znał. Nieraz piszą jednak całe listy po angielsku czy francusku, wtrącają makaronizmy, pojedyncze zdania po rosyjsku, niemiecku czy włosku. To ćwiczenie po prostu, bo był wtedy problem z nauką języków. Ten język, którego używają, nie jest najwyższych lotów. Ale się dogadują i to jest najważniejsze.

Mrożek, o zgrozo, miewa problemy z ortografią. Nawet w języku polskim.

Maria Obremba, żona Mrożka, specjalnie dla Lemów szyje kotarę, posyła im z Warszawy, a ci... uczciwie za nią płacą. Cenę rynkową skrupulatnie podaje im w liście sam Mrożek („jest tego 20 metrów, cena własna, czyli taka, którą moja żona otrzymuje od państwowej placówki, która z kolei sprzedaje ten towar klientom – 70 zł za metr, razem 1400 zł”), aby nie czuli się zobowiązani do prezentowego rewanżu. Przy okazji zauważa: „Każde dziecko wie, a jak nie wie, to mu powiedzą, że obaj jesteśmy skąpi potwornie”.

Kolejna zatem cecha wspólna.

W tym czasie zaczyna o sobie dawać znać jeszcze jedna: poczucie niezrozumienia. Lem złości się na przyszywaną mu łatkę „fantasty”, Mrożek – „parodysty”. Nikt nie pojmuje ich głębi! Stopniowo zaczynają odkrywać rozkosz dogryzania kolegom po fachu.

Wróg numer jeden nazywa się Ireneusz Iredyński i jest przedstawicielem chwalonego przez krytykę młodego pokolenia pisarzy polskich. Tych, co nie mniej niż na kunszt literacki stawiają na efektowny wizerunek twórcy przeklętego, któremu nieobca jest żadna z mrocznych stron ludzkiego żywota. Po liście Mrożka z jedną z bardziej rozbudowanych napaści na Iredyńskiego Lem pisze: „Niegodzien on, doprawdy, rozmiarów negacji, jakie mu poświęcasz". Mrożek odparowuje: „Bo oczywiście zazdroszczę i ja tak chciałbym. Cóż to za rozkosz tak sobie pogwałcić, popalić, pobić. Nie żartuję".

– Ciekawa jest ta hierarchia literacka, którą budują – zauważa Jarzębski. – Na samym dole jest Iredyński jako absolutnie negatywny wzorzec osobowy. Potem są pisarze, których też źle traktują, ale z czasem ułaskawiają, jak Andrzej Kijowski. Do tego dochodzą autorzy światowi, na przykład Dürrenmatt czy Malcolm Lowry. Oni też obrywają. Ale jest i w końcu to wąskie grono autorytetów, a wśród nich przede wszystkim Witold Gombrowicz. On coś wiedział, czego oni nie wiedzieli. Był kimś, z kim można by podjąć dialog. Mrożek wyznał kiedyś zresztą, że Gombrowicz był dla niego koszmarem. Nie mógł się wyzwolić spod jego wpływu.

Podczas rozdawania ciosów czasem dostaje się nawet ich bliskim kolegom, na przykład Janowi Błońskiemu (że ortodoksyjny, że snob). Bezpieczni są tylko zmarli. Mrożek pisze o Witkacym: „Nie ma go już i nigdy nie będzie stanowił dla nas zagrożenia, to sprawa zamknięta, możemy spokojnie się jej przyjrzeć". – Można powiedzieć, że im pisarze są więksi, tym bardziej bywają małostkowi – komentuje Zych.

Z czasem marudzenie zostaje rozszerzone na całą ludzkość. Mrożek się złości: „Zdaje się, że niewiele osób przejmuje się przyrostem naturalnym, mnie stale przeraża myśl, że z każdą sekundą rośnie ilość idiotów". Lem mu wtóruje: „Z kretynizmem jeszcze nikt nie wygrał". W starożytnym Rzymie lud żądał chleba i igrzysk, teraz chce już tylko nowości. Wszędzie pośpiech i tandeta. Zgnilizna i upadek obyczajów. Ot, chociażby takie uczesania na Beatlesów. Lem pisze: „Niby dlaczego nie mają se chłopcy włosia wypuścić, włosiu popuścić, jak tak klawo im rośnie? A dlaczego nie mają chodzić z wielkimi gromnicami płonącymi w odbytnicy? Wszak mogliby, i nawet bez zakłócenia publicznej moralności, gdyby sobie w spodnie na zadku dali klapki (na świece) powszywać".

Choć w Polsce dzieli ich stosunkowo niewielki dystans, w 1961 roku planują się spotkać na wakacjach w Jugosławii. Mrożek w wielu listach opisuje Lemowi problemy z otrzymaniem paszportów, aż wreszcie triumfalnie obwieszcza: żonie udało się je „wychodzić"! W datowanym na 5 października liście z Belgradu donosi, że jeszcze tego samego dnia poleci do Titogradu (dziś Podgorica), stamtąd uda się autobusem lub kolejką do Budvy, z której następnie przemieści się do Dubrownika, gdzie będzie czekał na przyjaciela i jego połowicę. Załącza „szkic sytuacyjny" (czyli odręczną mapkę) i rusza w drogę.

Spotkanie wydaje się nieuniknione. „Bardzo nie polubiłem Dubrownika" – niespodziewanie donosi jednak Mrożek w kolejnym liście. Tramwaje, kioski z pamiątkami, hałas... to dla niego za dużo. Godzinami można tu biegać, widząc morze, ale nie wiedząc, jak się do niego dostać. Opisuje ze szczegółami, jak szukał Lemów, sądząc, że już przyjechali, lecz nie znalazł. Następnego dnia planuje przenieść się do Hvaru na wyspie Hvar. „Przyjedźcie do Hvaru – namawia przyjaciół. – Hvar ma podobno najlepszy klimat na Adriatyku! Hvar przez cały year! Hvar to Hvar!".

Teraz już na pewno padną sobie w ramiona. Chociaż...

„Jestem chuj. Za to też odpowiadam" – zaczyna Mrożek kolejny list. Pisze go ze Splitu 21 października. Pokrótce streszcza, jak to przez cztery dni siedział w Hvarze w chałupie, nie myjąc się i spoglądając to na ślubne zdjęcie syna gospodyni, która godzinami zamęczała go dramatycznymi historiami w nieznanym mu języku chorwackim, to na jednostajnie padający za oknem deszcz. Z tej perspektywy Dubrownik wydawał mu się rajem, wciąż się zatem skręca na myśl, jakie pieśni wesołe by tam z Lemami śpiewał. „Kto wie, czy już lepiej nie wyjeżdżać? Wszędzie wieczność zębami kłapie" – puentuje gorzko.

Obie pary wracają do domu swoimi drogami.

To jednak Lem uchodzi raczej za domatora. Mrożek próbuje go namówić na stypendium w USA. Nic z tego. „Nie pojadę" – odpisuje przyjaciel. Za słabo zna angielski, by zawracać komuś głowę swoją osobą.

– Kiedyś znajomy namawiał mnie, bym wpłynął na Lema w sprawie wyjazdu do Sztokholmu – opowiada Jarzębski. – Na kolanach go błagałem, kusząc Nagrodą Nobla, ale oczywiście nie pojechał. To samo z tą Ameryką. To przez nią robi się przecież karierę, szczególnie pisarz fantasta nie może bez Ameryki żyć. A Lemowi się udało nigdy tam nie pojechać, dzięki czemu zresztą Philip K. Dick [amerykański pisarz science fiction] mógł go oskarżać o to, że go w ogóle nie ma, a jego książki pisze grupa komunistycznych prozaików, którzy pracują dla KGB po to, by zohydzić światu literaturę amerykańską.

„Niebywałe, jaki świat jest duży i jak nic z tego nie wynika, również w Anglii" – pisze 26 grudnia 1961 roku Mrożek z Londynu. Ze zdumieniem przygląda się przedświątecznej gorączce, która zaczyna się tu już w listopadzie. Szydzi z sensacji, jaką dla miejscowych może być nawet zamarznięty staw w parku. Relacjonuje wreszcie czytane w radiu listy słuchaczy o tym, że „rząd składa się z idiotów i co na to parlament", a także „że koty zjadają ptaszki (piszą właściciele psów obłudnie sprzymierzeni z właścicielami ptaszków) oraz że psy obsrywają chodniki i czas z tym skończyć (piszą właściciele kotów)".

Mrożek pisuje też ze Sztokholmu czy z Rzymu. Lem ewentualnie z domu pracy twórczej Astoria w Zakopanem. Bywa także w Rosji, gdzie jego proza szybko zdobywa popularność. Na wakacje zwykle wybiera Bałkany.

W czerwcu 1963 roku Mrożek osiada w Chiavari. Może teraz bywać w Vence, to niedaleko. Odwiedza tam Gombrowicza, który po powrocie z Argentyny – najpierw do Berlina Zachodniego – osiadł na Lazurowym Wybrzeżu. Gombrowicz bywa także we Włoszech.

W tym czasie Mrożek w ogóle sporo podróżuje. Przez miesiąc przebywa w Paryżu, zwiedza Genuę, Wenecję, Florencję, potem jedzie do Wiednia. Odwiedzi również Düsseldorf. Wkrótce ostatecznie zdecyduje się na emigrację. Jeszcze z Warszawy pytał Lema: „Może Ty znasz jakąś nową,

zupełnie inną miejscowość, gdzie bar mleczny nie byłby barem mlecznym, gdzie inny byłby obyczaj, inne gazety, twarze polskie nieopuchnięte skrobią, wuefemki nie symbolem cywilizacji, antysemityzm nie ulubioną ideologią wszystkich warstw?”. Jego stosunek do PRL-u jest jednoznaczny. „Żal pomyśleć, jak wszystkie nasze dzienne sprawy, nasze strachy i niepokoje, i drobne radości krajowe gówno znaczą poza naszymi granicami” – zauważa. Lem mu odpowiada: „Uwagi Twoje o Polakach mają coś w sobie (że albo pyrtolą, albo certolą), ale uważaj, może jest parę osób, dla których warto jeszcze to i owo?”.

Jednak co do nieco przyjemniejszego Zachodu również nie mają zbyt wielu złudzeń.

– Zarówno Lem, jak i Mrożek autentycznie nie wierzyli, że to się wszystko może w jakiś sposób udać, że ma jakiś sens – twierdzi Zych. – Za co się ta nasza cywilizacja weźmie, wszystko się rozłazi, rozsypuje w rękach, zaczyna pruć jak stary sweter. Wszystkie nadzieje, entuzjazm obracają się w nicość. Ich korespondencja miejscami skrzy się od pereł dowcipu, ale jednak cały czas podszyta jest pesymizmem.

– Byli pesymistami, ale różnymi pesymistami – dodaje Jarzębski. – Pesymizm Mrożka wynikał z niego samego, był jego rachubą na własne życie. On się nie spodziewa niczego nadzwyczajnego, choć oczywiście zależy mu na przykład na karierze międzynarodowej. U Lema pesymizm wynika z tego, co on myśli o człowieku. A źle myśli. Zresztą mizantropami byli chyba obydwaj.

Wiosną 1965 roku Lemowie odwiedzają Mrożków we Włoszech. Spotykają się na granicy z Francją przy morzu. Z Chiavari robią sobie wypady do Turynu, Mediolanu, Wenecji. Po wszystkim zadowoleni wymieniają się w listach serdecznościami i pozdrawiają nawzajem swoje małżonki.

Listy są pisane na maszynie. Mrożek pracuje na swojej – jak mówi – histerycznie. Stara się doskonalić w tej umiejętności, ale wciąż go irytuje, że wystukiwanie polskich znaków spowalnia jego ruchy, a na dodatek „ą” wyskakuje mu za wysoko. Lem maszyny ma dwie. Większość listów powstaje na tej marki Remington, ale ma też płaską maszynę podróżną marki Olivetti, którą zabiera ze sobą na przykład do Astorii.

– Tę drugą maszynę mam teraz ja – zdradza Zych. – To prawie tak dobre jak narty Ojca Świętego. A szczęk tej domowej, czarnej ze złotym napisem, pamiętam od wczesnego dzieciństwa, bo wuj wstawał skoro świt i pisał na przykład od godziny piątej do siódmej czy ósmej. Listy do Mrożka miały swoją kopię u niego w domu na bardzo cienkim, przebitkowym papierze. Te od Mrożka były na lepszym, ale w większości przychodziły przecież z zagranicy. Papier maszynowy w PRL-u był dobrem nawet nie deficytowym, jego po prostu w ogóle nie było. Czasem udawało się dostać w sklepie ten przebitkowy, ale nadawał się tylko pod kalkę, bo w zwykłym użyciu maszyna by go podarła. Literaci mieli na normalny papier przydziały.

Ważna część listów to wzajemna ocena swoich dzieł. – To czas, kiedy powstają ich najważniejsze utwory – podkreśla Jarzębski. – Niezwykła jest ta wymiana osądów również dlatego, że oni się nawzajem nie rozumieją. Lem nie chce uznać *Tanga*! Upiera się, że to dramat nieudany, choć Mrożek mu niektóre rzeczy tłumaczy. Niezrozumienie wywołuje bardzo ciekawe autoanalizy. Z kolei Mrożkowi nie podoba się *Summa technologiae*, która jest uważana za genialny esej – matkę wszystkich innych esejów Lema. Mrożek po jej lekturze się oburza: „Zajmujesz się jakąś technologią, a gdzie ja w tym jestem, gdzie człowiek?".

Gdy Lem opublikuje *Wysoki Zamek*, okaże się jednak, że pisarzy łączy wiele wspomnień z dzieciństwa: biały piec kaflowy z delikatną siatką pęknięć, szkolne ławki i ustawione na nich tulejkowate kałamarze, dorożki. Mrożek napisze: „Ani te parę lat, które nas dzieli, ani inne miasto jako tło młodości, ani dosyć znaczne różnice w usposobieniu nic tu, jak się okazuje, nie znaczą. Ważniejsze jest to, że obaj byliśmy dziećmi jeszcze przed wojną, w tym samym kraju, w tej samej mniej więcej jego strefie, że mniej więcej tak samo nas coś kierowało ku temu, kim się być staramy".

Ale tych pisarzy z dwóch różnych światów tak naprawdę najsilniej łączy coś całkiem innego, czyli... samochody. Obaj są zapalonymi automobilistami. Listy przeplatają uwagami, kto ze znajomych kupił sobie ostatnio syrenkę, a kto citroëna. Historię rozstania się z jednym ze swych aut Mrożek opisuje jak morderstwo. Innym razem z erotyczną namiętnością wyznaje: „Wieziono mnie okazyjnie volkswagenem 1500, którego obmacywałem całą drogę, gdy właściciel nie widział".

– Samochody były wielką namiętnością także wuja – wspomina Zych. – Gdy nie miał o czym rozmawiać na przykład z hydraulikiem, bo przecież nie o hydraulice, a i o literaturze byłoby ciężko, miał żelazny temat: samochody. Historie związane z psuciem się albo naprawianiem tychże, omawianie zalet danych modeli. Lubił się też przechwalać. W naszej rodzinie zaczęło się od słynnego i legendarnego już P-70, potem były wartburgi ze dwa, aż w końcu pojawiło się coś zupełnie niezwykłego: fiat 1800, oryginalny włoski, skrzydlak bardzo piękny. To był olbrzymi skok jakościowy.

Ku rozpaczy Lema fiat się jednak psuje! Na szczęście Mrożek mieszka już wtedy we Włoszech, więc można zamawiać u niego części. Zaczyna się niewinnie – od uszczelki. Wkrótce jednak Lem pośle przyjacielowi specjalny fundusz, z którego ten będzie czerpał pieniądze na kolejne motoryzacyjne zakupy.

W 1968 roku przychodzi na świat syn Lema, Tomasz. Tego samego roku Mrożek przeprowadza się do Paryża, w kolejnych latach dużo przebywa w USA i w Niemczech, wreszcie wynosi się do Meksyku. Kontakt pisarzy urywa się bez wyraźnej przyczyny. Ot, proza życia. Pod koniec lat siedemdziesiątych znów wymieniają ze sobą kilka listów. W latach osiemdziesiątych Lem mieszka w Berlinie Zachodnim, a następnie w Wiedniu. Spotkają się także, gdy obaj wrócą do kraju. Będzie to po ustrojowej transformacji.

Już podczas pierwszej wizyty Mrożka na Klinach szybko stanie się jasne, że wiele się nie zmieniło. – Nad ich sporadycznymi spotkaniami nie unosił się żaden intelektualny obłok rozmowy dwóch gigantów – opowiada Zych. – Zwykle wuj coś bardzo zapalczywie opowiadał, a Mrożek siedział i słuchał, patrząc uważnie po wszystkich naokoło. Od czasu do czasu dorzucał tylko jakąś kąśliwą uwagę, podsuwał szydercze słowo, a oczy mu się przy tym na chwilę rozpalały. Wiadomo, że był mrukiem, ale wbić szpileczkę potrafił naprawdę ochoczo. Obaj wciąż nie umieli odmówić sobie przyjemności obgadywania kolegów po fachu.

A jednak zdarzają się też chwile zabawnej irytacji. Któregoś razu Mrożek wraz z drugą żoną, Meksykanką Susaną Osorio, jest zaproszony na Kliny na Wigilię. Spóźnia się, wszyscy czekają. Nareszcie telefon. Nie mogą zamówić taksówki, chyba nie przyjadą. Zych wsiada w samochód i dostarcza gości. Kolacja zaczyna się z kilkugodzinnym opóźnieniem. Mrożek zabiera się za kapustę z fasolą jaś i grzybami. Wszyscy wokół mają już puste talerze i z niecierpliwością wyglądają następnej potrawy, on tymczasem ze spokojem nakłada sobie kolejne porcje, szepcząc do żony: „This is a cabbage of my life, this is a cabbage of my life". Lem wierci się niespokojnie na krześle, bo nie może się doczekać deseru (zawsze uwielbiał słodycze).

– Któregoś razu wiozłem Mrożka z Warszawy, akurat był czas wyborów – przypomina sobie jeszcze Zych. – Przed mostem Dębnickim stoczył się nam na ulicę jakiś pijany facet, gwałtownie zahamowałem, a ten cofnął się na chodnik. Jechaliśmy oczywiście prawie cały czas bez słowa, bo Mrożek to Mrożek. By błysnąć, powiedziałem: „Niech pan sobie wyobrazi, on ma dokładnie takie samo prawo głosu jak pan i ja". Mrożek tak na mnie popatrzył: „To jeszcze nic. Niech pan sobie wyobrazi, on ma duszę nieśmiertelną".

MIEJSCA **Vence**

„Rok z górą mija, odkąd osiedliłem się w Vence, dwadzieścia kilometrów od Nicei, na zboczu Alpes Maritimes – miejscowość szykowna, nie brak rezydencji wykwintnie ukrytych w kępach palmowych, za murami z róż, w gęstwinie mimoz. Nieraz z okna widzę na placyku po kilka Rolls Royce'ów, których właściciele kupują na targu mleko lub krewetki. Oprócz Rolls Royce'ów, Jaguary" – pisze w 1966 roku Witold Gombrowicz w publikowanym na łamach „Kultury" paryskiej *Dzienniku*.

Kiedy się poznają, ona nie zna nawet jego książek. Przeczyta je dopiero, gdy zamieszkają razem w Vence. Przyjechała do Francji, by dokończyć doktorat o Colette. Słyszy od niego: „Niech pani zmieni temat. Niech pani zrobi doktorat o mnie, a napiszę go pani gdzie bądź w dwa tygodnie".

Rita Labrosse jest śliczną Kanadyjką. Ma dwadzieścia dziewięć lat. Gombrowicz zatrudnia ją jako sekretarkę, gdy w 1964 roku spędza kilka miesięcy w opactwie Royaumont pod Paryżem. Potem proponuje jej wspólną podróż. Z powodów zdrowotnych szuka lepszego klimatu. Staje się wreszcie stosunkowo bogaty. Jadą razem na południe, znajdują mieszkanie w Vence. To niewielka miejscowość na Lazurowym Wybrzeżu w pobliżu Alp.

Zabytkowa katedra, strome uliczki, kawiarnie pełne rozplotkowanych artystów. Słońce.

W sierpniu 1964 roku Gombrowicz po raz pierwszy notuje w prywatnych zapiskach: „Flirt z Ritą".

W październiku: „22-go Rita jedzie urządzać mieszkanie. 25-go samochodem z Patrickiem przyjeżdżam. Porządkowanie. Coraz lepsze wrażenia z Vence. Zaczynam podszczypywać Ritę. 26-go włazi mi do łóżka. Erotyzm. Coraz lepiej się czuję. Bóle żołądka folgują".

Listopad: „Pożycie z Ritą".

Grudzień: „Odkąd z Ritą jestem więcej niż 15 razy, 4-ry orgazmy – ale od 2 tygodni +/- nic. Nikogo nie widuję, nie chce mi się. (Piszę to wszystko w wilię, z Ritą, ale dość chłodno ze sobą jesteśmy. Wobec awantur o byle co, nie wtajemniczam ją więcej w moje listy i sprawy)".

Dalej w grudniu: „Po wilii pogodzenie z Ritą".

Urządzanie się w Vence to poważna sprawa. Gombrowicza interesuje każdy szczegół umeblowania. Ma być „tak sobie". Ani bogato, ani ubogo. Ni to elegancko, ni artystycznie. Odchodzącą od ram okien w salonie farbę uważa za dystyngowaną. Łóżka przykrywa kocami, żeby nie wyglądały jak łóżka, bo „to w najgorszym guście". Na ścianach wiesza obrazy, choć nigdy nie lubił malarstwa. Chce się nauczyć je kochać. „Lubię żyć wśród wrogów" – żartuje. Wybór materiału na zasłony zabiera mu kilka dni. Najpierw decyduje się na sutą tkaninę w wielkie złote kwiaty na czarnym tle. Po powrocie do domu wydaje mu się jednak za bardzo egzotyczna. Daje ją przyjaciołom w prezencie. Wreszcie wybiera beżowy materiał w cienkie prążki. Przypominają mu deszcz. Zaciągając zasłony, za każdym razem powtarza po francusku z teatralną miną: „A-te-raz-pa-da-pas-te-recz-ko!".

Czasem przy okazji daje Ricie lekcje elegancji. Kobieta prawdziwie dystyngowana jest zawsze ubrana źle. Mężczyzna nie może mieć na sobie nic zbyt nowego. Obcisłości odpadają. „Gentelman zawsze nosi rzeczy za duże" – wykłada. Sam ma marynarki na każdą okazję, nosi je nawet po domu. W lecie – płócienne. Żadnych szlafroków i kapci. Nie ma też mowy o podkreślaniu strojem artystycznego zawodu.

Razem jeżdżą na spacery. Czasem się kłócą. On lubi jej narzucać własne zdanie i trzęsąc się nad swoim zdrowiem, robi awantury o byle katar. Ona ma w takich chwilach skłonność do popadania w histerię. Obrażają się na siebie, Rita raz nawet ucieka. Nie ma jej dwa dni.

Gombrowicz gustuje w małych prowokacjach. Już w młodości, w warszawskiej kawiarni Ziemiańska, lubił na przykład siadać przy stoliku z pisarzami Stefanem Otwinowskim i Jerzym Andrzejewskim, po czym głośno oznajmiać, że zajrzał przypadkiem do notesu Otwinowskiego, gdzie ten nazwał Andrzejewskiego „idiotą i bufonem". Teraz zabiera do eleganckich restauracji swojego rozbrykanego kundelka Psinę i robi przy tym minę, jakby miał doskonale wychowanego psa rzadkiej rasy. W notatkach dla „Kultury" wymyśla, że kupił sobie wspaniałą willę i ma nieślubnego syna. W ulubionej oberży zamawia obiad w odwrotnej kolejności – zaczyna od kawy, a kończy na mięsie.

Jedzenie to dla niego jedna z rzadkich przyjemności w życiu człowieka chorego. Uczy Ritę robić kilka polskich potraw, smaży jej mielone. Od przyjaciół dostaje barszcz w proszku. Największą przyjemnością jest jednak dla niego muzyka. Słucha jej w skupieniu, z uniesieniem na twarzy. Niekiedy wzrusza się nawet do łez. Odnotowuje w intymnych zapiskach każdą zakupioną płytę: nokturny Chopina, kwartety Mozarta, sonaty Beethovena.

Czasem kupuje też książki. Gdy sprowadzają się do Vence, ma tylko kilka tytułów: Sartre'a, Heideggera i Manuela Garcíi Morente, filozofa argentyńskiego. Zaleca Ricie lekturę Dostojewskiego i Tomasza Manna, ale potrafi też narysować z głowy plan mieszkania, w którym dokonano morderstwa w jednym z kryminałów Agathy Christie. Po gazety sięga rzadko. Zwykle wtedy wzdycha: „Nie powinienem. Poważny artysta nie może".

Gombrowicz nie ma w Vence biurka, pracuje przy drewnianym stole. Trzyma na nim papier i dwa zielone pióra. Rita zapamięta je jako parkery, ale w intymnym kalendarium *Kronos* mowa o pelikanach. Poza tym lornetka, termometr, wilgociomierz, inhalator, fajka, zwykły mały notes. Wszystko ułożone starannie. Porządek. W takiej scenerii pisarz wraca do zarzuconego dramatu *Operetka*. Ten tekst nie daje mu spokoju, chce w nim osiągnąć maksymalną prostotę przy równoczesnej wielości znaczeń. Na brak pieniędzy i uznania nie może już narzekać, ma jednak coraz poważniejsze problemy ze zdrowiem.

Któregoś dnia liczy wszystkie swoje aktualne dolegliwości – małe i duże. Wychodzi mu siedemnaście.

LUDZIE **Szef**

W trzech tomach *Dziennika* Sławomira Mrożka mowa o Witoldzie Gombrowiczu 153 razy. W jego korespondencji z Janem Błońskim – sześćdziesiąt trzy, ze Stanisławem Lemem – trzydzieści. W pozostałych zbiorach po kilka, kilkanaście. Razem kilkaset.

W oficjalnym *Dzienniku* Gombrowicza Mrożek pojawia się raz.

W intymnym kalendarium *Kronos* – sześć razy.

W korespondencji z Jerzym Giedroyciem – dwa.

W tym raz jako... Stanisław.

Nazwisko „Gombrowicz" po raz pierwszy pada w życiu Mrożka, gdy ma on dwadzieścia lat. Podczas zebrania w Domu Literatów. Przeczytał właśnie jego uczestnikom swoje pierwsze w życiu opowiadanie. Słyszy, jak jeden ze starszych kolegów mówi: „To jest coś z Gombrowicza". Nie wie jeszcze, o kogo chodzi. Jest w tym czasie wyznawcą nowego systemu i bliżsi są mu trzeciorzędni pisarze Kazachstanu. Gombrowicz mieszka w Argentynie. Gombrowicz? Słowo jak słowo. Brzmi mu trochę jak „ambra". „Raczej jasne i jędrne, ale ze szczególnym zmiękczeniem dźwięcznej twardości przez końcówkę" – zauważy potem, wspominając to zdarzenie.

Kilka lat później sięga po *Trans-Atlantyk*. Czyta go jako utwór wroga klasowego – ze sceptycyzmem, ironią, złośliwością nawet. „Nie zrozumiałem nic, bo nie chciałem" – przyzna. Potem przychodzi czas na *Ferdydurke*, *Ślub*, *Iwonę księżniczkę Burgunda*. Gombrowicz wsiąka w niego powoli. Wnika i wynika z niego, tak powie. Wstrząśnięty będzie dopiero *Pornografią*.

Do Argentyny Gombrowicz wypłynął latem 1939 roku, tuż przed wybuchem II wojny światowej. Postanowił tam przeczekać; ostatecznie został prawie ćwierć wieku. Starszy od Mrożka o dwadzieścia sześć lat, urodził się w zamożnej rodzinie ziemiańskiej. Po śmierci ojca biedował. Koleżanki zapamiętały jego ulubioną w tym czasie frazę: „Zapraszam panią do wysokości złotówki". Zadebiutował, gdy Mrożek miał trzy latka. Zbiorem opowiadań *Pamiętnik z okresu dojrzewania*.

„Jakby mi zatańczono po twarzy" – tak skwituje po latach pierwsze recenzje swoich utworów. Krytycy go nie zrozumieli. Próbowali czytać kluczem psychologicznym, podkreślając głównie dziwaczność. *Ferdydurke* ogłosił jesienią 1937 roku (zgodnie z ówczesnym obyczajem na karcie tytułowej figurował już rok 1938). Okładkę do pierwszego wydania zaprojektował jego przyjaciel Bruno Schulz. Powieść przyjęta została z dość życzliwym zainteresowaniem, ale jej groteskowa fabuła znów wywołała u krytyki pewną dezorientację. Obok głosów pochwalnych (na przykład Artura Sandauera) zdarzały się też napastliwe krytyki. Stanisław Piasecki napisał w „Prosto z mostu" nie bez złośliwości: „Problem Gombrowicza sprowadza się do kategorii nieledwie towarzyskich; chodzi po prostu o to, jak zostać królem stolika w Ziemiańskiej".

Muszą minąć dziesięciolecia, nim *Ferdydurke* urośnie do rangi jednego z najwybitniejszych utworów swojej epoki. Stoliki w Ziemiańskiej dawno opustoszeją.

W Argentynie najpierw starał się utrzymać za dolara dziennie, spał na podłodze, chodził bez palta. W Buenos Aires włóczył się po Retiro – dzielnicy spotkań marynarzy szukających rozrywki i młodych chłopców złaknionych uciech homoseksualnych. Sam żył w dwuznacznym związku z Alejandro Russovichem. W końcu znalazł pracę w Banco Polaco, która jednak nudziła go i otępiała. Dorabiał, grając w szachy. Dzięki pomocy argentyńskich przyjaciół, z którymi przesiadywał w kawiarni Rex, udało mu się przełożyć *Ferdydurke* na hiszpański. Skończył też porzucony wcześniej dramat *Ślub*.

Historię żołnierza Henryka, który w nocnym koszmarze powraca do domu, by zastać swego ojca jako pijanego karczmarza, a narzeczoną w roli dziwki, autor będzie uważał za klucz do całej swojej myśli. Podstawę teorii formy, którą określał jako „wszelkie sposoby wyrażania siebie, gesty, czyny, mówienie, decyzje, postawę, styl i sposób bycia"; „ogólną postawę wobec życia i kształt, jaki przyjmuje człowiek wobec reszty świata"; „społeczną rolę, maskę, sposób istnienia wśród innych i zależnie od nich (od tego, kim są, jacy są, jak zachowują się w określonych sytuacjach)". „Człowiek jest poddany temu, co tworzy się »między« ludźmi i nie ma dla niego innej bliskości jak tylko ta, która z ludzi się rodzi" – pisze we wprowadzeniu.

W 1951 roku Gombrowicz rozpoczął współpracę z „Kulturą", na jej łamach ukazał się *Trans-Atlantyk* w odcinkach. Łączył z paryskim miesięcznikiem niemałe nadzieje. Postanowił wreszcie pożegnać się z Banco Polaco. Od tej pory żył z praw autorskich oraz dzięki pomocy kilkorga przyjaciół i niewielkiego stypendium Radia Wolna Europa. Pracował nad *Operetką* (zarzucił), *Pornografią* i *Kosmosem*. Powoli zyskał uznanie. W sierpniu 1962 roku między zwyczajowe meldunki wtrącił w *Kronosie* zdanie: „Czuję się bardziej geniuszem". Decyzja o powrocie do Europy dojrzewała w nim powoli. Podejmuje ją wreszcie w 1963 roku, a więc wtedy, gdy Mrożek przeprowadza się do Chiavari.

8 kwietnia wsiada na statek.

„Sławomir Mrożek bawi we Włoszech i jest tam też Maria Paczowska, nader inteligentna osoba, też z Polski – pisze już 13 sierpnia Gombrowicz do Jerzego Giedroycia. – Listy od nich dramatyczno-czołobitne otrzymałem, silnie obecne zmiany w Polsce przeżywają. Napiszę do nich, żeby Cię o »Kultury« poprosili, gdyby ich tam we Włoszech nie mieli – myślę, że

gdybyś im przesłał kilka nrów z mymi dziennikami, mocno by się ucieszyli. Groszem nie śmierdzą. Ale naprzód do nich napiszę i w razie czego wprost do Ciebie skieruję".

Ich listy prawdopodobnie się nie zachowają. Musiało być ich kilka – Mrożek wspomina je także w dzienniku. Pisarze spotykają się za pośrednictwem Paczowskich. Najpewniej cztery lub pięć razy. W Chiavari, Lavagne i Vence. Po raz pierwszy w 1965 roku. Podobno to Gombrowicz – jako ciekawy młodych ludzi – wychodzi z inicjatywą.

4 czerwca 1965 roku Mrożek notuje w dzienniku: „Dzisiaj przyjechał Gombrowicz. Pan Gombrowicz, a po włosku: Padrone. Każde zjawisko można zinterpretować rozmaicie. Ja zostaję przy »Pan«. Zrozumiałem, że go nie lubią. Albo odwrotnie. Nie lubią go, bo są przez niego ujarzmiani, czują siłę, przemoc. Nikt tego nie lubi. Zaledwie przyjechał, widział się z nami nie dłużej niż pół godziny. Przez niego nie śpię teraz w nocy".

Wkrótce zaczyna nazywać Gombrowicza niemal wyłącznie „Szefem". Poświęca mu w zapiskach więcej miejsca niż komukolwiek poza samym sobą. Zachwyca się jego żywotnością. Zazdrości mu jasności wywodu, pewności wyborów. We własne wciąż wątpi. „Niewątpliwie jest jednym z najważniejszych spotkań w moim życiu" – notuje. Prowadzi wiele porównań. Upija się, nie radząc sobie z myślami. „Gombrowicz jest. Ja ciągle nawet nie jestem pewien, że jestem" – konstatuje wreszcie.

Podczas spotkań Mrożek przeważnie się nie odzywa. „Głównie mu się przysłuchiwałem" – będzie potem wspominał w wypowiedzi dla Polskiego Radia. Gombrowicz ma powiedzieć któregoś razu, że „Mrożek jest poza sytuacją". A jednak w październiku 1967 roku notuje w *Kronosie*: „Wizyty: Mrożek (zwierzenia) – 2 razy".

Jedną z ich wspólnych kolacji opisze malarz Kazimierz Głaz, który w latach 1966–1968 mieszka w Vence dzięki stypendium Fundacji im. Michaela Károlyi. Rita akurat wyjechała i panowie muszą sami sprostać gotowaniu, co okazuje się nie takie łatwe. Gombrowicz siedzi przy stole i dyryguje: „Pamplemusy, jogurt znajdzie pan w lodówce, tam też masło i sery. Kubków do herbaty poszukać w kredensie. Chleba poszukać, cielęcina na drugiej półce w lodówce. Sławomirze, zmieszaj makarony, żeby nie były banalne. Są tam różne gatunki. Gdzieś tam jest przepis Rity, jak należy to gotować".

„Jak gotować, to jest, ale nie ma, jak długo" – zauważa Mrożek. Gombrowicz odpowiada: „Jak to, jak długo? Aż będzie ugotowany".

Przy stole Mrożek ogląda jego pióro. Jest zachwycony, pyta, skąd je ma. Gombrowicz zaczyna wyjaśniać: „To w prezencie od wielbicielki, Witoldy. Ty wiesz, ona jest zwariowana na moim punkcie. Zmieniła sobie nawet imię na Witolda". Mrożek nie wytrzymuje i pyta: „Nie mógłbyś załatwić takiego samego dla mnie?".

Symboliczne?

„Na przykład *Ślub* i *Iwonę* przeczytałem, nie bardzo wiedząc, co czytam. A jednak dzisiaj, jako dramaturg, muszę walczyć z formą i duchem tych utworów" – napisze Mrożek w tekście, który przedrukowany zostanie w tomie *Varia. Życie i inne okoliczności*. Przyzna w nim także, że Gombrowicz jest jego zmorą, od której promieniowania nie może się uwolnić: „Do cech zmory należy jej bliska obecność. Czy się chce, czy się nie chce, ona jest przy nas obecna".

Ślub, który w *Tangu* Artur chce wziąć z kuzynką Alą, by przywrócić światu porządek, jest jakby żywcem wyjęty ze *Ślubu* Gombrowicza. Stomil i Eleonora, okazuje się, mają w sobie coś z Młodziaków, bohaterów *Ferdydurke*. Pokazany przez Mrożka konflikt pokoleń nawiązuje za to do dychotomii „ojczyzna – synczyzna" z *Trans-Atlantyku* (powracającej też w *Ślubie*). Naprawdę wtórny okaże się jednak inny jego dramat.

Krawiec opowiada o świecie, w którym „ubierać to stwarzać", a „nagość to nicość, natura, chaos, barbarzyństwo". Tytułowy Krawiec poprzez swoją pracę wytwarza kulturę, jest gotów szyć ubrania nawet dla zwierząt, roślin i minerałów, by nadać wszystkiemu sens. To szata stanowi o tożsamości człowieka – Klient w poszczególnych aktach, w zależności od stroju, jest Ekscelencją, Mnichem lub Czeladnikiem. Kreacyjnej mocy kultury ulega nawet Onucy, król barbarzyńców, który przybywa podbijać w zwierzęcej skórze na nagiej piersi. Kluczową postacią okazuje się

zawsze kompletnie ubrana kurtyzana Nana – zapięta pod szyję, w rękawiczkach, z woalką.

Mrożek pisze *Krawca* w 1965 roku. Zanim go opublikuje, ukazuje się *Operetka* Gombrowicza. Oparta na bliźniaczym pomyśle. Historia XX wieku zostaje w niej przedstawiona jako swoista rewia mody. Arystokracja odchodzi w przeszłość, spychana przez rządy barbarzyńców. Jest też kobieta, którą perwersyjnie wszyscy chcą ubierać, zamiast rozbierać. Obie sztuki kończą się jednak triumfem nagości.

12 grudnia 1966 roku Mrożek pisze w dzienniku: „Nie tylko nie mogę już teraz przystąpić do poprawiania *Krawca*, wszyscy i tak powiedzą, że to jest plagiat albo co najmniej pod wpływem Gombrowicza. Ponadto Gombrowicz, używszy ich, uniemożliwił mi korzystanie z następujących pomysłów czy też tonacji, czy też jak to nazwać, które sobie kiedyś już wymyśliłem i które wydawały mi się moje i bezpieczne: bal maskowy, sprawa maski oraz mówienie na scenie językiem nieartykułowanym. To oczywiście tak napisane, tak wymienione w głupich dwóch zdaniach, nie znaczy nic albo nic wielkiego, ale zapewniam, że ja wiem, o co chodzi, że po przeczytaniu *Operetki* doznałem uczucia straty i pustki w komorze i że to mnie bardzo wszystko smuci. Smuci mnie, bo może przeczuwam tylko niezręcznie to, co bardzo dobrze wie Gombrowicz, może po prostu jestem gorszy".

Mrożek opublikuje *Krawca* dopiero w 1977 roku. Osiem lat po śmierci Gombrowicza. Przyjmie się uważać, że sztuka mimowolnie wyszła mu tak podobna. Wszystko przez tę „zmorę". Wiadomo jednak, że Gombrowicz pracował nad *Operetką* w sumie przez kilkanaście lat i jest wysoce prawdopodobne, że rozmawiał na jej temat z młodszym pisarzem podczas ich pierwszego spotkania. Mrożek przyznaje w dzienniku: „Ale kto wie, czy ostatecznie to mi się nie należało. Bo nie jestem wcale pewien, czy *Krawiec* nie narodził się jednak z Gombrowicza jakoś, w jakiś sposób". Mimo wszystko najbardziej boli go nie podobieństwo, lecz różnica jakości. Reasumuje: „Nie trzeba się pchać w Gombrowicza, bo on już zajęty przez Gombrowicza".

Jego obsesja porównywania się z „Szefem" będzie jednak trwać przez kolejne dziesięciolecia.

Jan Błoński uzna, że Mrożek nawiązał do Gombrowicza, przede wszystkim odkrywając potęgę stereotypu, a więc zwłaszcza w swojej wczesnej twórczości. Według Tadeusza Nyczka kompleks Mrożka wynika z poczucia własnej niekompletności wobec całkowitości systemu autora *Kosmosu*. Bronić go jednak będzie twierdzeniem, że „nawet jeśli nie stworzył własnego systemu, to wygrał innym sposobem: wolnoamerykanką, czyli antysystemem" (chodzi o konsekwentne demontowanie takich zjawisk, jak „konwencjonalny patriotyzm, frazeologia narodowa, ustrojowa, międzynarodowa, międzyludzka i ogólnoludzka"). Sam Mrożek zauważa któregoś razu, że u Gombrowicza niewiele w gruncie rzeczy jest pytań. Raczej kolejne argumenty na potwierdzenie tezy.

„Moja niższość wobec niego – to nie tylko niższość talentu, osobowości, woli – jestem o wiele młodszy i przypadłem na inne czasy. On jest weteranem czasu, kiedy pisarz to było coś. Kiedy świat jeszcze w ogóle to było coś" – pisze o nim w dzienniku.

Któregoś dnia podczas ostatnich wspólnych wakacji z Ritą, czyli niespełna rok przed śmiercią, Gombrowicz ubiera się cały na czarno. Czarne buty, czarne skarpetki, czarna koszula i garnitur z Berlina, który wkłada rzadko. Podczas spotkania z przyjaciółmi, degustując konfitury, przykłada sobie nagle palec do gardła i mówi: „Za sześć miesięcy umrę. Gomułka wyśle wtedy swoje okręty do portu Villefranche, żeby przewieźć moje zwłoki na Wawel. A ty – zwraca się do Rity – będziesz stała na wybrzeżu i machała mi białą chusteczką".

„W tym ostatnim czasie nie mógł się doczekać nowych wydań i tłumaczeń swoich książek – będzie wspominać Rita. – Wiedział, że jego lata są policzone, a wszystko rozwijało się tak powoli! Zależało mu najbardziej na wydaniach kieszonkowych i na tym, żeby o nim pisano. Chciał, by jakiś znany intelektualista francuski zainteresował się jego twórczością i pomógł przezwyciężyć podwójne upośledzenie wynikłe z tego, że pisze po polsku i uchodzi za autora trudnego".

Rok 1964 Gombrowicz kończy przekonany o raku. „Trzeba by wyciąć połowę żołądka" – zapisuje w *Kronosie*. Pod datą 1965 kreśli w nawiasie „(?ost?)". Intymny dziennik zmienia się stopniowo w kalendarium odchodzenia. Okrutne w swojej precyzji, wstrząsające w oschłości. Od tej pory odnotowuje każde, choćby najmniejsze przeziębienie Rity. Boi się zarażenia. Dodaje: „Ero: nic, to już chyba poza mną". W dalszych latach ta obowiązkowa dotąd kategoria, erotyka, w ogóle znika z podsumowań. Rita przyzna we wspomnieniach, że któregoś razu zraniła go słowami: „Czuję się jak zakonnica".

Rak okazuje się wrzodem, który da się wyleczyć, ale Gombrowicz żyje odtąd w ciągłym strachu. Kilkakrotnie wspomina o samobójstwie. Chciałby mieć na wszelki wypadek jakiś pewny środek, który pozwoli mu skończyć ze sobą, jeśli ból stanie się nie do zniesienia. Sytuacja pogarsza się jeszcze na skutek zawału. Zaczyna z siebie szydzić: „Polskie biedaczysko", „Chrystus ukrzyżowany", „Istny Hiob ze mnie". W chwilach spokoju tłumaczy Ricie: „Moja choroba jest ściśle i tajemniczo związana z moim pisarstwem. Nie osiągnęło ono jeszcze takiego szczytu, żebym musiał od tego umrzeć".

Po otrzymaniu w 1967 roku Międzynarodowej Nagrody Wydawców „Prix Formentor" nie zmienia nic w swoim życiu. Jednorazowo zabiera Ritę do antykwariatu, gdzie wybierają kilka okazyjnych mebli i abażurów. O Nagrodzie Nobla żartuje: „Wynajmiemy Rolls-Royce'a i pojedziemy do Londynu pokazać się moim wrogom. Posmarujemy sobie włosy brylantyną, bo tylko nasze głowy będzie widać. Włożysz bardzo błyszczące kolczyki, a ja przypnę z tyłu czapki jakiś czerwony i tajemniczy order...". Choć może to nie tylko żart?

W październiku 1968 roku pisze w *Kronosie*: „17-go Nobel: Kawakama, czy jak tam [Yasunari Kawabata]. Nie miałem nadziei, tymczasem wymieniono mnie w prasie (»Le Monde«)". Nieco dalej: „w »Stampie« o Noblu, że ja i Beckett". Listów i propozycji jest coraz więcej, ale coraz mniej sił na cokolwiek. W listopadzie Gombrowicz opisuje swój upadek, jak zawsze beznamiętnie: „18-go wczesnym rankiem, może 8 była, popędziłem do klozetu, paf, poszło obok i spodnie zaświnione, zacząłem czyścić. Bóle poczułem w lewej połowie piersi, usiadłem przy biurku, wypoczywałem, gdy przeszły, znów poszedłem czyścić, wtedy silny ból, na łóżko padłem, Ritę zawołałem, jęczałem".

Zaczynają się dziwne sny. W arabskim pałacu wielka, gruba królowa tłumaczy prawo, kreśląc patykiem na piasku. Potem ośnieżone, ciche miejsce gdzieś wysoko w górach.

W grudniu Gombrowicz bierze z Ritą ślub, co postanowił jeszcze latem. Mimo wszystkich nieporozumień, chyba z nikim nie był dotąd tak blisko. Uroczystość odbywa się w domu. Pisarz zamawia fotel na kółkach, aby móc się swobodnie poruszać. Sam już nie chodzi. W *Kronosie* zapisuje z ironią: „Ślub 28 XII 68 udzielony w mieszkaniu i roztrąbiony na Europę i Amerykę. Hrabia konający 65 lat na łożu śmierci żeni się ze swoją sekretarką". Całe wesele to lampka wina w pokoju stołowym. Już wkrótce Gombrowicz będzie pił tylko rozcieńczone i z dodatkiem cukru.

Po ślubie Rita szuka mieszkania w budynku z windą, aby jej nowo poślubiony mąż mógł jeszcze czasem wychodzić. Nie jest już w stanie pokonać dwu pięter. Starania na niewiele się zdają. Po przeprowadzce coraz trudniej jest mu oddychać, raz po raz dostaje ataków. Robi się opryskliwy, denerwuje go własna niedołężność. Wyrywa żonie pigułkę z dłoni, gdy ta chce mu ją podać prosto do ust. Z ostatnich godzin Rita zapamięta jego głośny oddech i szum wentylatora.

Jest 25 lipca 1969 roku. Nie sześć, ale dziesięć miesięcy od spotkania przy konfiturze oddech Gombrowicza nagle cichnie. Rita z pomocą lekarza, który stwierdził zgon, przebiera go w czarny garnitur z Berlina. Po latach zapisze: „Witold leżał na plecach w zupełnym opuszczeniu, ręce wyciągnięte wzdłuż tułowia, twarz zwrócona ku górze, spokojnie przymknięte oczy. Ale jego twarz z lekko odrzuconymi w tył włosami, uchylonymi ustami i rozszerzonymi nozdrzami była przerażająco piękna. Wyglądał, jakby zastygł w ruchu, jakby napiął się w ogromnym wysiłku, żeby wziąć przeszkodę".

„Niech sobie wyobrażę, że grałem z nim w szachy. Wstał i wyszedł z pokoju. Już nie wróci. Można mieć pokusę, żeby pomieszać mu figury i zadać mu mata, którego tak trudno było mu zadać w życiu. Jemu? Sobie, bo przecież to ja byłbym tym, który przestawia jego figury. Jakiego mata? Zaśmiałby się tak, jak to miał w zwyczaju" – pisze Mrożek w tekście *Gombrowicz – śmierć*.

Po ciało nikt nie przysyła okrętu. Zostaje pochowany w Vence.

MIEJSCA Paryż, czyli świat

„Przeprowadzam się ze skrajności w skrajność, czyli z Chiavari do Paryża. Ze wsi do Babilonu" – oznajmia 8 lutego 1968 roku Mrożek w liście do Stanisława Lema. Walizki spakowane, sprawy domknięte. Już drugi dzień siedzi przy stole i nadrabia zaległości w korespondencji.

„Myślę, że podoba mi się to, co wybrałem, a w każdym razie zmiana uwarunkowania była mi już bardzo potrzebna – pisze do Jana Błońskiego. – Jak tam się znajdę, to właśnie mnie ciekawi i to jest pożyteczne. Na pewno pożyteczne, więc znowu jedna pocieszająca pewność. A czy mi tam będzie dobrze czy źle, tego nie wiem".

Do Adama Tarna, redaktora naczelnego „Dialogu": „Chiavari oddało mi nieocenione usługi, ale więcej już nic mi nie da. Czuję potrzebę innego doświadczenia i mimo wszystko Paryż wciąż jeszcze przedstawia najwięcej rozmaitości na kontynencie, choćby prawem inercji. A także liczby".

Znów do Błońskiego: „Na giełdzie Paryż jest lepszym adresem niż Chiavari, tak to jest ustalone, że nie będę nawet próbował wielu osobom tłumaczyć moich motywów, to by mnie tylko naraziło na zarzut hipokryzji. Zresztą jeżeli jestem wciągnięty w grę w snobizm, to lepiej w nią grać, kiedy przypadkowo lepsze atuty wchodzą mi do ręki, czemu nie, przy okazji. Proszę bardzo".

„Zgrałem się, zżyłem tutaj już wszystko, nic więcej już mnie nie czeka w sensie wewnętrznego a zasadniczego poruszenia – wyznaje Lemowi. – W pewnym sensie to wybrzeże pokonało mnie, bo w tej chwili, kiedy ja je jakoś zwyciężyłem, to znaczy wyeksploatowałem i przewierciłem ostatecznie, ono jednak tam jest za oknem, zmokłe i ciemne, i niby zwyciężone i wydrążone przeze mnie całkiem, ale wobec tego dlaczego jeszcze jest? Jego mimo wszystko obecność to właśnie jego rewanż w drugiej rundzie, ale nie będę niczego już tu zaczynał, nie da się, odchodzę".

Każdemu z przyjaciół podaje nowy adres. Rue du Chevalier-de-la-Barre to maleńka uliczka na położonym na wzgórzu Montmartrze. Nieprzejezdna, więc pisarz liczy na ciszę i spokój. Historycznej dzielnicy Paryża nie zadeptują jeszcze turyści, uważana jest wręcz za grobową. To dobrze. Zwłaszcza że niedawne wydarzenia w Polsce – zdjęcie z afisza oskarżonych o antyrosyjskość i anyradzieckość *Dziadów* w reżyserii Kazimierza Dejmka i skazanie na trzy lata więzienia satyryka Janusza Szpotańskiego – nie mogą być dla artysty zachętą do powrotu. W lutym Mrożek nie wie jeszcze, że już wkrótce strajki studenckie w Warszawie dadzą początek kolejnemu kryzysowi politycznemu, który przejdzie do historii jako Marzec '68.

Ani że jemu dane będzie obserwować na żywo całkiem inne zamieszki.

Niemal dokładnie dwadzieścia lat później napisze: „Pragnąłem tylko małej, prywatnej rewolucji, a wylądowałem w samym środku rewolucji zbiorowej".

48 stopni i 50 minut szerokości geograficznej północnej, 2 stopnie i 20 minut długości wschodniej. Oto współrzędne samego pępka świata. Miasta, o którym Henryk IV Burbon mówił, że warte jest mszy. Kiedy w 1956 roku Mrożek przyjechał tu na stypendium, Paryż był znacznie bardziej szary i biedny. Nikogo nie dziwiły dziury w podłodze zamiast toalet, turystyka kończyła się na Luwrze, policja nosiła jeszcze staromodne krótkie pelerynki. Teraz przychodzą zmiany. Po zakończeniu wojny

w Algierii Francja powoli zaczyna się bogacić, a jej stolica na nowo rozkwita.

Lata sześćdziesiąte na Zachodzie to czas dość dobrej koniunktury gospodarczej i rewolucji naukowo-technicznej. Beatlesi podbijają serca młodzieży, pigułki antykoncepcyjne i minispódniczki stają się symbolem zmian obyczajowych, z USA dociera do Europy ruch hipisowski. We Francji ponownie rządzi Charles de Gaulle, twórca V Republiki, ale coraz większą popularnością cieszą się ideologie lewackie. „Kotłowanie, jakby na całym świecie nastąpił okres kotłowania wyłącznie, jakby nic nie mogło niczym niczego przenicować" – notuje Mrożek w dzienniku.

3 maja na Sorbonie studenci organizują nielegalny wiec protestacyjny przeciw zamknięciu uniwersytetu w Nanterre. Mają ze sobą czerwone flagi z godłem ZSRR, portrety Mao Zedonga, „Che" Guevary, a nawet Stalina. Dochodzi do zamieszek, które dają początek trwającemu kilka tygodni strajkowi powszechnemu. Zanim de Gaulle zagrozi wprowadzeniem stanu wyjątkowego, sparaliżowany zostanie cały kraj. „Obiecują mi, że zmienią mi zupełnie życie. Ja dziękuję – na gorąco zapisuje Mrożek. – O ile się na tym znam, będą chcieli mnie uszczęśliwić siłą".

Nie zdążył jeszcze dobrze się urządzić. O użytym przez policję gazie łzawiącym i wyrywanych w odpowiedzi kostkach brukowych może teraz czytać na świeżo przy porannej kawie. Co czuje? W *Moim życiorysie* napisze o pokusie przyłączenia się do protestujących i demonstracyjnego przyznania, że marksistowskie źródło jest czyste, tylko „strumień został gdzieś po drodze zatruty przez łotrów". Mogłoby mu to – jak sądzi – zapewnić profity. A jednak pozostaje z boku. Obserwuje.

„Widząc Montmartre dzisiaj, widzę, jak inny był wtedy – powie u progu XXI wieku w dokumencie Marty Węgiel. – Rok 1968 kojarzy się wiadomo z czym, rewolucja w Paryżu i nie tylko. Na Montmartrze nie było żadnej rewolucji, była to cicha gmina paryska, różna od obecnej. W tym moim Montmartrze było coś jeszcze z *belle époque*... Nastrój był gminy osobnej, z tradycjami, ambicjami pewnej niepodległości wobec Paryża. W 1968 roku moje nazwisko było jedynym niefrancuskim. Nie tylko byłem obcy jako nie-Francuz, ale także jako jeszcze mieszkaniec Montmartre'u. O paryżanach się mówiło – oni, a o nas się mówiło – my. To jest jedyne wyraźne wzgórze w Paryżu, zawsze się patrzyło na nich na dół, a oni nie patrzyli na nas. Za wysoko".

Fala demonstracji rozlewa się po całej Europie. Pod hasłami „walki z oligarchią polityczną" i „burżuazyjnym stylem życia" protestują też studenci Holandii, Włoch, Belgii, RFN czy Szwecji. Dołączają do nich robotnicy. Choć Mrożek nie ma żadnego interesu w obronie starego porządku, a nawet w pewnym sensie sympatyzuje z wrażliwością i oburzeniem zbuntowanych, jako przybyszowi z komunistycznego kraju zachodnie widowisko wydaje się mu... śmiechu warte.

„Co mogłem myśleć o męczeństwie Normana Mailera, którego skargi na jakość śniadania, zaserwowanego mu w trakcie tak upragnionego zatrzymania na czterdzieści osiem godzin, szeroko nagłośniono? Oto dowody okrucieństwa aparatu represji – one były dobre dla was, ale nie mogły być dobre dla mnie" – napisze.

Ale jest jeszcze jedno. Mrożek przyznaje, że stawiane przez protestujących diagnozy były dla niego oczywistością już dawno. Napisane kilka lat wcześniej w Chiavari *Tango* zaczyna nabierać nowego znaczenia. Wymyślając dom starzejącej się pary rewolucjonistów, w którym panuje „bezwład, entropia i anarchia", dramaturg przewidział mające dopiero nadejść wypadki. Kazał Eleonorze oddać się Stomilowi w pierwszym rzędzie opery, zanim na sztandarach wypisane zostało hasło wolności seksualnej, a przede wszystkim proroczo podjął temat kryzysu cywilizacji bezrefleksyjnie prącej naprzód. W zasadzie wykazał się instynktem dziejowym właściwym tylko geniuszom. Ale nie ma w nim satysfakcji. Jest gorycz.

„Jeżeli zestarzeć się znaczy obejść cykl dookoła i wrócić w to samo miejsce, w którym się było, to ja się zestarzałem. Prywatnie i historycznie. Wszystko, co teraz widzę, wydaje mi się obrzydliwie stare" – wzdycha w dzienniku.

Sytuacja Mrożka wciąż jest niejasna. Odkąd wyjechał w 1963 roku, Polska Ludowa prowadzi z nim dziwną grę. Paszport przedłuża mu zwykle na krótkie okresy lub wcale, zasłaniając się biurokracją. Urzędnicy udają, że

FACIT
DER ELEFANT
Börsenblatt für den Deutschen Buchhandel

nie wiedzą, skąd te opóźnienia – Mrożek udaje, że absolutnie im wierzy. Dwuznaczność takiego stanu rzeczy coraz bardziej go jednak brzydzi. „Swoją porcję gówna zjadłem już wcześniej, nie zdążyłem jeszcze jej zwymiotować i nie miałem ochoty połykać więcej" – napisze w *Moim życiorysie*. W *Baltazarze* skwituje: „Przez pięć lat targowałem się z władzami Polski Ludowej, upierając się przy swoim, aż wreszcie, znużony ich krętactwami, poprosiłem o azyl we Francji. Dopomógł mi w tym udział Polski w najeździe na Czechosłowację w ramach paktu warszawskiego".

Moment przełomowy następuje w sierpniu 1968 roku. Jest piękny, letni dzień. Mrożek słyszy w radiu informację o inwazji wojsk ZSRR, Polski, Węgier, NRD i Bułgarii na „bratni kraj", co ma na celu położyć kres Praskiej Wiośnie – postępującej od kilku miesięcy liberalizacji czechosłowackich rządów. To, co wtedy czuje, nazwie później krótko: „ślepa furia".

Siada przy stole, by napisać list. Wkrótce drukują go „Le Monde" i „Kultura" paryska. Jest krótki.

„Jestem pisarzem polskim, nie emigrantem, członkiem Związku Literatów Polskich. Wobec czynnego udziału Rządu PRL w zbrojnej agresji na Czeską Socjalistyczną Republikę Ludową i okupacji wojskowej tego kraju, oświadczam, co następuje: Protestuję przeciwko tej akcji. Jestem solidarny ze wszystkimi Czechami i Słowakami, którzy się tej akcji sprzeciwiają. Szczególnie z moimi towarzyszami, pisarzami czeskimi i słowackimi, którzy są prześladowani i więzieni".

Informacja na temat jego gestu szybko dociera do kraju. Stefan Kisielewski na bieżąco komentuje w *Dziennikach*: „Mrożek ogłosił za granicą protest, zaznaczając, że nie jest emigrantem i że jest członkiem Związku Literatów Polskich. Będzie o to heca, odciąży to trochę nas, bo jemu za granicą nic nie zrobią. Jest tu dyrektor teatru z Łodzi, opowiadał, jakie hece robi mu cenzura z każdym słowem i jak wyrzucono aktora, który powiedział zdanie skreślone przez cenzurę. Teraz mówi, że ma dwóch autorów »z głowy«: Mickiewicza i Mrożka".

Mrożkowi akurat znowu kończy się paszport, udaje się do polskiego konsulatu w Paryżu. Urzędnik, którego będzie wspominał jako „pana Józia", beznamiętnie powiadamia go, że zamiast kolejnego przedłużenia paszportu dostaje dwa tygodnie na powrót do kraju. Nawet na niego nie patrzy – jakby rozmawiał ze ścianą za plecami petenta. Mrożek pyta, czy przysługuje mu odwołanie, pan Józio odpowiada, żc nie. Pisarz spokojnie mówi „do widzenia" i bez pośpiechu wychodzi.

Po latach stwierdzi: „To było najważniejsze chyba »do widzenia« w moim życiu".

W ciągu jednej nocy jego książki znikają z półek w polskich księgarniach. Mówi się o specjalnie zmobilizowanych wozach milicji, które jeżdżą od jednej do drugiej, zbierając każdy egzemplarz. Dramaty zostają zdjęte z afiszy teatrów. Mrożek podejrzewa, że władza ludowa nie zrobiła tego wcześniej, bo był zbyt popularny. Teraz nic już jej nie powstrzyma. W prasie mają się zacząć pojawiać artykuły, pokazujące jego „prawdziwe oblicze". Jak sam napisze: „Była to twarz zdrajcy, żydowskiego pachołka perfidnie zatruwającego duszę narodu polskiego w służbie syjonistycznego spisku, deprawatora młodzieży szargającego polską tradycję i wartości patriotyczne, liżącego kapitalistyczne pośladki i ssącego imperialistyczne śmierdzące piersi, zdegenerowanego Judasza socjalistycznej ojczyzny".

Także Jacek Żakowski w książce *Co dalej, panie Mrożek?* będzie twierdził, że w otrzymaniu politycznego schronienia pomogły pisarzowi wycinki z „Trybuny Ludu". „Gruba teczka starannie przetłumaczonych wstępniaków, które »renegatowi, zdrajcy i żydowskiemu pachołkowi« wystawiły świadectwo zachodniej moralności, stanowiła doskonałą podkładkę dla uzyskania azylu" – napisze dziennikarz.

Ale w „Trybunie Ludu" nie ma w tym czasie ani słowa na temat Mrożka – ani bezpośrednio po publikacji listu, ani w ciągu następnych kilku miesięcy. Inne tytuły natomiast nie próżnują. „Walka Młodych" publikuje 15 września 1968 roku artykuł pod znaczącym tytułem *Czy Mrożek zostanie tyranem?* Wydawany przez PAX „Wrocławski Tygodnik Katolików" pisze 22 września: „Niektórzy ludzie są zdziwieni, że w chórze oszczerców i renegatów znalazł się pisarz, któremu w Polsce czyniono tak wiele honorów. Jest to jednak naturalna konsekwencja. Zapał kosmopolity zwalczającego tradycje narodowe rodzimego kraju owocuje zdradą, gdy przychodzi godzina próby. Zdawaliśmy sobie dobrze z tego sprawę, gdy krytykowaliśmy twórczość p. Mrożka (...) i przeciwstawiliśmy się klakierom".

Włoski polonista profesor Pietro Marchesani będzie opowiadał w dokumencie *Mrożek i Baltazar*, jak w przeszłości uczył się polskiego z podręcznika wydanego przez Uniwersytet Warszawski. W jednym z ćwiczeń był przykład, że na pytanie „Czyja jest ta książka?" można odpowiedzieć zarówno „To jest moja książka", jak i „To jest książka Mrożka" (w zależności od tego, czy pytamy o właściciela, czy też o autora). Po 1968 roku naukowcowi wpada w ręce ten sam podręcznik. Źle zamazane nazwisko Mrożka przebija jeszcze spod nowego, ale oficjalnie już go wcale nie ma. – Pomyślałem sobie: „To jest kraj wariatów" – przyzna Marchesani. – System wariacki! Mają tyle pieniędzy, tyle czasu, żeby nawet w ćwiczeniach dla cudzoziemców... Czy to nie obłęd?

Pisarz zostaje w kraju wciągnięty na indeks (według badaczki Haliny Stephan jego nazwisko nie będzie się mogło pojawiać w programach teatralnych w latach 1969–1973), ale nie oznacza to już dla niego śmierci artystycznej. Od pięciu lat mieszka za granicą, jego dramaty po sukcesie *Tanga* grywane są w wielu krajach, nie grozi mu sytuacja, w której nie miałby gdzie publikować. Francuski azyl dostaje bez trudu.

Vatzlav, którego pisze jeszcze w tym samym roku, jest wypadkową najświeższych doświadczeń autora. Mrożek komponuje sztukę w kilkudziesięciu scenach – metodą Bertolta Brechta. Już na początku umieszcza w niej słowa, których trudno nie odnieść do ostatecznego zerwania z ojczyzną: „Jak się dobrze zastanowić, niewola nie jest taka zła. Siedzi się w cieple i choć trochę śmierdzi, oddychać można, aczkolwiek ze wstrętem. Ale czy ktoś kiedy umarł od wstrętu? Nie. Znane są natomiast wypadki, że zginęli ci, co mieli wstręt do wstrętu. I dobrze im tak, bo grzeszyli pychą, uważając się za coś lepszego od innych".

Podobnie jak Mrożek do Francji tytułowy bohater zostaje wyrzucony na szczęśliwą wyspę. Pisownia jego imienia ma się zapewne kojarzyć z Czechosłowacją. Pierwszą postacią, jaką spotyka, jest Nietoperz. Kapitalista, krwiopijca, wyzyskiwacz. Da on Vatzlavowi posadę niedźwiedzia. Wyspa jest imperialistyczna, tudzież dostatnio demokratyczna. Ale już za górką, przez którą przebiega granica, panuje nakaz kastrowania wielbłądów. Najpierw tam kastrują, potem patrzą, czy to wielbłąd. Jako proroctwo dramat się jednak nie sprawdza. W finale bohater rzuca się z powrotem w morze, uciekając przed Barbarem, który biednych popiera, a bogatych tępi. Przyszedł – podobnie jak armia paktu warszawskiego – „wyzwalać" i ewidentnie symbolizuje komunizm.

Błoński napisze: „Jak Mrożek w Paryżu, tak Vatzlav wylądował na swej wyspie w momencie, kiedy narastał tam społeczno-intelektualny gniew: wybuchł on wreszcie wiosną 1968 roku anarchistycznym studenckim buntem, poronioną czy teatralną rewolucją, bardziej może obyczajową i estetyczną aniżeli polityczną... i dlatego chyba – tak upajającą! Ale – myślał zapewne Mrożek, który nie zapomniał o swoich młodzieńczych fascynacjach – tak przecież zaczynają się nowoczesne tyranie! Jak się zaś kończą, lepiej nie myśleć".

Inwazja na Czechosłowację nie pozostaje bez znaczenia także dla Francji. Pod jej wpływem de Gaulle powściąga nieco politykę antyamerykańską. Przy władzy pozostaje zresztą jeszcze tylko niecały rok. Po przegranym referendum w sprawie zmian w konstytucji rezygnuje z urzędu i usuwa się w cień. Razem z nim z funkcji pierwszego w historii Francji ministra kultury ustępuje André Malraux. Zaliczany do grona lewicujących gaullistów pisarz pozostawia stolicę znacznie piękniejszą, niż zastał. To on zainicjował tu kilka lat temu program renowacji zabytkowych kamienic. W odświeżonym Paryżu nadal czytuje się egzystencjalistów, w kawiarniach rozbrzmiewają piosenki Georges'a Brassensa. Sytuacja się stabilizuje.

Niedawne polityczne trzęsienie ziemi w życiu Mrożka wprowadza przede wszystkim jedną ważną zmianę: nareszcie czuje się wolny. Bez polskiego paszportu, który był mu zawadą, zaczyna smakować świat. Coraz częściej wyjeżdża, jakby nie mógł usiedzieć w miejscu. Szwajcaria,

GDY WRÓCISZ PO WIELU, WIELU LATACH, ZASTANIESZ POKÓJ W KWIATACH JAK GDYBY NIGDY NIC
PRL
NIE GADAJ TYLKO PEŁZAJ
TATO, DOKĄD PEŁŹNIEMY?
FUNDUSZ·ŚWIATOWEJ·RADY·POKOJU·
POLSKIE BIURO PODRÓŻY
ORBIS
IMPRIMÉ
PERMANENT

USA, Kanada – to kolejne przystanki na jego życiowej trasie. Regularnie robi wypady do regionu Sologne. Po śmierci Mary podróżuje jeszcze intensywniej. Potrzebuje ciągłych zmian i nowych przeżyć, aby się nie dać depresji.

„W ilu hotelach mieszkałem? – zapyta w *Małych listach* samego siebie. – Nie pamiętam i nie zliczę. W tylu miastach, w tylu krajach. Najłatwiej byłoby mi policzyć kontynenty, tych jest śmiesznie mało, nawet z tymi, których dotąd nie odwiedziłem włącznie".

Stypendia, światowe premiery, festiwale teatralne. Na zaproszenie Fundacji Forda pół roku spędza w Nowym Jorku. Początkowo czuje się tam wyobcowany. Później zacznie rozważać USA jako alternatywę dla zblazowanej Europy. Odpoczywa na Lazurowym Wybrzeżu, trzy tygodnie bawi w Skandynawii, jedzie do Düsseldorfu na prapremierę *Szczęśliwego wydarzenia*.

Z powodu krajowego zakazu tekst tej sztuki w 1971 roku publikuje paryska „Kultura". Od czasu przeprowadzki współpraca Mrożka z pismem Jerzego Giedroycia się zacieśnia. Nakładem Instytutu Literackiego ukazuje się jego zbiór *Dwa listy i inne opowiadania*. Pisarz będzie mówił po latach, że to dzięki „Kulturze" odkrył język polski – zrozumiał, że może być inny niż ten, który znał z łamów peerelowskiej prasy. Nigdy jednak nie zaprzyjaźni się z redaktorem naczelnym. W *Baltazarze* napisze o nim: „Sam Giedroyc sprawił na mnie wrażenie człowieka nieprzemakalnego, w dodatku starszego ode mnie o całe pokolenie. Nakazywał niezmierny szacunek i nie pozwalał się zbliżyć do siebie. I takim pozostał dla mnie do końca życia".

Mrożek ma teraz wygląd mężczyzny coraz bardziej pewnego siebie. Kilka lat temu zapuścił wąsy, jest wysoki i szczupły (wciąż waży tylko siedemdziesiąt trzy kilogramy). Martwi go, że łysieje. Decyduje się w końcu golić z przodu resztki włosów, by w ten sposób „stawić czoło swojemu czołu". Zaczyna nosić kaszkiety i kapelusiki, które staną się z czasem jego znakiem rozpoznawczym. O ile w młodości palił papierosy, o tyle teraz wybiera fajkę. Podczas pobytu w USA eksperymentuje z marihuaną. Raz o mało się nie zatruje trefnym towarem.

„Amerykanie odkryli Mrożka w 1962 roku w sposób dość zabawny – opowiadać będzie w dokumencie *Według Mrożka* Halina Stephan. – Radzieckie »Izwiestia« wydrukowały opowiadanie Mrożka zatytułowane *Lew*. To było opowiadanie o lwie, który odmawia pożerania chrześcijan i zadowala się marchewką, szukając alibi. (...) »Newsweek« znalazł to opowiadanie w rosyjskiej gazecie, przedrukował część opowiadania i Mrożek pojawił się w powiązaniu z rosyjską falą liberalizmu, z falą Chruszczowa. Tak samo »New York Times« zareagował na to pojawienie się Mrożka w »Izwiestiach« i opublikował to samo opowiadanie z bardzo podobnym komentarzem. Mrożek wszedł w zasadzie na rynek amerykański dzięki rekomendacji radzieckich »Izwiestii«, co jest pewnego rodzaju ironią".

Za oceanem pisarz bywa coraz częściej. W 1972 roku wybiera się do Brazylii; w 1973 rozpoczyna wykłady w Pennsylvania State University w USA i prowadzi je tam przez kilka miesięcy; w 1974 bierze udział w konferencji zorganizowanej przez University of Wisconsin-Madison, a przy okazji odwiedza Kanadę. Potem podróżuje znowu po Ameryce Południowej. Powodzi mu się nieźle i cieszy się coraz większym uznaniem. Można powiedzieć, że zbiera owoce zasłużonej sławy.

Ale to niecała prawda.

Po *Tangu* zaczyna się dla niego – jak ujmie to Konstanty Puzyna – „terror sukcesu".

Sam Mrożek w 1974 roku przyzna w pierwszym z *Małych listów* drukowanych w „Dialogu": „Biada ci, jeżeli napiszesz coś, co odniesie sukces. Nigdy już potem spod tego się nie wygrzebiesz. Będą ci to wypominali do końca życia i zamienisz się w konia, co musi biegać coraz szybciej". Spędza nad kartką papieru długie godziny. Gdy nie może przełamać niemocy twórczej, znów się upija i tylko pogarsza sprawę. Potem ma do siebie pretensje. Próbuje się zdyscyplinować. Zakazuje sobie wstawać od stołu, by się zająć czymś innym. Wtedy zaczyna pisać z nudów. Czasem po skończeniu sztuki musi wyrzucić sweter przetarty na łokciach.

Po ilu dniach jałowego siedzenia przy stole Mrożek wymyśla w końcu dwóch emigrantów próbujących zagadać samotność w sylwestrową noc? Być może w jego głowie najpierw rodzi się obskurna suterena, a w niej stół przykryty gazetami, jaskrawo świecąca żarówka na drucie i biegnące wzdłuż ścian rury, obwieszczające głośnym wyciem każde spuszczenie wody na dowolnym z pięter. Takie lokum w bliżej niezidentyfikowanym kraju zachodnim wynajmują wspólnie XX i AA. Pierwszy z nich to typowy „robol" na emigracji zarobkowej. Ma w ojczyźnie żonę i dzieci, odkłada na dom. Drugi jest inteligentem, który opuścił kraj z powodów politycznych. Chce napisać powieść o idealnym niewolniku – XX ma być jego modelem. Nie zadomowili się, chowają rzeczy w zamkniętych walizkach, a te wsuwają pod łóżka.

Na pierwszy rzut oka w *Emigrantach* nie dzieje się nic. Dwóch facetów siedzi i gada przez dwie godziny. Mrożek w mistrzowski sposób konstruuje jednak dialogi, tak że napięcie psychologiczne sztuki na przemian wznosi się i opada. XX i AA ulegają smutkom, gniewom, zmieszaniu, wzruszeniom i radościom, a każde z tych uczuć widz odbiera jako swoisty zwrot akcji. Pozornie skazani na siebie w tych samych czterech ścianach toczą rozmowę, w której każdy próbuje udowodnić własną wyższość. AA nieustannie analizuje XX, używając niezrozumiałych dla niego wyrazów. Pomiata nim, pragnąc wykazać, że życie współlokatora jest poniżej ludzkiej godności. To jednak XX okazuje się zdolny do jakiegokolwiek działania, a na dodatek wyłamuje się ze schematu niewolnika, kiedy drze skrzętnie ukrywane wcześniej pieniądze. AA odpowiada podarciem notatek do rzekomo pisanej powieści.

Bohaterowie demaskują się wzajemnie i upokarzają, ale też rozpaczliwie potrzebują jeden drugiego. Z minuty na minutę coraz wyraziściej wyłania się z ich rozmowy pytanie o możliwość wyzwolenia się z więzów nie tylko narodowych, lecz także społecznych. Czyli może swoich własnych po prostu? W ciągu tej jednej nocy, nie ruszając się z miejsca, bohaterowie przeżyją też próbę samobójstwa i próbę morderstwa. A przy okazji – upiją się niemal do nieprzytomności.

„Wielokrotnie próbowałem sobie wyobrazić *Emigrantów* jako monodram – przyzna Tadeusz Nyczek. – Te dwie role, pozornie kompletnie kontrastowe, inteligencki, wykształcony AA i prostacki, pazerny na niewymyślny dobrobyt XX, to przecież naprawdę ktoś jeden. Dialog między nimi wydaje się niemożliwy, ale tak naprawdę niemożliwe jest istnienie jednego bez drugiego. Są samą sprzecznością, a przecież sens ich bytu zawiera się w dopełnieniach, a nie wykluczeniach racji. Żaden nie jest do końca dobry ani do końca zły. Są najbardziej przenikliwą metaforą, esencją Polaka, jaką znam w całej polskiej literaturze współczesnej. Właśnie jako jedno – dramatycznie podwojone. I myślę, że jest to najpełniejszy autoportret samego Mrożka, światowca z Borzęcina".

Po kilku latach zakaz druku w Polsce zostaje stopniowo zniesiony (według Mrożka chodzi o to, aby nikt nie zauważył, że w ogóle był). W 1974 roku nakładem Wydawnictwa Literackiego ukazuje się zbiór opowiadań *Dwa listy*, jeszcze w tym samym roku *Emigranci* są drukowani w „Dialogu". Światowa prapremiera ma miejsce w Théâtre d'Orsay w Paryżu w reżyserii Rogera Blina (wraz ze wznowieniem *Radosnych dni* Samuela Becketta spektakl inauguruje działalność małej sceny). Główne role grają Gérard Darrieu i Laurent Terzieff, który w 1967 roku reżyserował *Tango* i zagrał Artura w Théâtre de Lutèce. Sztuka zostaje wystawiona z wielką dbałością o detal.

IRIS

wyznaje: „Wiem z całą pewnością, że moje życie w Polsce byłoby bardziej fałszywe, nieudane, niespełnione, obciążone jałowymi obciążeniami niż jest ono na emigracji, jakiekolwiek ono jest".

Pisarz zabiega o francuskie obywatelstwo, które otrzyma ostatecznie w 1978 roku. Niedawno się przeprowadził. Mieszka teraz przy avenue Franco-Russe w siódmej dzielnicy Paryża (o nowym lokum pisze w dzienniku, że jest „najpiękniejsze i najbardziej komfortowe", a także „najlepiej usytuowane"), regularnie bywa również w Berlinie Zachodnim, gdzie zatrzymuje się przy Matterhornstrasse 27. Pisze w tym czasie *Garbusa* i kilka parabolicznych sztuk o Lisie i Kogucie („Skoro nie umiem teraz osadzić się w realności, wysadźmy się w wyobraźnię"). Niespodziewanie ma szansę spróbować czegoś nowego. Reihart Müller-Freienfels, producent niemieckiego regionalnego nadawcy radiowo-telewizyjnego Süddeutscher Rundfunk, proponuje mu, aby zrobił film. Temat? Dowolny.

Mrożek po raz pierwszy miał do czynienia z X Muzą jeszcze za czasów krakowskich – w 1958 roku wystąpił w malowniczej etiudzie *Rondo* według scenariusza i w reżyserii Janusza Majewskiego. Kręconej w Łodzi. Zagrał mężczyznę, który w pustej restauracji rozpaczliwie próbuje zwrócić na siebie uwagę kelnera (w tej roli Stefan Szlachtycz), co daje początek serii surrealistycznych zdarzeń. W pewnym momencie obaj... tańczą tango. Majewski był kolegą Mrożka ze szkoły. Obaj znali się wtedy także z Arturem Wieczystym, synem słynnego tancerza Mariana, który często żalił im się, że musi w parze z ojcem pokazywać początkującym rozmaite figury. Według filmoznawcy Romana Włodka to właśnie ta anegdota dała początek obu scenom – filmowej i dramaturgicznej.

Majewski będzie mówił, że jego współpraca z Mrożkiem okazała się jednorazowa, bo potem pisarz zajął się tym, co go interesowało najbardziej. To znaczy – sobą.

Ale z powstaniem *Ronda* wiąże się jeszcze jedna anegdota. Któregoś razu, gdy ekipa się rozstawiała na planie, aktorzy z nudów wykopali dół w ziemi, przed postronnymi świadkami udając, że ma to głęboki sens. Mrożek wlazł następnie do środka i dał się sfotografować. Widać go tylko do ramion, łapie się dłońmi za krawędź krateru, minę ma poważną. Wszyscy się potem bardzo z tego zdjęcia chichrali, aż wreszcie do Majewskiego przyszedł stary dyżurny i zapytał, co w tym takiego śmiesznego. Reżyser nie bardzo umiał mu odpowiedzieć, więc dyżurny pokiwał tylko głową i powiedział: „Z wami coś chyba jest nie tak".

W tym samym roku Mrożek zaistniał także jako autor dialogów do pełnometrażowej fabuły, choć tak naprawdę poprawiał tylko scenariusz *Kaloszy szczęścia* Antoniego Bohdziewicza. Inspiracją dla filmu stała się jedna z baśni Hansa Christiana Andersena. Wyjściowa wersja scenariusza, który przewidywał nawet pojawienie się na ekranie pierwszego w historii polskiej kinematografii latającego spodka, została napisana w przeddzień ustanowienia socrealizmu obowiązującym kierunkiem w sztuce. Na fantastykę nie było miejsca. Zanim tekst doczekał się w końcu realizacji, uległ rozmaitym przeróbkom w sumie czworga autorów (w tym Stanisława Grochowiaka!). Aż wreszcie trafił do Mrożka. Film powstał ostatecznie w 1958 roku i został wówczas przyjęty entuzjastycznie. Dialogi ma, trzeba przyznać, dowcipne.

Następny scenariusz Mrożek napisał sam. Chłopiec, mężczyzna i starzec – trzej ostatni mnisi zakonu różokrzyżowców – samotnie zamieszkują wyspę. Mimo ambicjonalnych napięć pomiędzy sobą starają się wspólnie kultywować jego tradycję. W ich życie niespodziewanie wkracza tajemnicza kobieta, która wydaje się zapowiedzianym przez legendę zbawieniem. Uwodzi po kolei każdego z bohaterów, mając tak naprawdę swój ukryty cel: chce ich skłonić do współpracy przy przekształceniu klasztoru w atrakcję turystyczną. Oparty na niedopowiedzeniach i zagadkowym nastroju scenariusz *Wyspy Róż* realizuje w 1976 roku Franz Peter Wirth. Redukuje warstwę obrazową, niepotrzebnie zagęszczając dialog, i wyrzuca zakończenie, w którym do wyspy zbliża się barka desantowa gotowa do ataku. Mrożek zdecydowanie dystansuje się od gotowego obrazu.

Prawdopodobnie znając stosunek dramaturga do filmu Wirtha, producent Müller-Freienfels proponuje Mrożkowi, aby następnym razem nie tylko napisał scenariusz, ale również sam film wyreżyserował.

W pierwszej scenie *Amora* kilkunastoletni chłopiec siedzi przy stole i odmienia łacińskie słówka. Ma na sobie koszulę w drobną kratkę i sweter bez rękawów – strój prymusa idealnie współgra z jego niewinną twarzą. Recytowane przez niego „horti, horto, hortum, horto..." płynie w rytmie wybijanym ołówkiem o stół przez kobietę w średnim wieku. Nagle chłopiec milknie. Za oknem pojawia się krzepka służąca. Zaczyna wieszać pranie. Za każdym razem, gdy schyla się po bieliznę do kosza, wypina w jego stronę krągłe pośladki. Nauczycielka siedzi bokiem, więc nie widzi, co rozproszyło uwagę chłopca. Gani go, że się nie nauczył.

Jest rok 1944. Późne lato, może wczesna jesień. Akcja filmu toczy się w małym miasteczku któregoś z krajów Europy Wschodniej. Paweł mieszka z ciotką dewotką, która jest jego jedyną rodziną. Wkrótce zmuszeni są gościć niemieckiego oficera, a ten sprowadza sobie kochankę – blond aktorkę frontowego teatrzyku. Chłopiec, dla którego na dobre rozpoczęły się właśnie męki okresu dojrzewania, zakochuje się w niej bez pamięci. Mrożek przyzna w *Baltazarze*, że pomysł na tę historię zaczerpnął z własnego dzieciństwa. U jego borzęcińskich sąsiadek, starych panien sióstr Zaleśnych, w czasie okupacji zatrzymała się młoda niemiecka artystka. I bywał u niej oficer. Dorastający Sławek próbował ich raz podglądać, siedząc na gałęzi gruszy. „Niestety, wszystko inne, zawarte w moim filmie, zrobionym po wojnie w Niemczach w 1978 roku, jest fikcją" – zaznaczy w autobiografii.

Amor od początku do końca przesycony jest erotycznym podtekstem. Szalejące w ciele Pawła hormony są dla niego ważniejsze od toczącej się wokół wojny. Temat rodzącej się seksualności młodego mężczyzny zostaje wysunięty przed problematykę zbrodni i kary. W czasie gdy film powstaje, taka perspektywa to novum. W finale chłopiec pomaga partyzantom zabić

Kadry z filmów: *Amor* – z lewej i *Powrót* – obok

oficera i jego kochankę. Robi to z zazdrości? Z zemsty? A może w ten sposób wkracza rytualnie w dorosłość? Narzucany mu przez ciotkę patriotyzm nie wydaje się jednak szczery, tym bardziej że Rosjanie właśnie przerwali front. W zamian za wpuszczenie do domu mordercy bohater dostaje nóż sprężynowy. To zapewne też symbol jego rozczarowania – rezygnuje z miłości i wybiera przedmiot. Ma większą wartość.

W dziedzinie reżyserii filmowej Mrożek jest dyletantem. Na planie pomaga mu doświadczony operator Jerzy Lipman, który wyemigrował z Polski w związku z antysemicką nagonką po Marcu '68. Polski filmowiec ma już wtedy za sobą ćwierć wieku praktyki, a w dorobku wybitne zdjęcia, między innymi do *Kanału* Andrzeja Wajdy i *Noża w wodzie* Romana Polańskiego (nominacja do Oscara).

– Tamten ich film skończył się jakimś zgrzytem – opowiada Witold Sobociński, autor zdjęć do kolejnego obrazu Mrożka. – Potem się dowiedziałem, że Lipman wystąpił o współautorstwo. Mrożek amator musiał się podzielić swoim sukcesem. Ja byłem skromniejszy, niczego się nie domagałem. Ale starałem się mu pomagać, bo był bardzo słabo przygotowany. Nie miał po prostu wiedzy o warsztacie filmowym, a bez tego przełożenie tekstu na obraz jest rzeczą ogromnie trudną. Film to nie był żywioł Mrożka, pisał przecież w samotności. A ja – jako stary wyga – byłem przyzwyczajony do grupy ludzi, których trzeba gimnastykować, żeby byli posłuszni. Tak się podzieliliśmy.

W czasie pracy nad pierwszym filmem Mrożek kilkakrotnie wśród swoich aktualnych zgryzot wymienia w dzienniku nazwisko „Lipman". Ostatecznie w czołówce *Amora* najpierw pojawia się napis „Regie Slawomir

Mrozek", a zaraz po nim „Co-Regie Jerzy Lipman" (reżyseria i współreżyseria). Na tym współpraca się kończy.

Kilkanaście lat później, a więc już po śmierci Lipmana (1983), Mrożek będzie przedstawiał siebie jako jedynego twórcę obrazu: „Powierzenie takiego zadania zupełnemu nowicjuszowi, osobie bez żadnego doświadczenia i teoretycznego przygotowania, świadczy wymownie o odwadze pana Müller-Freinfelsa [w nazwisku producenta błąd Mrożka], jak również o pokładanym we mnie zaufaniu. Przyjęcie zaproszenia – o mojej brawurze. Obaj zaryzykowaliśmy, ale się opłaciło. Półtoragodzinny film miał oceny bliskie rekordom. (...) Poszło nam tak dobrze, że powtórzyliśmy przygodę".

Drugi – podobnie jak ten pierwszy telewizyjny – film ma tytuł *Powrót* (*Eine Rückkehr*). Akcja znowu osadzona zostaje w przeszłości, ale tym razem jeszcze dawniejszej – prawdopodobnie chodzi o rok 1913. Pierwotnie scenariusz nosi tytuł *Tuż przed wojną*. Światowej sławy pisarz Leo Janicz wraca po latach do rodzinnej wsi na terenie Austro-Węgier, wezwany przez rzekomo umierającą siostrę. Szybko okazuje się jednak, że Katarzyna jest symulantką, która stosuje wobec niego szantaż emocjonalny. Na miejscu bohater spotyka kolegę z lat szkolnych, niedoszłego księdza Ivo, co daje początek ideologicznemu starciu reakcjonisty z rewolucjonistą. Napięcie między mężczyznami dodatkowo komplikuje kobieta. Lora przyjechała jako towarzyszka pisarza, ale z czasem zaczyna się coraz bardziej interesować jego dawnym kolegą.

Nieoczekiwanie powrót sprawia, że to Leo zapada na zdrowiu. Miejscowy lekarz stawia mu diagnozę, o której Mrożek napisze w *Baltazarze*, a więc już po powrocie do Polski, że rozpoznał w niej własny przypadek: „Pan jest naturą delikatną. Od urodzenia i przez pierwsze dwadzieścia lat życia tutejszy klimat i warunki były dla pana środowiskiem naturalnym. Potem nastąpiła gwałtowna zmiana. Pierwszy wstrząs, z którego pan sobie nawet nie zdawał sprawy, ponieważ był pan jeszcze młodym człowiekiem. Obecnie znowu nastąpił kryzys, tym razem kryzys readaptacji. (...) Pan się źle odzwyczaja i źle przyzwyczaja. Pański organizm lepiej zniósł przejście ze znanego w nieznane niż z obcego, do którego pan się tymczasem przyzwyczaił, z powrotem do znanego, od którego pan już zdążył się odzwyczaić".

Sfrustrowany Leo musi zostać w swojej rodzinnej wsi. Lora wyjeżdża (samotnie), Katarzyna triumfuje. Zajmując się bratem, czuje się potrzebna. Wkrótce wybuchnie wojna. Jako gorzkie przesłanie filmu wybrzmiewa zdanie, które Leo wypowiedział w rozmowie z Ivo: „Chcesz przekroczyć granice ustanowione przez innych. Ja chcę przekroczyć samego siebie".

– Dobrze wspominam pracę przy tym filmie – mówi Sobociński. – Znaliśmy się z Mrożkiem jeszcze z Krakowa. To były początki jazzu, grało się po mieszkaniach, milicja nas spisywała. Najważniejsi wykonawcy muzyki poważnej w pierwszych rzędach słuchali jazzu w wykonaniu amatorskim. Mrożek też czasem przychodził, postrzegany był jako inteligent. Pamiętał mnie z tamtych lat, stąd propozycja. To była śmieszna sytuacja, bo niespodziewanie dogonił mnie w alejce w parku, kiedy akurat był w Polsce, wziął pod rękę i powiedział: „Słuchaj, bardzo cię proszę, żebyśmy zrobili film". Wydawało mi się, że dobrze się rozumiemy, mamy podobne poczucie humoru. Podczas zdjęć robiliśmy sobie polskie wieczory. Później się okazało, że rozstaliśmy się po filmie na amen. Przyjeżdżał do Polski, ale jakoś się nie widywaliśmy.

Po kilkudziesięciu latach obie niemieckie produkcje zostaną całkowicie zapomniane. W 2013 roku popularne serwisy internetowe typu Filmweb w ogóle nie będą wymieniać ich tytułów w dorobku filmowym Mrożka. Odpowiedzialna za produkcję stacja przestanie istnieć kilkanaście lat wcześniej. Jedyną szansą na zapoznanie się z *Amorem* i z *Powrotem* okaże się specjalne zamówienie kopii w archiwum Südwestrundfunk, w którego skład po przekształceniach w 1998 roku weszło Süddeutscher Rundfunk, i ściągnięcie ich z Niemiec. W Polsce filmy będą nie do zdobycia.

Od śmierci Mary minęło już kilka lat. W życiu Mrożka pojawiają się inne kobiety. Jest ich niemało. Bywa, że kilka w tym samym czasie. W dzienniku ich imiona kryją się pod inicjałami: „Y.", „N.", „D."... Jest również „R.".

Piękna malarka R. w latach siedemdziesiątych mieszka w Niemczech i pracuje jako kostiumolog – również przy drugim filmie Mrożka. Ale

ZAPAMIĘTAJ
RZECZYTAJ
Pekao
SKORZYSTAJ!
Jeśli masz za granicą krewnych lub przyjaciół, którzy pragną Ci dopomóc,
jeśli chcesz otrzymywać
atrakcyjne towary importowane
dostarczanych przez
BANK PO
NIESTETY, PANIE SAPIENS, WYCHODZĘ ZA MĄŻ ZA PANA NEANDERTALSKIEGO. MA LEPSZE NAZWISKO.
TATO, JAKIE JES
NASZE POCHODZEN
KLASOWE ?
MASC
Malt-Extra
PROTEZ-DELATRE
PROTEZ DELATRE
Malt-Extra
MARQUE
PROTEZ-DELATRE

poznała go jeszcze w powojennym Krakowie. Dziewięć lat młodsza, była uczennicą, kiedy on już zaczynał karierę pisarza. Przesiadywali często w tej samej kawiarni. Flirtował z nią, jak i z wieloma innymi dziewczętami. Pytał: „Czy mogę się do pani uśmiechnąć?". A potem się uśmiechał.

W 2001 roku R. wyda bestsellerową autobiografię. Napisze ją po tym, jak rozpozna się w dziewczynce z hollywoodzkiego filmu, którego oparta na faktach akcja rozgrywa się w okupowanym Krakowie. W rozdziałach poświęconych powojennemu życiu autorki pojawi się pisarz Mirek.

Gdy po raz pierwszy spotykają się po latach, całą noc przegadują przy winie – o Krakowie, o Polsce, o sobie... Rozmawiają o wszystkim. Następne tygodnie pełne są kwiatów, listów i telefonów. On jest wdowcem. Pewny siebie, inteligentnie dowcipny, szarmancki. Ona – zapatrzona. Czuje się rozumiana i nareszcie potrzebna, a na dodatek znajduje w pisarzu kawałek ojczyzny, za którą coraz bardziej zaczyna tęsknić. To dla niego R. zostawia męża, z którym ma syna.

Jej nowy partner mieszka w Paryżu. Jeżdżą do siebie nawzajem, ale on zaczyna powoli pokazywać, jaki jest naprawdę. R. może teraz nosić i robić jedynie to, co podoba się jemu, a śmiać się tylko przy nim. Są chwile, gdy absolutnie nie wolno mu przeszkadzać. Czasem wstaje w środku nocy, siada i rozmyśla z fajką w ustach. Ona leży wtedy w łóżku i nie ma się prawa poruszyć, bo to by go mogło rozdrażnić. Kiedy on pracuje, cisza musi być absolutna. Z czasem kobieta zaczyna się czuć winna wszelkim hałasom – nawet jeżdżących po ulicy ciężarówek. Mirek mówi zawsze półgłosem, którym potrafi zmrozić każdego. Potem, jeśli zechce, na nowo jest czuły.

„To jest łagodny, cichy terror" – napisze R. w autobiografii.

Nad filmem pracują w Austrii, potem – w Jugosławii. W ekipie panuje martwa cisza, aktorzy są przerażeni. Nikt nie ma prawa krytykować reżysera. Jego perfekcjonizm wykańcza wszystkich. Kiedy coś pójdzie niezgodnie z planem, wina spada na R.

Wciąż jednak jest pewna, że z tym mężczyzną chce spędzić życie. Nie widzi poza nim świata. Podejmuje starania, by sprowadzić się do Paryża.

Niedaleko jego mieszkania zwalniają się trzy pokoje, plany są zaawansowane, dochodzi już nawet do kupowania mebli. Wkrótce przed przeprowadzką R. dowiaduje się o śmierci matki. Była z nią związana trudną, lecz ogromnie silną miłością. Zaraz po tragicznym telefonie dostrzega wsunięty pod drzwi list. Jest bardzo długi.

Mirek pisze, że muszą się rozstać, bo on potrzebuje być sam.

22 września 1977 roku Mrożek notuje w dzienniku: „Jestem w Stuttgarcie, ale jakby mnie już nie było. Film skończony, ale jeszcze nie całkiem. Z Y. jestem na rozstaniu, ale dwuznacznie, niby z R. blisko, ale jak najdalej, D. zaś albo przyjdzie, albo nie przyjdzie". 25 listopada: „Czujemy się opuszczeni przez Y. (bo od niej ani znaku) i przez maleństwo, które pojechało (wróciło) do domu i dotąd znaku nie daje. Dla równowagi czujemy się pokrzepieni w naszej próżności przez R., która wróciła, uciekłszy ode mnie parę tygodni temu (miała rację), oraz przez wyśmienity do mnie stosunek ze strony D., która przestała odchodzić (też miała rację) bez zabiegów z mojej strony (bo czy mogłem namawiać ją, żeby przestała odchodzić, kiedy odchodząc, miała tyle racji?)".

W 2013 roku R. znów będzie mieszkać w Krakowie. Otwarta, ciepła, uśmiechnięta. Nadal atrakcyjna. Po autobiografii wyda kolejne książki, które zapewnią jej status jednej z bardziej poczytnych współczesnych pisarek. Zapytana podczas wywiadu o Mrożka odruchowo się cofnie i skrzyżuje ręce na piersi w geście dystansu. Po chwili zastanowienia westchnie: – Mało wtedy nie umarłam. Cóż mogę powiedzieć? To człowiek, który kocha tylko i wyłącznie siebie. I w życiu nie widziałam tak wielkiej miłości.

„Są tacy, którzy nie uwodzą. Siedzą i czytają gazetę, a baby się przepychają do nich. Niestety, ja do nich nie należę. Nie jestem bynajmniej piękny, a będąc inny niż przeciętni, zrażam je odmiennością. Najchętniej zadają się one z ładnymi miernotami. Ach, jakże wtedy z nimi figlują. Nie odczuwają wtedy swojej niższości (umysłowej)" – podobnych wpisów w dzienniku Mrożka jest mnóstwo.

Wobec kobiet bywa okrutny. Na dodatek nie tylko w słowach. W innym fragmencie przyznaje się do przemocy fizycznej: „Nigdy nie miałem objawów morderczo-erotycznych i mam nadzieję, że interesuje mnie to nie z powodów zboczenia. Owszem, biłem czy dusiłem (raczej podduszałem), ale nie z miłości, tylko doprowadzony do furii dokuczliwą głupotą partnerek. Dosyć mnie wymęczyły, mnie słabego i tak wrażliwego pazia, różne idiotki".

Wyrzuca kobietom niesamodzielność, nadmierną emocjonalność, a nade wszystko – głupotę. Robi to z pasją przez kolejne dziesięciolecia. Czasem zdobywa się jednak na autokrytycyzm. Przyznaje, że jego podejście bierze się z nieśmiałości, a nawet lęku. Czuje się wobec kobiet bezradny i równocześnie od nich zależny, bo nie może „żyć bez tego, co tylko one mogą dać".

– Ani ładny, ani elokwentny, ani nie czarował – będzie wspominać R. – Zdawał sobie sprawę z tego, że nie jest atrakcyjny, i miał ciężkie kompleksy. Szukał kobiety lepszej od siebie, ale brał wszystkie jak leci. Teraz wiem, że byłam na straconej pozycji, bo nigdy by się nie związał z kobietą z dzieckiem. Był na to zbyt wielkim egoistą. Dzieckiem trzeba się zajmować, dziecko kosztuje. On był skupiony tylko na sobie. Widziałam to także podczas pracy na planie. Nie miał kwalifikacji filmowych, a chciał być królem. Sobocińskiego traktował per noga.

Ale jest też kobieta inna niż wszystkie. Szczególne miejsce w życiu Mrożka zajmuje Y. – „najmniej zwykła (czyli niezwykła?) kobieta, jaką spotkałem", „jakość, w której rozpoznaję wiele cech własnych, swoich".

Y. pochodzi z rodziny żydowskiej, na stałe mieszka w Nowym Jorku. Jej ojciec żyje w Paryżu i jest znajomym Mrożka. Romans zaczyna się wiosną 1974 roku, kiedy pisarz przebywa w USA. Początkowo ma pewne opory przed zbliżeniem się do kobiety. 15 marca notuje w dzienniku: „Resztki przyzwoitości: wrócić do Paryża przed Wielkanocą. Poczciwa lojalność wobec Y. Nie »uwieść« Y. Takoż poczciwa lojalność wobec W. Nie »uwieść« U. Nie mówiąc o poczciwości wobec D. Nie uwieść E. Alfabet". Szybko pozbywa się jednak skrupułów. Już 3 kwietnia odkrywa: „Powoli wchodzi we mnie Y. Przenika mnie, już jest pod skórą".

„Ale kiedy ostatni raz kochałem człowieka? Ostatnio kochałem już tylko moje majaczenia, coraz mniej zdrowe" – stwierdza.

Jeszcze w tym samym roku Y. przylatuje do Europy („Jakże miałbym wiedzieć, czy jest życie pozagrobowe, kiedy nawet nie wiem, czy Y. przybyła pierwszym, czy drugim samolotem z Nowego Jorku?"). Mrożek spotyka się wtedy z N. Martwi się i denerwuje, że kobiety się o sobie dowiedzą. Życie z Y. zaczyna jednak rozważać już wkrótce. Odnotowuje każdy jej przyjazd, wyjazd, list czy telefon. Jeśli kochanka nie dzwoni wtedy, gdy obiecywała, jest rozgoryczony. Łudzi się jak nastolatek, że może próbowała pod jego nieobecność.

8 grudnia 1975 roku zapisuje w dzienniku: „Y. już nie jest kobietą. Zamieniła się w obsesję, symbol. Czego?".

W notatkach Mrożka coraz częściej pojawiają się dramatyczne wyznania: „Nie mogę żyć ani bez niej, ani z nią. W rezultacie żyję z nią i bez niej, zależy tylko od tego, czy ona jest, czy jej nie ma" (26 listopada 1975); „Napisałem list z prawdą do Y., potem zasnąłem, całkiem wyczerpany. Nie zasnąłem nawet, urżnąłem się. Moment ulgi, ponieważ przyznałem się do miłości" (7 grudnia 1975); „Ja i Y. – żywy obraz przedstawiający konieczną niemożliwość, niemożliwą konieczność" (7 sierpnia 1977); „Król i królowa zamieszania. Ona – z powodu nadmiaru i bogactwa, rozmaitości. Ja – wolę sobie nie przypisywać niczego. Razem – królestwo zamętu" (11 kwietnia 1982).

Skąd te wszystkie komplikacje? Czy tylko z powodu trudnego charakteru Mrożka? Jego dotychczasowych doświadczeń? Dzielącego kochanków dystansu?

Nie, nie tylko. Jest coś jeszcze. Y. jest mężatką.

Żadne z nich nie potrafi podjąć radykalnej decyzji. Kradną dla siebie chwile. W czerwcu 1975 roku przebywają razem na Korsyce, w październiku 1977 jadą do Izraela, w 1980 spędzają wakacje w Regnéville-sur-Mer w Normandii. Rok później Mrożek pojedzie w to samo miejsce sam. Czasem – zauroczony tą czy inną kobietą – miewa wrażenie, że się wyleczył i że jest gotów na rozstanie z Y. Wszystkie te fascynacje okazują się jednak krótkotrwałe. Kiedy raz w złości napisze o Y.: „Ta obsesja nie była warta zachodu", odszczeka to zaraz następnego dnia: „Te straszne i żałosne słowa świadczą, jak nisko upadłem". Innym razem kreśli do niej wyznanie na 124 strony („Najdłuższy list mojego życia. Bo i sprawa największa").

Od 24 kwietnia do 30 maja 1981 roku równolegle z dziennikiem prowadzi też inny zeszyt. W *Moim dzienniczku* zwraca się bezpośrednio do Y. – dla własnej ulgi pisze w nim wszystko, czego nie może lub nie chce powiedzieć osobiście. Kobieta, która po latach zostanie całkowicie wymazana z życiorysu Mrożka, jest rzeczywistym powodem wielu jego decyzji. Pisarz przyjeżdża w 1981 roku do Polski nie po to, by zobaczyć rozpaloną karnawałem „Solidarności" ojczyznę. Nie są też dla niego najważniejsze krajowe premiery. Po prostu przebywa tam wówczas Y. i ma nowy romans – ze znacznie młodszym kochankiem. Mrożek zjawia się, aby im przeszkodzić. Y. jest niezadowolona.

„Krótko mówiąc – zostałem opierdolony za to, że on się obraził, dzięki czemu rozumiem, do jakiego stopnia tobie na nim zależy" – pisarz gorzko konstatuje w *Moim dzienniczku*.

Na domiar złego Y. ma problemy ze zdrowiem. W przeszłości przez pół roku była sparaliżowana z powodu choroby kręgosłupa. Mrożek się martwi. Odnotowuje jej kolejne pobyty w szpitalu, wzywanie pogotowia, zasłabnięcia przy ludziach. Łączy ich coraz więcej. Nie potrafią się rozstać, nieustannie się ranią, rozpaczliwie próbują się od siebie uwolnić. Zerwania następują w regularnych odstępach czasu. Pierwsze – już po kilku miesiącach. Każde następne ma być ostatecze. Kochankowie nie wiedzą jednak, że będą ze sobą przez ponad osiem lat.

Ponad osiem lat szarpaniny.

„Kiedy mnie zapytają, o czym myślałem w życiu, kiedy komputer na Sądzie Ostatecznym podsumuje moje wszystkie myśli, okaże się, że najwięcej i najbardziej o Y.".

W październiku 1980 roku Czesław Miłosz otrzymuje Literacką Nagrodę Nobla.

Mrożek tymczasem zarzuca kolejne projekty. Notuje w dzienniku pomysły na filmy i opowiadania, a nawet powieści psychologiczne, których

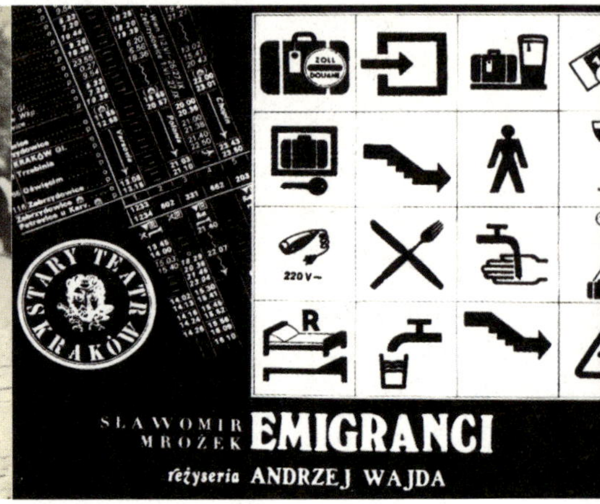

przeznaczeniem jest nigdy nie powstać. Z chłodną kalkulacją rozważa samobójstwo. 12 maja 1981 roku napisze: „Nie mam z kim rozmawiać, nie mam z kim spać. Nie mam nawet siebie w jako takim stanie, który by mi pozwolił znieść siebie". Z jednej szafy wyjmuje karabin, z drugiej – atlas świata. Najpierw stwierdza, że nie jest jednak gotów targnąć się na własne życie. Później – że nie ma na tej planecie kraju, w którym mógłby się schronić.

Zbliżając się do pięćdziesiątki, niespodziewanie wraca do traumy z dzieciństwa. Właśnie teraz powstaje dramat *Pieszo*, osadzony w realiach wojennych. Podczas wizyty w Polsce w 1981 roku autor jest na premierze w Teatrze Dramatycznym w Warszawie. Reżyseruje Jerzy Jarocki. Nieco inaczej rozkłada akcenty. Spektakl pokazuje tragiczno-groteskowy obraz Polski czasów rodzącego się komunizmu. Nad sceną pikują wyzwoliciele – samolociki z czerwoną gwiazdą ciągnące za sobą czerwone wstążeczki. Jeden z bohaterów ucieka przed nimi w śmierć. Pod stopami ma błoto. Po każdym przedstawieniu ludzie kładą na proscenium biało-czerwone wiązanki, raz do teatru przyjeżdża też Lech Wałęsa. Wśród owacji ściska się z aktorami, unosi palce w geście zwycięstwa. Władza stara się wykupywać bilety, aby zespół musiał grać dla prawie pustej sali.

We wrześniu „Żołnierz Wolności" drukuje list: „Od dawna wiadomo, że autor spektaklu Sławomir Mrożek cierpi na obsesję ukazywania w swoich utworach społeczeństwa polskiego jako zbiorowiska prymitywnych głup-

ców i antysemitów". Dramaturg doczekuje się, wąskiego co prawda, grona krytyków, którzy pastwią się nad jego tekstami z jadowitą złośliwością. „Publiczności polskiej wmawia się Mrożka dosyć systematycznie, przy okazji każdej nowej premiery tłumacząc, jakie też niezwykłe głębie filozoficzne skryte są w jego sztukach, które w rzeczywistości nie są niczym więcej, jak rozdętymi w czasie skeczami. W dobrych – dla niewielkich teatrzyków rewiowych – przedwojennych czasach nie ubiegano by się o honor grywania na prawach prapremiery owych skeczów" – szydzi w jednej z recenzji Bożena Krzywobłocka, związana z tygodnikiem „Rzeczywistość", nieformalnym organem nacjonalistycznej frakcji w PZPR.

W październiku Mrożek przyjeżdża znowu i w Teatrze Polskim ogląda *Ambasadora* w inscenizacji Kazimierza Dejmka (potem sam podejmie się reżyserii tej sztuki – w Düsseldorfie i w Monachium). Kolejne spektakle przyjmuje dość obojętnie. Tak dbającego dawniej o rozwój kariery sukcesy i porażki coraz mniej go jakby obchodzą. „Klęska *Ambasadora* w Niemczech" – pisze któregoś razu o przedstawieniu Toma Toellego w Schlosspark-Theater w Berlinie Zachodnim. I zastanawia się, czy powinien rozpaczać. „No, można. Tylko mnie się jakoś nie chce" – kwituje.

Czy coś poza Y. zdoła jeszcze zrobić na nim wrażenie?

Otóż zdoła i zrobi znacznie szybciej, niż mógłby się spodziewać.

13 grudnia 1981 roku na ulice polskich miast wyjeżdżają czołgi. Internowanych zostaje kilka tysięcy osób. Mrożek pisze w dzienniku: „Dziś w nocy »stan wyjątkowy« w Polsce. W cudzysłowie. Bo stan wyjątkowy trwa w Polsce od trzydziestu sześciu lat. Więc pierwszy idiotyzm zachodniej interpretacji. Od trzydziestu sześciu lat Polska tyranizowana jest nieprzerwanie, gwałcona nieustannie. Dzisiaj stan wyjątkowy jest tym samym stanem, tylko bez kłamstwa. Owszem, jest jedno kłamstwo. O »stanie wyjątkowym«".

Ale dalej Mrożek pisze o kolejnych.

...że to wszystko nie powinno krajów zachodnich w ogóle obchodzić.

...że Jaruzelski to „siła trzecia", a Polska nie ma żadnego okupanta.

...że chaos i kryzys zaczęła „Solidarność".

Obserwowana na żywo reakcja Francji nie działa na niego kojąco. Premier Pierre Mauroy od razu oświadcza, że wprowadzenie stanu wojennego jest wewnętrzną sprawą Polski. Nie on jeden. 15 grudnia „Trybuna Ludu" donosi: „Francuski minister spraw zagranicznych Claude Cheysson zapytany, czy rząd francuski zamierza podjąć jakieś decyzje w związku z sytuacją w Polsce, odpowiedział, że władze republiki »nie zrobią absolutnie niczego«". Mrożek wkrótce odmawia współpracy z polskimi mediami. W „New York Herald Tribune" i „Kulturze" paryskiej publikuje *List do cudzoziemców*.

Pisze: „Nie jest prawdą, jakoby wojsko polskie było trzecią, neutralną siłą pomiędzy partią a »Solidarnością«, czyli między partią a społeczeństwem, narodem. Po prostu bez użycia wojska partia nie jest już w stanie nadal uprawiać dyktatury nad społeczeństwem, zbyt już jest słaba. Uwięzienie byłych przywódców partii [między innymi Edwarda Gierka], od dawna już odsuniętych od władzy – a przynajmniej oficjalny komunikat o ich uwięzieniu – równocześnie z uwięzieniem przywódców »Solidarności« jest doskonałym chwytem propagandowym ze strony tejże partii. A jednocześnie przykładem, jak można spożytkować swoje własne odpadki. Tylko gdyby generał Jaruzelski aresztował aktualnego I sekretarza partii, czyli gdyby aresztował sam siebie, teza o jego bezstronności byłaby wiarygodna".

Z Wojciechem Jaruzelskim osobiście Mrożek zetknął się raz. W latach sześćdziesiątych jego prześmiewcza *Śmierć porucznika* otrzymała drugą nagrodę w konkursie rozpisanym przez Główny Zarząd Polityczno-Wychowawczy Wojska Polskiego, którego generał był kierownikiem. Na przyjęciu wygłosił krótką mowę, uścisnął laureatowi dłoń. Sztuka opowiadała o legendarnym dowódcy reduty Orsonie, który – wbrew temu, co napisał poeta – wcale nie zginął, wysadzając ją w powietrze. I miał z tego powodu nie lada kłopoty, bo mimowolnie zakwestionował tym samym romantyczny mit heroizmu. Prapremiera w reżyserii Aleksandra Bardiniego w Teatrze Dramatycznym w Warszawie wywołała małą awanturkę o szarganie narodowych świętości. Jak autor wyrazi się któregoś razu w wywiadzie, sztuka była potem „bardzo tępiona, niewykluczone, że również przez Główny Zarząd Polityczno-Wychowawczy Wojska Polskiego".

W londyńskim „Pulsie" Mrożek zaczyna teraz publikować cykl *Donosy*. Jego formę graficzną wymyśla redaktor Jan Chodakowski, teksty wyglądają jak wystukane na maszynie prawdziwe denuncjacje. „Pragnę zwrócić uwagę NRNZNS na piłkę nożną. Uprawianie tej piłki godzi w podstawy ustroju" – pisze do „Najwyższej Rady Najwyższego Związku Najwyższych Społeczeństw". Innym razem melduje: „Donoszę pokornie, że jestem brzydki i zły i bardzo się tego wstydzę". Dyrekcji szpitala wariatów w Miejscu raportuje natomiast: „Donoszę uprzejmie, że mój współtowarzysz w celi udaje zdrowego". W końcu „Puls" wydaje zbiór malutkiego formatu, łatwy do szmuglowania. Kilka egzemplarzy znajdzie się w aktach bezpieki. Mrożek będzie opowiadał, że wkrótce po ukazaniu się książeczki zaczął odbierać nieprzyjemne anonimowe telefony.

Na zamówienie francuskiej telewizji pisze krótki scenariusz. *Oświadczenie* opowiada o spodziewającym się dziecka młodym mężczyźnie postawionym w czasie stanu wojennego przed dramatycznym wyborem podpisania lub nie lojalki wobec państwa (na fali lustracyjnej nagonki w 2000 roku ciąg dalszy tej historii dosnuje Janusz Anderman). Dając się porwać emocjom, Mrożek napisze też jedyną sztukę, której będzie się wstydził.

Według zamysłu autora *Alfa* ma przedstawiać „dylemat człowieka, który stał się symbolem, nie przestając być człowiekiem". W głównym bohaterze łatwo rozpoznać Lecha Wałęsę. Tytułowy Alfa to wódz i ojciec rodziny, prosty mężczyzna, który woli piwo nawet od szampana. Przetrzymywany jest w eleganckiej willi, gdzie odwiedzają go rozmaite persony. Pułkownik Beta, który próbuje go namówić na kompromis „między ideałami i rzeczywistością". Zagraniczna dziennikarka Pi, marząca o wywiadzie z żywą legendą. Dawny współpracownik Kappa...

Na koniec Alfa, dając zapowiadane świadectwo swego człowieczeństwa, zakochuje się bez pamięci w blond seksbombie Ecie. Absurdalny wydźwięk finału nie wydaje się zamierzony.

W liście do Wojciecha Skalmowskiego autor przyzna po latach, że napisał tę sztukę „niesłusznie". W jednym z wywiadów powie wprost, że to sztuka „niedobra". Jan Błoński – entuzjasta twórczości Mrożka i jego długoletni przyjaciel – w poświęconej dramaturgowi książce stwierdzi w ogóle, że nie chciałby poświęcić *Alfie* więcej niż przypis, gdyż akurat w tym przypadku autor „z kretesem przegrał". Ów przypis, skądinąd ogromnie złośliwy, zakończy jednak wyrozumiale: „Ale i Homerowi – jak wiadomo – zdarzało się przysnąć".

5 października 1983 roku Wałęsa otrzymuje Pokojową Nagrodę Nobla.

W grudniu Mrożek jedzie na narty w Alpy Szwajcarskie (na co dzień grywa w tenisa). Przełom 1983 i 1984 roku spędza w Londynie. Znów się męczy i nie wie, co pisać. Wątpi w talent, podważa możliwości. Nierzadko z siebie szydzi. Czuje się znudzony. Niedawno ukończył *Letni dzień*. Bohaterami sztuki są Ud i Nieud. Obaj chcą popełnić samobójstwo. Jeden – bo nic mu się nie udaje, drugi – bo udaje mu się wszystko. 10 listopada 1983 roku Mrożek notuje w dzienniku: „Ciekawe: wszystko może się zdarzyć w każdej chwili, a zdarza się tylko to, co się zdarza. Jakby w owej chwili, czyli w każdej chwili, nie było ani odrobiny wolnej woli. Najwyżej przedtem i potem. Czyli nonsens, zwłaszcza potem. A więc kiedy ona jest, ta wolna wola, jeżeli jest? Coś z tą wolną wolą nie jest całkiem tak, jak mówią ci, którzy o niej mówią".

Nie tak dawno przygnębiła go samobójcza śmierć przyjaciela – zamieszkałego we Francji pisarza Piotra Rawicza. Były więzień obozu Auschwitz-Birkenau zasłynął autobiograficzną powieścią *Le sang du ciel*, która w 1961 roku otrzymała Prix Rivarol za najlepsze dzieło francuskojęzyczne napisane przez cudzoziemca (mimo tłumaczeń na wiele języków *Krew nieba* ukaże się po polsku dopiero w 2003 roku). Autor wzbudził kontrowersje, przedstawiając wojnę jako czas zupełnie normalny, co dało początek dyskusji na temat moralnego prawa posługiwania się traumą w celach czysto literackich. Rawicz zastrzelił się w 1982 roku, wkrótce po śmierci swej żony. „Ponury cień Piotra samobójcy nad wszystkim" – zapisuje Mrożek

tuż przed jego pogrzebem. Obaj hobbystycznie kolekcjonowali broń („»duży kaliber« – marzył Piotr Rawicz, aż wreszcie sobie go kupił"). Policjanci nie pozwalają Mrożkowi zobaczyć zmasakrowanych zwłok.

Pisarz coraz częściej zabija czas za pomocą gier komputerowych. Wybiera te wojenne, czasem chodzi też na flippery. Szybko daje się wciągnąć. W dzienniku zaczynają się pojawiać passusy w stylu: „Pomyłka taktyczna: zamiast wysyłać PzKw III J przeciwko US M10 GMC zaczajonemu za laskiem, należało tam wysłać panterę" albo „ASL, scenariusz nr 3. Wszystko jest gotowe do ostatecznego szturmu na fabrykę (Rostów, 28 lipca 1942). Cztery PzKfwIV są na pozycjach przed wjazdem do budynku K2. Ale Niemcy mają mało czasu. Uda się im, zanim gra się skończy? Gra toczy się dalej".

W 1985 roku na Florydzie umiera na zawał serca Leopold Tyrmand. Autor pierwszego powojennego bestsellera *Zły*, redaktor „Tygodnika Powszechnego", popularyzator jazzu, emigrant tępiony przez władzę ludową. Mrożek poznał go jeszcze w czasach, gdy sam na polu dziennikarstwa stawiał dopiero pierwsze, chwiejne kroki. Potem widywali się, gdy bywał w USA. Drukowane w „Pulsie" wspomnienie o dawnym koledze zaczyna teraz od słów: „Umierają mi ludzie, dopóki ja ludziom nie umrę".

Motyw śmierci powraca w kolejnej jego sztuce – tym razem ma być przedmiotem tytułowego *Kontraktu*. „»Literatura karmi się neurastenią«, »choroba a sztuka« etc. Coś w tym jest. Ile razy zdrowszy jestem, od razu nie chce mi się pisać. Nie widzę powodu" – notuje w dzienniku. Innym razem zauważa: „Prawdziwi artyści urodzili się histerykami i bałaganiarzami, inni doprowadzili się do złego stanu nerwów sztucznie". Wraca do zapisków sprzed lat. Zaczyna analizować dziennik, w którym analizował siebie. „Orgia samoanalizy" – stwierdza. Alkohol próbuje zastąpić proszkami nasennymi. Przeważnie jednak musi się napić, nim zaśnie.

„Jaki jest cel życia?" – na jednym z rysunków Mrożka człowieczek o wielkim nosie pyta podobnego człowieczka, a ten w odpowiedzi szepce mu coś na ucho. Pierwszemu oczy wychodzą na wierzch.

„Niemożliwe!" – krzyczy.

Odkąd Mrożek zamieszkał we Francji, Paryż bardzo się zmienił. W dzielnicy Beaubourg wyrosło Centrum Pompidou – ogromny budynek muzeum sztuki współczesnej, którego instalacje poprowadzone zostały na zewnątrz i pomalowane na różne kolory. Choć początkowo szokuje niecodzienną formą, z czasem stanie się jedną z atrakcji turystycznych stolicy. Przed Luwrem pojawia się nie mniej słynna piramida ze szkła i metalu, inwestycja prezydenta François Mitterranda. Rozbudowane zostaje metro, ku niebu pną się kolejne wieżowce. Ludność metropolii w ciągu dwóch dekad wzrasta o prawie dwa miliony.

Mrożek cały czas dużo podróżuje. Berlin Zachodni, Nowy Jork, Zurych. Pod koniec października 1986 roku spędza kilka dni w Oslo, gdzie spotyka Susanę Osorio Rosas. Kobieta gości tam u przyjaciół po trzęsieniu ziemi w Meksyku. Po raz pierwszy spotkali się w 1979 roku, kiedy Mrożek został zaproszony do Mexico City z okazji 150. przedstawienia wystawionych tam *Emigrantów*. Pracowała w teatrze, znała angielski, została jego przewodniczką. Potem pisali do siebie listy. Wówczas tkwił jeszcze w toksycznej relacji z Y. – nareszcie się z niej uwolnił.

Teraz wypadki toczą się w bardzo szybkim tempie. Mrożka coś gwałtownie wyrywa z apatii. Już wkrótce zaprasza Susanę do siebie. 25 października 1987 roku biorą w Paryżu ślub. On ma wtedy pięćdziesiąt siedem lat, ona – trzydzieści sześć.

27 października Mrożek pisze w dzienniku w języku angielskim: „Po opuszczeniu Polski i poza tym – poślubienie Susany jest jak do tej pory drugą najważniejszą i najlepszą decyzją w życiu. Z jedną różnicą: opuszczenie Polski było dramatyczne i boleśnie trudne. Obie decyzje były całkowicie moje własne, definitywne, jasne, uparcie wprowadzone w życie wbrew wszelkim przeciwnościom. Co ocala mnie również we własnych oczach, które widziały tak wiele wymuszonych, obumarłych, nieudanych decyzji. Mimo wszystko najwyraźniej potrafię radzić sobie ze swoim życiem".

Podczas wizyty w Polsce kilka tygodni po ślubie zdąży jeszcze przedstawić żonę choremu ojcu.

Antoni Mrożek umiera 16 grudnia 1987 roku w Krakowie.

Syn twierdzi, że wszystko już ojcu wybaczył.

W kwietniu i maju 1988 roku w Polsce wybuchają strajki; kolejne wybuchną latem.

Mrożek potrzebuje oddechu, znów rozważa zmianę otoczenia. W Paryżu robi się dla niego zbyt duszno. „Europa będzie już tylko kisła" – ma powiedzieć do żony. Razem zaczynają myśleć o nowym miejscu do życia. W Polsce wciąż trwa komunizm. Przychodzi im do głowy ojczyzna Susany. Chcą tam kupić ranczo, stworzyć spokojny dom. „Moje drugie małżeństwo stanowi punkt zwrotny w moim życiu" – podkreśla Mrożek w *Moim życiorysie*.

Od 6 lutego do 5 kwietnia 1989 roku trwają w Polsce obrady Okrągłego Stołu.

Ale decyzja zapadła już dawno, od tygodni trwają przygotowania.

21 kwietnia Mrożek pisze w dzienniku: „Zeszyt ten kończy się razem z przedwyjazdem. Pojutrze do Meksyku. Wczoraj – zamknąłem oczy podczas zebrania licznego. Zazwyczaj tego nie robię z uwagi na konwencję, ale zapalenie spojówek... Ulga nie tylko fizyczna. Ulga odejścia i dystansu".

Mrożkowie wyjeżdżają 23 kwietnia.

4 czerwca 1989 roku kończy się w Polsce komunizm.

LUDZIE **Susana**

Ona: – Moja mama była mikrobiologiem, tata inżynierem. Mam trzech braci – jeden nie żyje, a dwaj pozostali też są inżynierami. Wybrali taki sam zawód jak ojciec, zabrakło im wyobraźni. Ojciec pochodził z Veracruz, głównego portu Meksyku. Rodzina od strony matki – z Mexico City. Wśród naszych przodków byli zarówno Indianka Zapoteka, jak i hiszpański Żyd. Mam babcię z Bilbao i pradziadka z Normandii.

(Jest upalny poranek czerwcowy 2013 roku, kawiarnia hotelu Bristol w centrum Warszawy. Susana Osorio-Mrożek ma na sobie elegancką czarną sukienkę, delikatny makijaż, paznokcie pomalowane na modny kolor pomarańczowy. Wygląda pięknie. Bez trudu zamawia po polsku kawę, ale zaraz potem przechodzi na angielski. Nigdy nie nauczyła się dobrze języka męża. Próbowała podczas pobytu w Krakowie, ale zbyt szybko się zaprzyjaźniła z lektorką. Zaczęły plotkować po angielsku i na tym się nauka skończyła).

– Jako dziecko chciałam być akrobatą cyrkowym. Ćwiczyłam trochę na własną rękę, robiłam sobie swój mały cyrk. Ale tak naprawdę nie miałam zbyt dużo czasu na bycie dzieckiem, bo już w wieku szesnastu lat znalazłam się daleko od domu. Myślałam wtedy, że jestem kobietą. Byłam pewna, że dobrze wiem, czego chcę. Teraz sądzę, że to było kompletne wariactwo. Byłam dzieckiem i nie mogę się nadziwić, że ludzie mnie traktowali poważnie. Bo tak było – wynajęli mi mieszkanie, dali mi pracę... Gdy dziś widzę kogoś, kto ma szesnaście lat, sama myślę o nim, że to przecież dziecko!

W czasach mojego dzieciństwa Meksyk był dostatni, rozkwitał. Panowała moda na wszystko, co amerykańskie. Rodzice wysłali mnie do amerykańskiej szkoły i uczyłam się angielskiego od wczesnego dzieciństwa. Powodziło nam się nieźle. Tata pracował przy wydobyciu ropy naftowej – najpierw dla przedsiębiorstw brytyjskich, a po nacjonalizacji dla meksykańskich. W wieku dziewięciu lat zafundowali mi wycieczkę do Disneylandu, do Los Angeles, jako nastolatka poleciałam do Nowego Jorku, San Francisco i do Kanady. Moja mama była typem amerykańskiej dziewczyny i uważała, że powinnam być dokładnie taka sama. Właśnie dlatego stałam się jej absolutnym przeciwieństwem.

On (w dzienniku, 8 kwietnia 1984 roku): „Jedna z mądrych rzeczy, które zawdzięczam Susanie: »I tak będę znowu głodny, więc lepiej od razu przestanę jeść« (przysłowie meksykańskie). Jest to oczywiście ironia, ludowa...”.

Ona: – Zaczęłam pracę w teatrze, gdy miałam siedemnaście lat. Na Uniwersytecie Veracruz przez dwa lata studiowałam archeologię, ale zostawiłam ją dla teatru i nigdy nie ukończyłam. Wydawała mi się bardzo romantyczna, a przy tym interesująca. Kiedy jednak po raz pierwszy pojechałam na wykopaliska, zrozumiałam: „Może to i romantyczne, ale nie dla mnie”. Życie w jednym namiocie z grupą innych osób, napięte relacje pomiędzy nimi od rana do wieczora... Mało pociągające. Potem przez jakiś czas nie byłam pewna, co chcę robić w życiu. Właśnie wtedy zaproponowano mi pracę w teatrze. Zaczęłam ot, tak! Bez żadnego przygotowania, bez chwili namysłu – szaleństwo.

Początkowo chodziło o organizację festiwalu. Stowarzyszenie teatralne z mojego miasta miało nowego dyrektora z Paryża, a on wymyślił sobie

sztukę z dzieckiem w roli głównej. Nie chciał jednak pracować z dzieckiem, bo to za trudne. Zrobili ten festiwal, żeby kogoś znaleźć. I znaleźli mnie. Miałam siedemnaście lat, ważyłam czterdzieści cztery kilogramy i byłam bardzo niska. Bez problemu mogłam udawać dziecko na scenie. Zostałam dzieckiem-zjawą. Tak się zaczęło.

Potem było jeszcze kilka ról, ale w końcu zrozumiałam, że nie chcę być aktorką. Brak mi dyscypliny. Aktor musi robić wszystko, co mu każe reżyser, nawet jeśli w to nie wierzy czy też myśli, że to bez sensu. Ale kiedy to ja jestem reżyserem i to inni robią, co ja im każę – wtedy co innego. Do wszystkiego musiałam dojść sama. Byłam daleko od domu, a rodzina sprzeciwiała się moim wyborom. Nikt z niej nie wybrał nigdy artystycznego zawodu. Tata lubił muzykę i poezję, babcia zabierała mnie do opery, ale to nie były poważne zajęcia. Mama w ogóle nie znosiła żadnych przedstawień, bo publiczne okazywanie uczuć uważała za nieprzyzwoite. Nie mogłam iść do szkoły, musiałam iść do pracy. Robiłam wszystko! Zajmowałam się w teatrze światłem, dźwiękiem, kostiumami, byłam asystentką reżysera, aż wreszcie sama zaczęłam reżyserować. To była długa droga.

Wystawiałam w Meksyku krótkie sztuki Bergmana, Garcii Lorki, Mrożka... Najbardziej lubię jego *Pieszo*, *Miłość na Krymie* i *Garbusa* – tego ostatniego nigdy zresztą nie widziałam na scenie. Dobrze się przy tym bawiłam, ale też nie chciałam być ignorantem. Poszłam więc na studia i studiowałam historię na Narodowym Autonomicznym Uniwersytecie Meksyku. Nigdy jednak nie miałam ambicji zostać akademikiem. Zrobiłam to tylko po to, by nie być zupełnym głąbem, jak wielu znanych mi ludzi teatru.

On (14 września 1987): „»El Castor«, noc. Śni mi się koszmar. Zanim w pełni się rozwinął – łagodna pomoc S. Budzi się sekundę wcześniej i bez zastanowienia biegnie do mnie z pokoju obok. Skąd wiedziała? Nie wie skąd, ale wiedziała”.

Ona: – Oczywiście, że byłam wcześniej mężatką. Miałam niecałe dwadzieścia lat, kiedy pierwszy raz wzięłam ślub, a zaczęłam się z tym mężczyzną spotykać już w wieku osiemnastu. W sumie trwało to cztery lata. To bardzo miły facet. Zresztą tych złych staram się zapominać. Wolę mieć dobre wspomnienia.

Mój pierwszy mąż był psychologiem i zajmował się neuropsychologią snu – cokolwiek to jest. Zabawne, ale zanim go poznałam, studiował w Polsce. Najwyraźniej Polska była mi przeznaczona. On jest Meksykaninem, po prostu pojechał tam na stypendium. Mieliśmy wtedy w Polsce bardzo dobrego ambasadora, który załatwiał różne takie rzeczy. Potem on wrócił do naszego miasta Xalata (stolica stanu Veracruz) i wtedy go poznałam. Przyjaciel przyjaciela. Szybko zamieszkaliśmy razem, potem był ślub. Bardzo się lubiliśmy i mieliśmy naprawdę dobrą relację. Ale kiedy jesteś tak młody, bardzo się zmieniasz. Mija trochę czasu i stajesz się inną osobą. Zaczęliśmy się czuć bardziej jak rodzeństwo. Mocna przyjaźń, ale nic więcej. Zresztą ja nie chciałam mieć dzieci, a on chciał. W końcu dostał stypendium w Niemczech i proponował, żebym z nim pojechała. Wtedy zdecydowałam, że nie chcę zostawiać teatru tylko po to, aby mu towarzyszyć. Odleciał, tak się skończyło.

Wciąż jesteśmy w kontakcie i mamy dla siebie dużo dobrych uczuć. On na pewno wie, że gdyby mnie potrzebował, zrobiłabym wszystko, aby mu pomóc. A ja jestem pewna, że mogę liczyć na niego.

(Nieśmiałym gestem przyzywa kelnerkę, słodko zmiękcza polskie spółgłoski. Czy może prosić trochę wody do kawy? Jest bardzo dobra, ale... taka mocna! Do śniadania dają byle jaką. Na kawie to ona się zna. Kelnerka tańczy wokół jak zaczarowana).

– Po raz pierwszy przyjechałam do Europy chyba w 1978 roku. Albo coś koło tego. To był dla mnie dobry rok, zarobiłam dużo pieniędzy i postanowiłam spędzić miesiąc w Europie. Pojechałam wtedy również do Krakowa i Warszawy. Podróżowałam z przyjaciółką. Zaczęłyśmy w Madrycie, potem były Niemcy, Włochy, Francja... Bardzo mi się spodobał Paryż i postanowiłam tam zamieszkać. Ot, tak! To było szaleństwo, znowu. Tak naprawdę mój francuski był w tym czasie bardzo prymitywny. Ale tak sobie postanowiłam! Mój ówczesny dyrektor miał znajomości w Paryżu. Polecił mnie jednej grupie teatralnej. Była zgoda, żebym z nimi pracowała, ale to była jedyna rzecz.

Zostałam dziewięć miesięcy, na które miałam wizę, i po tym czasie musiałam wracać. Ale nie chciałam. Wykonywałam wtedy różne dziwne prace. Uczyłam tańca w szkole współczesnego baletu, wiedziałam mniej więcej, jak poprowadzić lekcję. To był taki rodzaj fitnessu, coś jak trening dla grubych kobiet. Byłam też maszynistką w Mexico House, w paryskim międzynarodowym miasteczku uniwersyteckim. Mieszkałam w tym miasteczku, moimi sąsiadami była grupa Norwegów. W większości studiowali sztuki plastyczne. Zostaliśmy dobrymi przyjaciółmi. Na dwa miesiące zaprosili mnie wtedy do siebie. To było bardzo interesujące, bardzo dla mnie egzotyczne. Ale potem już naprawdę musiałam do tego Meksyku wracać.

Próbowałam się jakoś na nowo urządzić. Znów pracowałam w teatrze. Przez osiem miesięcy przygotowywaliśmy spektakl o śmierci, mieliśmy go pokazać z okazji Día de los Muertos. Dzień Zmarłych to w Meksyku najstarsze święto religijno-etniczne. Celebrujemy wówczas więzy rodzinne, wiarę w życie pozagrobowe. Ale właśnie wtedy miało miejsce ogromnie silne trzęsienie ziemi. To była wielka tragedia, zginęły tysiące ludzi, nie mniej zostało bez dachu nad głową. Połowa Mexico City rozpadła się na kawałki. Brakowało wody pitnej. Nie mogliśmy wystawić sztuki o śmierci, gdy prawdziwa śmierć była wokół.

To był moment, kiedy znów nie wiedziałam, co mam ze sobą zrobić. I wtedy odezwali się moi norwescy przyjaciele: „Nie zostawaj tam, bądź z nami". Przyjechałam. Znów podjęłam decyzję – ot, tak! Zostałam tam na dłużej, prowadziłam restauracje w Oslo i Stavanger. Moje obie babki uważały gotowanie za sztukę – były dumne z mistrzostwa, jakie w niej osiągnęły. Już w dzieciństwie wiele się od nich nauczyłam, a także od naszych indiańskich służących. Cieszy mnie ta wiedza, bo nie jest łatwo znaleźć wykształconą Meksykankę, która potrafi sama zrobić tortillę. A w Norwegii kuchnia meksykańska jest przeważnie bardzo norweska – oni do wszystkiego dodają mnóstwo śmietany. Pewnie dlatego miałam tam takie wzięcie. Tak minęło kilka lat.

A potem pan Mrożek przekonał mnie, że powinnam za niego wyjść.

On (29 września 1987): „Nigdy nie przypuszczałem, że cały proces ożenku, łącznie z najbardziej »konwencjonalnymi« atrybutami (obrączki, fotograf, zaproszenie gości etc.), może mi sprawić tyle radości. »Konwencjonalne« – hańbiące niegdyś słowo, nie-dla-artystów. Nie dla ludzi nawet. Być człowiekiem żonatym, niegdyś ostateczna niewola i poniżenie. Mój Boże, ile, i to jak, się zmieniło".

Ona: – No dobrze, to rzeczywiście nie była aż tak krótka historia. Wyszłam za niego, gdy miałam trzydzieści sześć lat, nie byłam dzieckiem. Wiedziałam, co robię. Poznaliśmy się w 1979 roku, a pobraliśmy dopiero w 1987.

Pierwsze spotkanie? Pracowałam wtedy w teatrze Milan w Mexico City, gdzie wystawialiśmy jego *Emigrantów*. To był wielki sukces. Zaprosiliśmy Mrożka do Meksyku z okazji 150. przedstawienia tej sztuki. Mieliśmy tylko jego zdjęcie z młodości. Miał na nim włosy i był bardzo szczupły. Wiedzieliśmy, że jest trudną osobą, więc byliśmy bardzo ostrożni – dokładnie sprawdziliśmy, czy z jego pokojem jest wszystko w porządku, czy jest cicho, wygodnie, czy na pewno będzie zadowolony. Ja zostałam oddelegowana do hotelu, a reżyser i scenograf pojechali go odebrać z lotniska.

Gdy już wszystkiego dopilnowałam, siadłam sobie w hallu, żeby tam na nich poczekać. Byłam bardzo znudzona i gapiłam się na facetów, żeby jakoś zabić czas. Nagle wszedł postawny, interesujący mężczyzna, spojrzał na mnie, a ja podjęłam z nim niemy flirt. Zaczęliśmy się do siebie uśmiechać, patrzyć sobie w oczy... I dopiero po chwili zauważyłam reżysera i scenografa, którzy niosą jego walizki! Tak, to był pan Mrożek. Przerażona pomyślałam tylko: „O mój Boże", i natychmiast stałam się bardzo poważna, bardzo profesjonalna.

Od tego momentu był cały czas blisko mnie. Został zaproszony przez teatr, więc oczywiście wszystko było bardzo oficjalne, miał swój samochód z kierowcą i tak dalej. Ale ja byłam jedyną osobą w naszej grupie, która znała języki, więc to ja musiałam się nim opiekować.

I dalej to robię – opiekuję się nim po dziś dzień.

On (23 lipca 1988): „A ten bezwład, bezwład ogromny i ogromniejący, ta tępa nieruchomość głowy i reszty ciała, od mózgu aż po czubki palców – co z nią zrobimy? Na szczęście Susana wraca już za dwa dni".

Ona: – Potem pisaliśmy do siebie listy. Tak, wciąż je mam. Następne spotkanie było w Paryżu. Pierwsza randka? Och, nic specjalnego, po prostu mnie gdzieś zaprosił. Raz przygotował dla mnie befsztyk tatarski. To było na początku i chciał być miły, potem już nie gotował. Zastanawiam się czasem, jak on zdołał tyle lat przeżyć bez żony. Kiedy go poznałam, w domu była lodówka, a w niej piwo, czekolada, mleko i jajka. Miał jeszcze stoper, a przy nim karteczkę, ile minut należy jajka gotować, a ile smażyć. To wszystko.

Początkowo nie chciałam się za bardzo angażować. Miałam jasność, że w świecie teatru to ważna osobistość. Wiedziałam, że jeśli się z nim zwiążę, sama zostanę „panią Mrożkową". A ja nie chciałam. Byłam bardzo ambitna, chciałam robić swoje, rozwijać karierę. Będąc kochanką Mrożka, mogłam sobie otworzyć niejedne drzwi. Ale jest jednak pewna różnica, kiedy robi się to na drodze własnych osiągnięć. Dlatego trzymałam dystans. Nigdy nie sypiam z producentami, żeby dostać kontrakt. Taka już jestem – chodzę do łóżka tylko z mężczyznami, którzy mi się podobają.

Po rozwodzie myślałam zresztą: nigdy więcej! Byłam bardzo niezależna. A poza tym małżeństwo to ciężka praca dwadzieścia cztery godziny na dobę. Pełen etat bez możliwości urlopu. Nie byłam tym zainteresowana. W końcu pomyślałam jednak: „Mogę sama dać sobie wszystko – mieszkanie, samochód, pracę. Ale nie dam sobie miłości".

On (23 lutego 1989): „Z.M., R.L. – i inne. Pamiętam i jak zwykle żal był i rozterka, że mnie w drogę, że zostać nie mogę. Aż ulga, przypomnienie, że Susana jest tuż obok i wszystko jest rozwiązane i odkupione".

Ona: – Dlaczego się zdecydowałam? Widzi pani, Mrożek to bardzo inteligentny facet. Jest najbardziej inteligentną osobą, jaką kiedykolwiek spotkałam w życiu. Byłam zafascynowana jego umysłem. To było takie: „WOW!". Trudno wytłumaczyć miłość. Po prostu się zakochałam. A jak kochasz, to kochasz. Nawet jeśli wiesz, że igrasz z ogniem. Nawet jeśli wiesz, że ryzykujesz wszystko. Nawet jeśli wiesz, że możesz przegrać. A poza tym... to jeden z najwybitniejszych dramaturgów swojego wieku! Uznałam w końcu: „No dobra, niech będzie".

Różnica wieku mogła być tylko zaletą. Był znacznie bardziej interesujący od mężczyzn w moim wieku. Wydawali mi się przy nim kompletnymi głupkami. Ale tak to wygląda, kiedy masz pięćdziesiąt lat. Wtedy jesteś jeszcze młody, ale zanim się obejrzysz, masz już osiemdziesiątkę – tak jak

Sławomir teraz. I to była dla mnie pewna niespodzianka. Zabawne, ale bywają rzeczy, o których się w ogóle nie myśli. Niby wiesz, że są, ale nie zaprzątają twojego umysłu. Wtedy uważałam: „Nawet jeśli, nie dbam o to". I nadal o to nie dbam, ale teraz to już jest pewien kłopot. Kiedy tylko Sławomir zachoruje, ja wpadam w panikę. Prawda jest jednak taka, że również młody mężczyzna może zachorować.

Była też inna niespodzianka, bo to niezupełnie jest tak, że żyję w jego cieniu. Tak może byłoby lepiej. Wbrew pozorom jestem bardzo nieśmiała, introwertyczna. Teraz już trochę mniej, ale kiedy w młodości otwierałam drzwi i widziałam za nimi ludzi, moje serce zaczynało łomotać. Musiałam odchorować każde wyjście na scenę. Odkąd jestem panią Mrożek, ludzie wciąż na mnie patrzą, robią nam zdjęcia. To nie jest cień, to coś okropnego. Dopiero niedawno się z tym oswoiłam.

W Meksyku, gdzie mieszkaliśmy przez siedem lat, było jednak inaczej. On pisał, a ja robiłam całą resztę. Miałam swoją fabrykę, dbałam o naszą posiadłość, doglądałam pracowników. To ja znałam język, kierowałam gospodarstwem, byłam szefem. Pisanie jest jedyną rzeczą, jaką Sławomir potrafi robić. Nie ma nawet żadnego hobby, jak ogrodnictwo czy majsterkowanie. W Meksyku to on żył w moim cieniu.

On (8 listopada 1987): „Głównie chodzi o życie nowe z Susaną. Tyle się w nim przekształca, że może nawet moja percepcja Polski się dzięki niej przemieni. I zobaczę co innego niż tylko ten ciężki, skamieniały utward, który – zdaje się, zdawałoby się – na wieki mi już się wykształcił. Może to się nieco rozpuści i ułoży w co innego".

Ona: – Kiedy sytuacja w Meksyku zrobiła się nieciekawa, przeprowadziliśmy się do Krakowa. Pierwsze dwa lata w Polsce były dla mnie najtrudniejsze w całym moim życiu. Przyjechaliśmy, nie mieliśmy za sobą żadnego mostu i nie mieliśmy też mieszkania w Krakowie. Przygarnął nas teatr, mieszkaliśmy tam chyba z osiem miesięcy. Sławomir nie miał miejsca, gdzie mógłby pisać, ja nie miałam się gdzie podziać. Pogoda działała na mnie przygnębiająco, Kraków wyglądał jeszcze dosyć ponuro. Teraz wszystko jest ładne, ale wtedy było szare i odrapane. Nie było gdzie zrobić zakupów, miałam problem z tym, żeby się dogadać. Wszystko było takie skomplikowane. A jakby tego było mało, Sławomir miał wtedy depresję.

Próbowałam robić cokolwiek, żeby nie popaść w zupełną rozpacz. Właśnie wtedy zaczęła się moda na meksykańskie jedzenie. Miałam przyjaciółkę, Ewę Nowakowską, która uczyła mnie polskiego. Dzięki jej znajomościom magazyn „Kuchnia" zaprosił mnie, żebym napisała coś o jedzeniu. Tak naprawdę chodziło o coś w stylu: pan Mrożek lubi to, a Czesław Miłosz tamto. Śmietanka-łosoś. Ale ja tym nie byłam zainteresowana. Postanowiłam napisać coś o meksykańskich składnikach. Zgodzili się. Pisałam dla nich chyba przez rok, opublikowali z piętnaście, dwadzieścia moich artykułów. Mieli z nimi jednak kłopot, bo były za poważne, woleliby plotki.

Po moim rozstaniu z redakcją Ewa powiedziała mi: „Dlaczego tego nie kontynuować? Możesz napisać książkę!". Jej mąż jest szefem wydawnictwa Universitas – on też mnie zachęcał i ostatecznie zmobilizował. Tak powstała książka niekucharska *Meksyk od kuchni*. Opowiadam w niej historię Meksyku właśnie poprzez kuchnię – od czasu Azteków do XVI wieku. Myślimy nad kontynuacją aż do współczesności.

Po premierze książki skontaktował się ze mną właściciel krakowskiej restauracji Taco Mexicano, czy nie chciałabym z nim współpracować. Oczywiście, że chciałam. Chciałam robić cokolwiek! Zależało mi na jakimś zajęciu, by nie siedzieć tylko w domu, odcięta od świata, popadając w przygnębienie. Lubię pracę w restauracji, bo kuchnia jest jak teatr. Masz swoją publiczność, którą musisz zadowolić. I masz poczucie pracy w zespole, podoba mi się także adrenalina. Gdy przestępujesz próg kuchni, przestaje się liczyć, czy na zewnątrz pada deszcz, czy świeci słońce. To sztuczne życie – jak w teatrze. To wartość.

W końcu szef mnie zapytał, czy nie chciałabym być jego partnerem. Byłam potem w Krakowie właścicielką restauracji Casa Susana i Wentzl. Czy Słodki Wentzl nadal istnieje? To było marzenie, coś cudownego. A kiedy jesteś właścicielem, możesz dostać wszystkie lody za darmo. Bardzo wtedy przytyłam.

(Do kawiarni wchodzi para przyjaciół Susany. Dyskretnie dają jej znaki. Przeprasza, ale będzie musiała się zbierać. Mrożek jest w szpitalu, źle się poczuł o piątej nad ranem. Mówi o tym dopiero teraz, nie traci jednak spokoju. Żegna się serdecznie. Nie może wiedzieć, że jej mąż przeżyje jeszcze tylko pięćdziesiąt pięć dni. Umrze w Nicei, gdzie mieszkają od kilku lat).

– Przeprowadzka do Nicei nie była już dla mnie żadnym trzęsieniem ziemi. Nie, nie, Nicea jest bardzo przyjemna. Tam jest ciepło, jest piękne miodowozłote światło. To daje optymizm.

On (18 lutego 1988): „Cały czas mam ochotę śpiewać Susanie piosenki".

MIEJSCA **Meksyk**

Biały kapelusz kowbojskiego kroju, czarna skórzana kurtka, niebieskie dżinsy wpuszczone w wysokie buty. Wąsy i ciemne okulary. Mężczyzna jest wysoki, idzie ulicą pewnym krokiem, delikatnie kołysząc się w barkach. W następnych scenach oprowadza po swoim ranczo. To huśtawka, a to fontanna. Tutaj są stajnie. Pierwszy raz w życiu miał konie, nie wiedział, że wymagają aż tylu zabiegów. Mieć konia to „full time job". Dalej trzymane są psy, bardzo miłe czarne sznaucery. Z tych dużych. W całym stadku jest tylko jeden samiec. Wabi się Tartan. Nie może być więcej, bo zabijają się z powodów seksualnych. Obok wiszą psie smycze spracowane przez siedem lat.

„Tu trzeba uważać na głowę – ostrzega gospodarz, dotykając niskiego stropu. – W ogóle w Meksyku przez pierwszy rok o mało nie zginąłem na skutek uderzania głową we framugi i dachy, które wszystkie były za niskie. To znaczy w dalszym ciągu są za niskie, ale się już nauczyłem".

Tak zaczyna się film Pawła Łozińskiego *Sławomir Mrożek przedstawia* z 1997 roku. Wokół rancza, w którym pisarz zamieszkał wraz z żoną, rozciąga się wspaniały widok na całą okolicę. Wzgórza, drzewa, łąki. Innych domów prawie wcale. To stan Tlaxcala w sąsiedztwie Puebli. Gospodarstwo ma dwa hektary, leży sześćdziesiąt kilometrów na wschód od Mexico City, prawie trzy tysiące metrów nad poziomem morza. Klimat panuje tu w miarę łagodny.

Kiedy Mrożkowie wiosną 1989 roku sprowadzają się do Meksyku, kraj przeżywa chwilową stabilizację i wydaje się miejscem dobrym do życia.

Urząd prezydenta piastuje Carlos Salinas de Gortari, technokrata z doktoratem Harvardu. Wybrany został rok wcześniej w nie do końca jasnych okolicznościach – otrzymał niewiele ponad 50 procent głosów, wygrywając z synem lubianego w latach trzydziestych prezydenta Lázara Cárdenasa. Intensywnie bierze się jednak do pracy i już wkrótce uważany będzie za skutecznego przywódcę. Udaje mu się sprowadzić inflację do liczby jednocyfrowej; promuje politykę wolnego rynku, prywatyzując setki przedsiębiorstw państwowych; po raz pierwszy od dojścia do władzy coraz wyraźniej autorytarnej Partii Rewolucyjno-Instytucjonalnej oddaje kilka urzędów konserwatywnej Partii Akcji Narodowej. Jest gorącym zwolennikiem utworzenia Północnoamerykańskiej Strefy Wolnego Handlu (NAFTA), co okaże się kluczowe dla rozwoju Meksyku, włączając go w gospodarkę globalną.

Hacjenda Mrożków wygląda początkowo zupełnie inaczej. Budynki są mocno podniszczone, do mieszkania nadaje się tylko jedna parterowa izba, nie ma prądu ani telefonu. W łazience wodę do mycia podgrzewa gaz z małej butli. Prace remontowe na dobre ruszają jesienią – od trucia pająków po łatanie dziur w dachu. Zatrudnienie znajdują rzemieślnicy z całej okolicy: murarze, stolarze, elektrycy, dekarze... Według opowieści Mrożka on również pomaga. Zwozi cegły, stara się być przydatny na budowie. Każe zasypać basen, z którego i tak nikt nie korzysta, bo „miejscowa ludność jest zbyt zacofana" i „byłoby to źle widziane". W zamian rozporządza, aby posadzić tam kwitnące krzewy. I wymyśla nową nazwę. Zamiast infantylnego „Les Flores" (kwiatki) ranczo ma się nazywać „La Epifania" (objawienie).

Na tym nie koniec. Mrożek – niedoszły architekt – projektuje nawet wieżę. Na czubku jej dachu umieszcza dwa węże, bo koguty nie są przyjęte w Meksyku. Zapytany w jednym z wywiadów o skrywany talent odpowie:

„To nie jest takie trudne. I nie przesadzałbym z tym architektem, bo na architekturze nie wyszedłem poza wstępne rysowanie kolumny jońskiej i kolumny doryckiej, i jeszcze tej korynckiej. No i poza naukę o tym, jak się kładzie cegły, czyli jak wygląda mur w przekroju, oraz jak się robi rów pod fundamenty. Wszystko to trwało jakieś trzy miesiące, po czym odszedłem. W końcu zaprojektować taką jak tu wieżę, narysować podstawowy projekt, to jeśli ma się minimalne zdolności rysunkowe (a ja mam), to nic trudnego. Potem ten mój projekt rozrysował technik, przyszli murarze... No i wieża stoi".

Z psów jest na razie Otello. Znajdują go zabiedzonego i przykutego do pala łańcuchem, od którego już zrobił mu się ropień. Susana natychmiast nakazuje go spuścić i dać mu coś do jedzenia. W ostatnim czasie mógł liczyć najwyżej na pomyje wylewane przez stróża. Skudłacony i wychudzony, początkowo próbuje ich ugryźć, ale niegroźnie. Okaże się wspaniałym psem, który na dodatek zdobywał w przeszłości medale na wystawach. Wolność mu się spodoba, choć lata niewoli sprawią, że do końca będzie miał trudny charakter. Któregoś razu po prostu nie wraca. W *Dzienniku powrotu* Mrożek napisze, że Otello zginął jak „officer and gentelman".

Wyjazd do Meksyku przez wielu badaczy Mrożka interpretowany będzie jako ostateczna ucieczka. Sam pisarz powie, że u progu sześćdziesiątki zaczęło go ciekawić, co jeszcze może. Ale nie w sensie literackim. Jeszcze raz wskoczył w zupełnie obcy świat i musiał w nim dać sobie radę. Wkrótce po przyjeździe pierwszy raz w życiu gasi pożar, w sąsiedztwie zajęły się suche trawy i krzewy. Są tylko we dwójkę – Susana i on. Dwie osoby i dwie łopaty. Na rękach robią im się bolesne bąble, dusi ich dym, żar pali w płuca i podrażnia oczy, osmalają się brwi. Co chwilę muszą przerywać i iść zaczerpnąć powietrza. Nie mają z żywiołem szans, ale walczą zaciekle. Nie mogą pozwolić, aby ogień sięgnął stojącej w pobliżu cysterny z butanem, ulokowanej tuż obok ich domu. Nagle podjeżdża chevrolet, wychodzi z niego miejscowy kacyk, za nim ciągnie gromada mężczyzn. Mrożek już się cieszy z odsieczy, ale boss w wylewnych słowach gratuluje mu zaangażowania, po czym odjeżdża.

Katastrofy udaje się uniknąć tylko dzięki temu, że zmienia się kierunek wiatru.

Jak bardzo Meksyk różni się od dotychczasowych doświadczeń pisarza, z pewnością uświadamia mu wizyta w Polsce w czerwcu 1990 roku.

Dwadzieścia lat temu żadna z jego sztuk nie mogła być tutaj wystawiana w teatrze. Teraz na wieży ratuszowej w centrum Krakowa wisi wielki czerwony krawat z napisem „Mrożek Festival". Już w przejściu podziemnym dworca o wydarzeniu informują specjalne drogowskazy. Mury oklejone są plakatami, na ulicach mijają się ciężarówki ze sprzętem, na chodnikach wpadają na siebie goście z całego świata. W oficjalnym programie figurują dwadzieścia dwa zespoły teatralne, ale sztuki Mrożka wystawiają też trupy uliczne, amatorskie i szkolne. Podczas sesji naukowej wygłoszonych zostaje prawie trzydzieści referatów. Wydawana jest specjalna gazeta – „Wsteczny Postępowiec". Pisarz odbiera honorowe obywatelstwo miasta. Podczas finałowego pochodu siedzi w czarnym kapeluszu i pelerynie na drewnianym koniu ustawionym na platformie, którą ciągnie traktor. Przed nim kroczą dziewczęta. Niosą utworzone z kwiatów litery układające się w jego nazwisko. Gra orkiestra, rynek pełen jest ludzi.

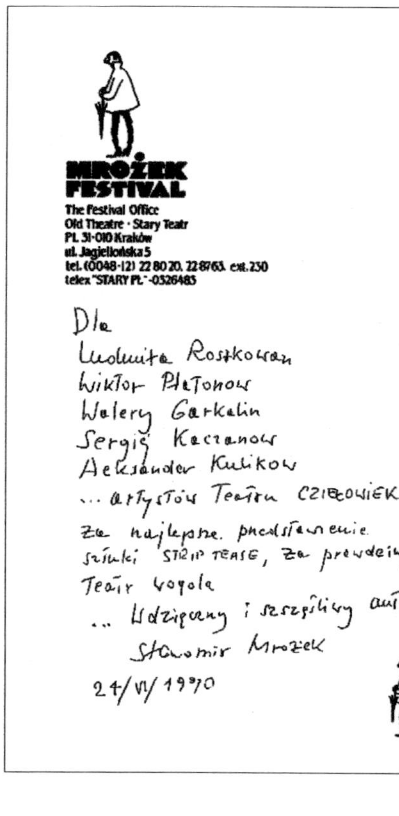
MROŻEK FESTIVAL
The Festival Office
Old Theatre · Stary Teatr
PL 31-010 Kraków
ul. Jagiellońska 5
tel. (0048-12) 22 80 20, 22 87 65, ext. 230
telex "STARY PL"-0326485

Dla
Ludmiła Rostkowa
Wiktor Płatonow
Walery Garkalin
Sergiej Kaczanow
Aleksander Kulikow
... artystów Teatru CZŁOWIEK
za najlepsze przedstawienie
sztuki STRIP TEASE, za prawdziw
Teatr Gogola
... wdzięczny i szczęśliwy aut
Sławomir Mrożek
24/VI/1990

Inicjatorem i dyrektorem festiwalu z okazji sześćdziesiątych urodzin pisarza jest reżyser teatralny Józef Opalski. Piętnaście lat wcześniej napisał artykuł o *Rzeźni*, a Mrożek odpowiedział mu listem. Tak się zaczęła korespondencja, która trwała bardzo długo, zanim spotkali się po raz pierwszy. Aż wreszcie dramaturg przyjechał do Krakowa i Opalski usłyszał w słuchawce głos: „Tu Sławomir Mrożek, czy mogę do pana przyjść?". Pierwsza wizyta trwała podobno cztery godziny. Jak wspomina reżyser, gość powiedział w tym czasie „dzień dobry" i „do widzenia". Milczało im się jednak wspaniale.

Jubileuszowe wydarzenie zostaje pomyślane w niecodziennej poetyce – pompa jest olbrzymia, ale z przymrużeniem oka. Uroczystości goszczą również w Borzęcinie, przemianowanym z tej okazji na „Mrożekland". Tu i ówdzie rozlokowano drogowskazy z napisami: „Kraków 7 lat", „Paryż 38 lat", „Meksyk 60 lat". Wzdłuż szosy stoją panie w strojach ludowych, przechwytują jubilata prosto z samochodu i prowadzą na tron. Tam zostaje mianowany „naczelnym generałem pisarzem". Potem przemawia Jan Błoński. Przypomina, że to w rodzinnej wiosce Mrożek ujrzał pierwszego w swym życiu policjanta i ukryty w tutejszych krzakach podglądał striptiz służącej Marysi. Najnowsze badania dowiodły ponadto, że przed 1930 rokiem pojawił się w Borzęcinie gramofon, z którego przyszły dramaturg

miał usłyszeć pierwsze dźwięki tanga. Wokół nastrój wielkiego festynu. Organizatorzy pozwalają sobie nawet na złośliwy żarcik. Ktoś w tłumie zaczyna nagle wiwatować na cześć… Gombrowicza.

Jerzy Jarzębski napisze w „NaGłosie", że Mrożek – czego w zasadzie należało się po nim spodziewać – wyłamał się ze schematu, jakiego się oczekuje od czcigodnego jubilata: „Owszem, dawał robić ze sobą różne dziwne rzeczy, spotykał się z Władzą, Uczonymi, Studentami, Dziećmi i Jamnikami, siadał na żądanie to na tronie, to na drewnianym koniu, ciąganym po mieście na wyniosłej platformie, wykonywał serie ukłonów z różnych scen po każdym nowym spektaklu swej sztuki, wytrzymał nawet półtora z czterech dni obrad sesji naukowej na własny temat (tu już cierpiał straszliwie) – ale w trakcie tych wszystkich uroczystości zdawał się na pół tylko obecny, uprzejmie zdystansowany, leciutko kpiący – także z własnej roli". Plotka będzie głosić, że w Borzęcinie honory pełnił sobowtór, bo jubilat był już zmęczony.

Powrót do Meksyku jest teraz jak nagłe zapadnięcie ciszy po wyłączeniu głośnej muzyki. Tutaj nie jest wielkim pisarzem, tutaj jest „gringo haciendado" – cudzoziemskim posiadaczem skrawka meksykańskiej ziemi. „Z żoną Susaną przeżyliśmy jeszcze pół roku, budując hacjendę – będzie wspominał w autobiografii. – Oboje, pełni wrażeń z festiwalu, układaliśmy plany, w których na Polskę nie było miejsca. Przeszłość była zamknięta, festiwal był ostatecznym tryumfem i nie pozostało już nic do dodania. Teraz tylko hacjenda i stateczne życie na uboczu, jak najdalej od Polski".

W jednym z *Małych listów* Mrożek napisał kiedyś: „Oglądany z zewnątrz, każdy wydaje się na swoim miejscu".

Czyli względny spokój? Niezupełnie. „Byłem pełen nadziei na przyszłość. Niestety, przyszłość okazała się prawie śmiertelna" (*Baltazar*).

Ranczo nareszcie zaczyna przypominać miejsce, jakie im się marzyło. Na zakończenie remontu głównego budynku Mrożkowie urządzają wielką imprezę. Są mariachis, tańce, tequila… Bawi się w sumie kilkadziesiąt osób – służba, robotnicy, znajomi i rodzina Susany. Nazajutrz Mrożek czuje się bardzo źle, ale to przecież normalne po takim szaleństwie. Kac jednak szybko nie przechodzi. Mimo protestów Susana pakuje męża w samochód i zawozi do amerykańsko-brytyjskiego centrum medycznego w Mexico City. Po drodze pisarz raz po raz traci przytomność. Na miejscu wygraża lekarzom. Rozbiera się, po czym natychmiast ubiera z powrotem, by wracać do domu. Zostaje zatrzymany siłą. Mdleje.

Diagnoza brzmi: tętniak aorty. Jej ścianki są już całkiem zdewastowane, krew obficie przecieka do organizmu. Operacja trwa jedenaście godzin, szanse na przeżycie są małe. Jedna na dziewięć, może nawet na dziesięć. Wszywają mu teflonowy implant. Lekarze ostrzegają Susanę, że polimerowy materiał może w najbliższych miesiącach wpływać na psychikę chorego albo i trwale uszkodzić jego mózg. Mrożek budzi się przekonany, że został wzięty do niewoli. Młodego Polaka, który przychodzi do niego z wizytą, bierze za agenta. Szarpie się z personelem, przewraca meble, rozbija ekran monitora. Podobno to Susana przywołuje go do porządku. Ma powiedzieć: „Sławomir, ten sprzęt kosztuje milion dolarów, jak zniszczysz, w życiu się nie wypłacimy!”.

Później śpi z nim w sali na kanadyjce. Agresywność Mrożka spada, gdy pielęgniarki są młode i ładne.

Dopiero po miesiącu może opuścić szpital. Zostaje przewieziony na ranczo, gdzie dochodzi do siebie właściwie przez cały następny rok. Wracają lęki i depresje. Ale z całego świata wciąż spływają zaproszenia. Mrożek powoli zbiera się do ponownych podróży. Jedzie z żoną do Włoch i do Polski. Do Szwecji zostaje wysłany w pojedynkę – to ma być próba powrotu do samodzielności. Poprzedni właściciel „La Epifanii” umarł na serce. Mrożek będzie mówił, że on przełamał legendę. Z teflonową rurą w ciele przeżyje jeszcze dwie dekady (niedługo przed śmiercią pisarza w sierpniu 2013 roku jego sztuczna aorta zostanie wymieniona na świńską). Pierwsza rzecz, jaką pisze po względnym powrocie do zdrowia, to *Wdowy*.

Śmierć już wcześniej pojawiała się w utworach Mrożka, było też o niej dużo w jego intymnych zapiskach („Śmierć jest pewna jak śmierć” – notował w dzienniku). Ale to pierwsza sztuka w całości jej poświęcona. Zaczyna się niewinnie – jak satyra na żony, które wszystko wiedzą lepiej. Choć ich mężowie zginęli w pojedynku, one są przekonane, że od przeziębienia (jeden) i niestrawności (drugi). Czarny humor nie opuszcza autora. Bohaterki, sącząc różowe drinki, rzucają zdania w stylu: „Co się nalatałam, żeby na czas wszystko załatwić. Mój mąż nawet palcem nie kiwnął, choć to przecież jego pogrzeb". Na dodatek każda z nich, jak się okazuje, miała romans ze zmarłym partnerem interlokutorki. Ale w tę smaczną farsę, w której obśmiane zostaną też cechy typowo męskie, jak ubarwianie opowieści o heroicznych czynach, stopniowo wkrada się niepokój. Wprowadza go trzecia, milcząca wdowa, która za czarną woalką skrywa twarz śmierci.

W Polsce *Wdowy* będą interpretowane głównie przez pryzmat spotkania z kulturą Meksyku – obok specyficznego podejścia do tematu umierania na ten trop naprowadza również wykorzystanie w sztuce pieśni meksykańskiego kompozytora Agustína Lary. Ale Mrożek któregoś razu stwierdzi, że powstały raczej „na zasadzie zmartwychwstania".

W jednym z listów do Jana Błońskiego pisze: „Przyznaję, że w umieraniu nie widzę żadnego tabu ani problemu, żadnego »skandalu« tak drogiego klasykom egzystencjalizmu, i nie rozumiem, o co tyle hałasu. O tyle można mi wierzyć, że już umierałem i to nie z nadmiaru imaginacji, ale z aprobatą wiedzy medycznej, która bardzo zdziwiła się, kiedy wreszcie jednak nie umarłem. Umierałem bardzo świadomie, wygłosiłem nawet pożegnalne słowo i choć zawróciłem od bramy, to jednak byłem na tyle blisko, żeby choć trochę wiedzieć, jak to się robi. I oświadczam, że robi się samo".

Susana ma się okazję przekonać, że jej mąż jest bardzo uporządkowanym człowiekiem. Posiłki muszą być o stałych porach, przedmioty na biurku w ustalonym ładzie (to zresztą pierwsze biurko w życiu Mrożka, wcześniej zawsze pracował przy stole). Ona, choć dobrze zorganizowana, bywa bałaganiarą. Dzielą terytorium. Jeśli któreś z nich ma zamknięte drzwi do pokoju, wiadomo, że nie wolno mu przeszkadzać. Mrożek nazywa gabinet „miejscem produkcyjnym". Od niedawna przepisuje teksty na komputerze,

komputer ma meksykański – na sto dwadzieścia woltów. Z powodów przeprowadzki i choroby za nim dłuższa przerwa w twórczości. Regularnie pisuje teraz dla „The European", właśnie ukończył *Wdowy*, pracuje nad sztuką *Miłość na Krymie*.

Najbardziej epicki z dramatów Mrożka rozpisany zostaje na trzy akty, z których każdy rozgrywa się w innym czasie. Pierwszy to Rosja carska, drugi – porewolucyjna, trzeci – kapitalistyczna. W kolejnych odsłonach powracają ci sami bohaterowie, ale starzeją się tylko niektórzy z nich. Kluczową postacią okazuje się Zachedryński – „niejasna osobistość, lat 50" – który zna przebieg wydarzeń mających dopiero nastąpić. Na pierwszy plan wysuwają się tu relacje uczuciowe między bohaterami, nierzadko bolesne, ale sztuka jest gęsta od aluzji literackich i historycznych. Pojawia się nawet Lenin. Znaczenie ma każdy element świata przedstawionego – od butelki coca-coli i złotej zapalniczki po przesuwające się w oddali widma sowieckiego generała bez głowy i obnażającej się przelotnie Katarzyny Wielkiej. Na koniec opowieść zatacza koło. Po opadnięciu mgły dziejów, w której błądzą sieroty konsumpcji, widzom ukazuje się sceneria z aktu pierwszego. Znów rok 1910, pensjonat na Krymie, za oknem morze.

Dramaturg szczegółowo wyjaśnia w didaskaliach, jak jego sztuka powinna być wystawiana. „Scena wyznaczona przez pięć ścian. To znaczy: plan sceny jest połową ośmioboku przepołowionego równolegle do boków 1 i 5, a prostopadle do boków 7 i 3". Dalej: „Dwie ściany boczne i prostopadłe do proscenium będą oznaczone jako ściana 1 (ściana po lewej stronie) i ściana 5 (ściana po prawej stronie). Ściana przeciwległa do widowni, centralna, jako ściana 3. Ściana ukośna po lewej między ścianą 1, czyli prostopadłą do widowni, a ścianą 3, czyli ścianą centralną, będzie oznaczona jako ściana 2. Ściana ukośna po prawej stronie między ścianą 5, czyli ścianą prostopadłą do widowni, a ścianą 3, czyli ścianą centralną, będzie oznaczona jako ściana 4...". I tak przez cztery strony.

Jeśli się wczytać, z powyższego opisu wynika, że ściany będą – najzwyczajniej w świecie – numerowane po kolei, poczynając od pierwszej z lewej. Ale tak napisać byłoby za prosto?

Miłość... wygrywa w Paryżu konkurs na współczesną sztukę francuską, nagrodą są pieniądze na jej wystawienie. Mrożek – z powodu paszportu – bywa czasem uważany za autora francuskiego, choć cały czas pisze po polsku. Nieco rozbawiony donosi Janowi Błońskiemu: „A więc sztuka rosyjska napisana przez Polaka będzie wystawiona w Paryżu jako sztuka francuska". Właściwie należałoby dodać jeszcze, że napisana w Meksyku. Prapremiera ma się odbyć w Starym Teatrze w Krakowie. Przymierza się do niej Jerzy Jarocki, autor licznych adaptacji dramatów Mrożka, poczynając już od *Policji*. Ale jednak tego nie zrobi.

Przebywający daleko za oceanem Mrożek silnie zaznacza swoją obecność. Dokłada starań, by mimo dystansu mieć kontrolę nad teatralną interpretacją *Miłości...*, domaga się nawet specjalnego układu druku na stronie dla zachowania rytmu i intonacji tekstu. Szczegółowe didaskalia dodatkowo obwarowuje dziesięciopunktową klauzulą, w której jeszcze bardziej drobiazgowo wyjaśnia, jak jego sztuka powinna być wystawiana (klauzula nie będzie publikowana razem z dramatem). Od jej przestrzegania uzależnia podpisanie umowy z teatrem. Jarocki rezygnuje z reżyserowania premiery. Rozlegają się głosy, że autor przesadził.

„Na zasadzie »bo tak się przyjęło« traktuje się mnie jako dostarczyciela materiału do »wydarzeń artystycznych«, których bohaterem ma być reżyser. A kiedy nie zgadzam się na rolę baby, która kuchennymi schodami przynosi kurę, aby dopiero pani domu ją upiekła i podała gościom do stołu podczas uroczystej kolacji, wtedy powstaje krzyk, że przewróciło mi się w głowie" – irytuje się Mrożek w wywiadzie dla „Nowych Książek". Nieco dalej dodaje wręcz nieco dziecinnie: „A jeśli aż tak przeszkadzam teatrowi, to tyle jest pięknych powieści, które można przerabiać na scenę, tyle książek telefonicznych, z których można robić twórcze adaptacje, tylu autorów na cmentarzach, którzy już nie mają żadnych zastrzeżeń, że po co grać moją sztukę tak okrutnie zastrzeżoną, sztukę autora, który tak bestialsko podcina skrzydła twórczym reżyserom? Przecież ja nikogo nie zmuszam".

Cała afera utrwali obraz Mrożka jako autora trudnego we współpracy i prawdopodobnie przyczyni się do coraz rzadszego wystawiania jego sztuk.

Ale obrywa się także Staremu Teatrowi. Paweł Głowacki szydzi w „Tygodniku Powszechnym": „Rozpętało się piekło Wielkiej Ploty i szemrania po kątach bufetu. Że jakżeż tak można! Żądać kurtyny, przerw, całości tekstu, zgodności wieku i płci pomiędzy aktorami a postaciami, takiej, a nie innej scenografii, oraz całej reszty podobnego autoramentu teatralnych oczywistości?!! Tak, tak". Krytyk staje po stronie autora: „W istocie swojej Mrożkowa klauzula niczym innym nie jest, jak żądaniem od teatru, aby na czas »Miłości na Krymie« stał się zwyczajnym, normalnym teatrem – bez pretensji do awangardy, inscenizacyjnych olśnień i tzw. nowatorskich odczytań. Aż wierzyć się nie chce, że coś tak normalnego stało się poważnym intelektualnym problemem dla Starego Teatru – jakby jego jakość rzeczywiście wisiała na kurtynie".

Miłość... reżyseruje ostatecznie Maciej Wojtyszko. Będzie potem wspominał, że kiedy usiłował wydobyć z autora ukryte podteksty sztuki, pomyślał sobie, iż „książę Filip chyba miał lżej z Iwoną księżniczką Burgunda". Prapremiera ma miejsce w marcu 1994 roku. Recenzje są powściągliwe.

W 2009 roku podczas spotkania z publicznością w Warszawie Jarocki przedstawi swój punkt widzenia:

– Widocznie układ Mrożek – Jarocki niósł w sobie już w zarodku drzazgę czy powód do nieporozumień, bo zaowocował właśnie tymi dziesięcioma punktami. Powiem tak: nie tylko ja, ale właściwie żaden reżyser po przeczytaniu takich wytycznych autora nie powinien chwytać się reżyserii tak poważnego tekstu. Napisane przez Mrożka punkty były prowokacyjne, nie pozwalały dotknąć czy zmienić przestrzeni, stawiały rygory w stosunku do tekstu, do obsady, miejsca, dekoracji. Dekoracje z kolei były opisane dokładnie, centymetr po centymetrze, gdzie krzesło, gdzie fotel, gdzie ściana, jak długa i tak dalej, i tak dalej, więc tak naprawdę te punkty dla odpowiedzialnego reżysera były przeszkodą nie do przebycia, więc zrezygnowałem. Ale wróciłem do *Miłości na Krymie* wiele lat później w Teatrze Narodowym.

Podczas spotkania reżyser przyzna również, że dostał potem list od autora z zachętą do ponownego podjęcia wyzwania. Na pytanie dziennikarza

Remigiusza Grzeli, co pomyślał sobie po przeczytaniu punktów, Jarocki odpowie: – O autorze nie zmieniłem swojego dobrego zdania. Jest coś takiego, jak nieodwzajemniona miłość, i ja właśnie taką żywię do Mrożka.

Mrożek prawie nic wychodzi z dwóch hektarów swojej posiadłości. Zalecone przez lekarza spacery odbywa w ogrodzie, który jest na tyle duży, że pisarz nie czuje się w nim jak w więzieniu. „Meksyk to dla mnie Rancho La Epifania. Ono jest dla mnie jedynym źródłem wiedzy o Meksyku" – przyznaje.

Co innego Susana. Ta dogląda interesów. Jej lokalny biznes zaczyna się prozaicznie. Konfitury smażone są początkowo na własny użytek. Ale od czasu do czasu da się przecież w prezencie słoik przyjaciołom, nadwyżki rozda znajomym. Wszystkim bardzo smakuje, częstują swoich gości, sąsiadów... Kolejne pochwały. Pojawiają się pierwsze zamówienia, stopniowo jest ich coraz więcej. Konfitury debiutują w ofercie spółdzielni gospodyń. Wreszcie Susana zakłada firmę. Na wspólników bierze zarządcę hacjendy i jego żonę – Paco i Flor. Dość szybko kończą z chałupnictwem, kupują maszyny. I... mniej więcej wtedy sytuacja w Meksyku się zmienia.

1 stycznia 1994 roku w południowym stanie Chiapas wybucha powstanie Zapatystowskiej Armii Wyzwolenia Narodowego, która sprzeciwia się wyzyskowi i biedzie nękającymi wielu Indian. Wykorzystując efekt zaskoczenia, zajmują kilka miast, po czym zostają wyparci przez zmasowany atak sił rządowych. W ciągu dwunastu dni giną 193 osoby. Pokojowe pertraktacje w San Cristóbal de las Casas przerywa tragiczna wiadomość. W Tijuanie zastrzelony zostaje Luis Donald Colosia – kandydat na prezydenta z ramienia PRI, wyznaczony przez wciąż rządzącego Salinasa następca. Zamach ostatecznie kończy w kraju okres względnej stabilizacji. Nowym prezydentem zostaje Ernesto Zedilla. Zaledwie trzy tygodnie po objęciu przez niego urzędu następuje gwałtowna dewaluacja peso. Gospodarkę dobija wkrótce wielka susza.

W *Dzienniku powrotu* Mrożek napisze: „Prezydent Carlos Salinas z kolegami precyzyjnie doczekał końca kadencji, zainkasował wszystko, co sobie przygotował w ciągu sześciu lat prezydentury. W ramach reform i prywatyzacji sprzedał samemu sobie i kolegom po cenach własnych telekomunikację z dwoma satelitami włącznie, banki, supermarkety, koncesje i udziały, po czym uciekł za granicę, pozostając prywatnym właścicielem połowy kraju, w którym pojawił się głód, epidemie, anarchia, bandytyzm i Demon".

Co to za „Demon"? Błyskawicznie wzrasta bezrobocie i przestępczość, ludzie stają się nerwowi, żyją z dnia na dzień w przeczuciu katastrofy. Przedmioty lecą im z rąk, nie potrafią ze sobą rozmawiać. Złym emocjom, jakie kłębią się w ich głowach i brzuchach, próbują nadać postać. Tak rodzi się coś na kształt ducha-wampira. Urządzają na niego obławy. Bestialsko zabijają podchodzące do gospodarstw dzikie zwierzęta. Zachowują się jak opętani. Mrożek przyznaje, że w Meksyku wraca do niego uczucie znane z czasów wojny: strach.

W okolicy podejrzanie często widywany jest niebieski volkswagen. Samochód zwalnia lub parkuje tylko w punktach, z których dobrze widać „La Epifanię". Siedzi w nim dwóch typków. Wypytują sąsiadów o gospodarzy. Jak często bywają na ranczo? Czym się zajmują? Gdzie nocuje służba? Którejś nocy Mrożkowie wypalają wreszcie z pistoletu, aby ich postraszyć. Tamci odjeżdżają. Na jak długo? Nie wiadomo. Pisarz zaczyna bać się porwania – dla okupu najczęściej uprowadza się cudzoziemców, na przykład przedstawicieli zagranicznych firm. W nocy małżonkowie na zmianę czuwają z bronią na wieży. Najbardziej nerwowe są teraz soboty. Wszyscy wiedzą, że tego dnia robią wypłaty i mają w hacjendzie sporo gotówki.

W *Dzienniku powrotu* Mrożek opisuje też wieczór, kiedy Susana bierze udział w wernisażu z udziałem elity kulturalnej i korpusu dyplomatycznego. Jest w centrum Mexico City. Pierwsi z opuszczających imprezę gości zostają brutalnie napadnięci i obrabowani. Policja udaje, że nic nie widzi, po czym się ulatnia. Nieco dalej na ulicy stoją kolejne gangi. Kobieta heroicznie wyciąga nóż i – prawdopodobnie uznana za wariatkę – cudem dociera do samochodu. Mrożek próbuje sobie wyobrazić analogiczną sytuację przy Rynku Głównym w Krakowie. Kończy zezłoszczony: „Przepraszając za słowo, powtórzę to, co zawsze powtarzam, kiedy spotykam się z twierdzeniem, że wszędzie jest to samo i tak samo. A mianowicie: proponuję tym, którzy tak twierdzą, aby usiedli gołą dupą na blasze rozgrzanej do temperatury trzydziestu stopni Celsjusza, a potem na blasze rozpalonej do temperatury stu stopni – następnie zaś ocenili różnicę".

Wokół bankrutują kolejne firmy, a Susana na dodatek coraz mniej jest pewna swoich wspólników. Awansowani ze służby na partnerów w biznesie zaczynają zadzierać nosa i zaniedbywać obowiązki. Mają coraz większe żądania. Wyraźnie dają jej do zrozumienia, że nie jest najważniejsza, choć bez niej wciąż by przecież zamiatali posesję. Moment krytyczny nastaje, kiedy kobieta wybiera się do Tlaxcali na festyn, gdzie ma promować konfitury. Jest świadkiem zabójstwa, wraca wstrząśnięta. Na miejscu odkrywa, że Paco i Flor nie dopilnowali pod jej nieobecność produkcji, tylko pojechali się bawić. Zmarnowało się mnóstwo surowców. Po ich zwolnieniu wychodzi na jaw, że przez lata przywłaszczali sobie pieniądze przekazywane przez Mrożków dla chłopca stajennego, którego na ranczu poturbował koń.

9 stycznia 1996 roku Mrożek pisze w liście do Erwina Axera: „Ostatnio zaniedbałem korespondencję, bo należało wyrzucić cały personel i sami musieliśmy załatwiać sprawy, które normalnie załatwiają ludzie do tego wynajęci. Długo trwało, zanim Susana skompletowała nowy i względnie sprawny zespół. Służby można tutaj mieć bez liku, w każdej chwili i według europejskich standardów prawie za darmo, ale z jakością źle. Miejscowi pracodawcy tego nie zauważają, bo są miejscowi i sami są częścią problemu. To są kłopoty z posiadaniem, w tym wypadku z posiadaniem rancha. Oboje jesteśmy ludzie wsobni, życie wolne, bo anonimowe i przelotne, w dużym mieście bardziej byłoby zgodne z naturą moją i Susany niż życie osiadłe i tą osiadłością skrępowane. Ale w Meksyku życie obywatela ziemskiego jest jedyną formułą do przyjęcia".

Któregoś ranka Mrożek zadaje w końcu żonie pytanie, które z czasem stanie się sławne: „Paryż czy Kraków?". Susana odpowiada: „Kraków".

Ogłoszenie decyzji staje się w kraju małą sensacją. Na łamach „Dziennika Polskiego" – pierwszej redakcji, z którą był na dobre związany – Mrożek zaczyna publikować cykl felietonów. Wysyła je do Opalskiego, pisząc: „Drogi

Żuku! Proszę Cię, choć wiem, że nie powinienem teraz Cię męczyć, abyś zadzwonił do »Dziennika Polskiego« i w moim imieniu zaproponował mu druk mojego *Dziennika powrotu* w odcinkach. Pierwszy odcinek załączam, honorarium powinno być tak wysokie, jak tylko się da, bo wrócę do Krakowa zubożały jak dziedzic po reformie rolnej rozparcelowany przez Armię Czerwoną".

Pierwszy wywiad ukazuje się w „Życiu Warszawy". „Zgodziłem się na tę rozmowę z prostego powodu. Jeżeli człowiek pojawia się w domu, gdzie odbywa się jakieś zgromadzenie – powiedzmy party – to głupio wejść i udawać, że mnie nie ma. Usiąść w kącie i milczeć. Powinienem choćby powiedzieć »dzień dobry«". O Meksyku mówi: „Ja niczego nie zapominam. Na pewno było to doświadczenie bardzo słuszne z punktu widzenia mojego życia wewnętrznego i zewnętrznego. A także zawodowego. Siedem lat temu wszystko było bardzo dobrze. Jeszcze dwa lata temu było bardzo dobrze. No i przestaje być". „Czy nie boi się pan tej dzisiejszej Polski?" – pyta dziennikarz Paweł Goźliński. Mrożek odpowiada: „Boję się. Oczywiście".

Do pisarza przyjeżdża wkrótce publicysta Jacek Żakowski i na podstawie rozmów z nim i jego żoną pisze książkę *Co dalej, panie Mrożek?*, która ukazuje się najpierw w „Gazecie Wyborczej" jako cykl egzaltowanych reportaży. Paweł Łoziński zabiera ze sobą do Meksyku ekipę i kręci nieco bardziej udany dokument o powrocie wielkiego twórcy po latach tułaczki. Janusz Adamczyk, dyrektor Wydawnictwa Literackiego, wysyła mu list – zaproszenie do Krakowa, podpisany przez obecnych na promocji najnowszej książki Czesława Miłosza (Mrożek wspomina o tym w felietonie, ale nie wymienia nazwisk). Jego siostra Litosława, z którą i tak nie był zbyt blisko, niedawno zmarła, ale w Krakowie wciąż mieszka wielu przyjaciół pisarza, jak chociażby Jan Błoński.

„Nigdy nie wrócisz do rodzinnego kraju" – taką przepowiednię miał kiedyś usłyszeć od wróżki w Portoryko. Podobno nie wiedziała, że jest emigrantem. Nic jej o tym nie powiedział. Teraz Mrożek zauważa nagle, że jego wieża się osunęła. Stoi krzywo, podobnie jak większość tutejszych domostw, co przypisywał wcześniej niechlujstwu budowniczych. Przychodzi mu do głowy, że karta w tarocie, która oznacza nieszczęście, przedstawia właśnie walącą się wieżę. Najbardziej żal mu psów – musi je teraz zostawić. Zamykając swoje meksykańskie sprawy, w *Dzienniku powrotu* pisze: „I zobaczycie mnie na Rynku Głównym, podstarzałego Greka Zorbę, wciąż z wyrazem »co mi tam!« na twarzy, ale z łamaniem w kościach".

LUDZIE **Błoński**

Toruń. Bydgoskie Przedmieście, ulica Moniuszki. Rok 1947, może 1948. Jan Błoński ma jakieś szesnaście, siedemnaście lat, chodzi po podwórku i widzi wszystko bez przyczyny. Drzewa nie mają korzeni, fura terkocze po ulicy bez sensu, dom stoi na przypadku. Prawo ciążenia obowiązuje tylko tymczasowo, w każdej chwili może zostać odwołane okno, a wtedy parapet zawiśnie w powietrzu.

Błoński przypomina sobie wtedy przygnębiający sen z wczesnego dzieciństwa. To sen o spadaniu. Poruszające się obrotowym ruchem chmury spychały go w dół – do piekła. Wiele lat później już jako uznany krytyk napisze o tej chwili w dzienniku: „Nie było w tym nic wyrozumowanego, odeszła nagle, jak wróciła – milcząco". Te słowa nie dotyczą kobiety.

One dotyczą wiary.

„Pochodzenie moje pstre" – mawia Błoński, ze względu na charakterystyczną końcówkę nazwiska podejrzewany nierzadko o szlachectwo. Z podejrzeń o żydowskie czy ziemiańskie pochodzenie zwykle się śmieje, ale życzliwie. Jest o rok młodszy od Mrożka. Przychodzi na świat w Warszawie, tu przeżywa okupację. „Zapewne byłem wtedy tak młody, że apokaliptyczne płomienie lizały mnie, nie parząc" – zapisze w dojrzałym wieku. Później okaże się jednak, że wojna wywarła na nim znacznie większe wrażenie, niż początkowo chciałby przyznać. Wszystko za sprawą spotkanych raz na ulicy dzieci. Ale o tym jeszcze nie teraz.

W latach jego świetności na krakowskiej polonistyce będzie się żartować, że tak jak Montaigne mówił najpierw po łacinie, a dopiero potem w języku ojczystym, tak Błoński zaczął od francuskiego. Jego babka jest rodaczką Napoleona – w domu używa się dwóch, a nawet trzech języków. Rodzice mówią między sobą po niemiecku, jeśli akurat nie chcą być rozumiani przez dzieci.

Będąc dzieckiem, Błoński zabawia się w dopisywanie optymistycznych zakończeń do porzuconych sztuk Słowackiego. W wieku piętnastu lat czyta Prousta w oryginale. Jako nastolatek ma już za sobą pierwsze publikacje. Jako dwudziestolatek zaczyna utrzymywać całą rodzinę – z pracy umysłowej. Przyjmuje posadę w „Przekroju". Nierzadko publikuje w tygodniku teksty popularyzujące wśród Polaków kulturę francuską. Na długo przed pierwszą wydaną nad Wisłą książką Rolanda Barthesa Błoński poświęca francuskiemu krytykowi i semiologowi artykuł.

W redakcji poznaje wysokiego chudzielca o wielkim nosie. Nie od razu się na nim poznaje. Znacznie później powie o Mrożku w jednym z wywiadów: „Jeszcze w latach 1952–1953 drukował w »Przekroju« dowcipy, ale myśmy go nie traktowali jako wybitnego autora. Dopiero później, po wydaniu pierwszych opowiadań, to się zmieniło". W początkach znajomości pisarz i krytyk regularnie widują się także na posiadówkach w Domu Literatów.

Na krakowskiej polonistyce Błoński zalicza się do ostatniego rocznika przed stalinowskimi reformami. Obowiązuje go jeszcze tzw. wielki egzamin z historii literatury. Ucieka wówczas sprzed drzwi gabinetu Stanisława Pigonia, bo stale myli mu się polowanie z grzybobraniem, a profesor magluje z *Pana Tadeusza*. Idzie do Juliusza Kleinera – ten pyta syntetycznie. Dopiero po wpisaniu noty okazuje się, że egzaminowany nie kojarzy futurysty Yeżego Yankowskiego. Historia nie pozna przypadku, by jeszcze kiedyś dał się na niewiedzy przyłapać.

„Być może, że kryzys nie tylko teatru, ale literatury czystej w ogóle ma swoje przyczyny takie, jakie podaje Artaud, o którego w ogóle istnieniu dowiedziałem się dzisiaj przez artykuł Błońskiego w »Dialogu«" – notuje któregoś razu Mrożek w dzienniku. Nicco dalej dodaje: „Nie wdając się jednak w charaktery, wdałem się raczej w Giraudoux, w postacie ucieleśnienia idei, esencji. (Również, że taki był Giraudoux, dowiedziałem się dzisiaj od nieocenionego Błońskiego)".

– To dziwna sytuacja: intelektualista najwyższych, że tak powiem, obrotów umysłowych w glątwie peerelowskiej – zauważa Tomasz Fiałkowski, redaktor „Tygodnika Powszechnego", z którym Błoński w późniejszych latach podejmie współpracę. – W tak niesprzyjających okolicznościach pojawiło się pokolenie piekielnie inteligentnych, zdolnych, chłonnych ludzi. Debiutowało się wtedy jakimiś idiotycznymi recenzjami. Teksty nie były złe czy dobre, ale takie, jakie mogły być, bo trzeba się było poruszać w ramach zakreślonych przez system. Fascynują mnie ich intelektualne narodziny wbrew wszystkiemu. Po Październiku każdy z nich w pewnym sensie eksplodował, a potem wybrał własną drogę, bo nareszcie stało się to możliwe.

Mowa nie tylko o Błońskim, ale też pisarzach i literaturoznawcach Andrzeju Kijowskim, Konstantym Puzynie i Ludwiku Flaszenie, którzy biorą udział w prowadzonym przez Kazimierza Wykę seminarium zwanym krakowską szkołą krytyki. Nawiązując bez dogmatyzmu do ideologii marksistowskiej, udaje im się przełamać pokutujący od dziesięcioleci mętny i niepotrzebnie ozdobny model krytyki młodopolskiej. Który z nich największy? „Ty jesteś wykształcony, ja inteligentny" – żartuje sobie z Błońskiego Kijowski.

Błoński siedzi pochylony nad swą pierwszą naprawdę ważną książką (bo pierwszą w ogóle był *Gałczyński 1945–1953*, kolejną – *Poeci i inni*). Pisze właśnie wstęp do *Zmiany warty*, która ukaże się w 1961 roku i będzie próbą opowiedzenia o polskim Październiku '56 poprzez twórczość młodego pokolenia prozaików („Musi tu paść nazwisko Mrożka" – zaznaczy autor). Pokój wypełniają kłęby papierosowego dymu. Pali ekstramocne bez filtra –

nawet do czterdziestu dziennie. Pewnie jak zwykle wstał o dziewiątej rano, by zasiąść do swego zielonego konsula. Będzie pracował do obiadu, a potem pojedzie po żonę.

Teraz jednak wystukuje na kartce papieru wyznanie: jego dzieciństwo upłynęło pod znakiem zazdrości o symbolicznego „starszego brata". Zazdrościł pokoleniu swego ojca miejsca w historii. Zazdrościł rówieśnikom, którzy brali udział w powstaniu. Niektórzy nawet zginęli – to dopiero coś. Sam zwykle raczej obierał ziemniaki. I czytał.

– Nazwałbym to syndromem dziarskiego chłopca – wyjaśnia Krzysztof Błoński, syn Jana. – Ojciec nie był wysportowany, choć pływał, a w szkole w Toruniu podobno grywał w koszykówkę. Podkreślał jednak, że nigdy nie był dziarskim chłopcem: odważnym, sprawnym fizycznie, męskim. Chyba go to nie interesowało. W pewnym momencie postanowił, że zajmie się „samą głową". Gdy grałem mecze koszykówki czy tenisa, przychodził po-

patrzyć. Ale prawdziwy mecz oglądał tylko raz w życiu – podczas pamiętnych mistrzostw świata w 1974 roku. Nie mieliśmy telewizora. Ojciec do końca życia nie oglądał telewizji, rodzice poszli więc do naszego sąsiada Stanisława Lema, aby tam zobaczyć ten mecz Polska – RFN. Jedyny przegrany przez Polaków podczas całego mundialu.

Skupienie się na „samej głowie" oznacza brak przywiązania do spraw przyziemnych. Błoński nigdy nie zajmuje się domem – nie sprząta, nie zmywa, nie wbija gwoździ. Od tego jest rodzina. Do spraw materialnych też nie przywiązuje większej wagi. Nie dba o wygląd zewnętrzny. Gdy Miłosz spotka go któregoś razu w eleganckim hotelu d'Angleterre w Kopenhadze, na drugi dzień podaruje mu krawat. – Oj, nosił się raczej niestarannie – przyzna aktorka Anna Polony, która będzie z nim pracować w Starym Teatrze, kiedy Błoński zostanie kierownikiem literackim. – Chodził przygarbiony, a wysoki był bardzo. Miał coś takiego luźnego w sobie, że elegancja nawet by mu nie pasowała. Ta niedbałość stroju była integralnym fragmentem jego osobowości. On przede wszystkim żył wnętrzem, skupiony był na myśleniu. O rzeczach ważnych.

Błoński lubi podróżować, byle nie samolotem. Ma jednak w nosie warunki. Ważne jest to, czego może się dzięki wyprawie dowiedzieć. Podczas jednego z pobytów w Paryżu mieszka w maleńkim pokoju bez okien. Przez tydzień zjada wraz z Puzyną dziesięć chińskich konserw kurzych, ale wieczorami chadza do teatru. Prawie jak bohater *Monizy Clavier*. Mrożek wkrótce stanie się dla niego jednym z najważniejszych autorów.

Ich korespondencja zaczyna się na dobre w 1963 roku. Mrożek wybiera emigrację, a Błoński – nie wiedząc jeszcze, że pisarz już się urządza we Włoszech – proponuje mu mieszkanie w Paryżu. Na Sorbonie jest w tym czasie lektorem wydziału literatury i nauk humanistycznych. O tę posadę bardzo się starał, bo była dla niego szansą na chwilowe choćby wyzwolenie z intelektualnie dusznego PRL-u (pomogło francuskie pochodzenie). Błoński podkreśla to teraz w liście do Mrożka: „Okropny tam kapuśniak warzą w narodowym kotle właściciele Polski Ludowej – nad wyraz mdły i postny. Piesków, szarpiących nieszczęsną literaturę naszą, intrygujących, donoszących etc. znacznie się namnożyło. Przyjaciele nasi w smutku pogrążeni – Lem w Grecji nostalgię koił, pewnie Ci stamtąd parę słów napisał". Tylko za granicą wszyscy mogą pisać do siebie swobodnie.

Mrożek przyzna w dzienniku, że pisząc do Błońskiego, pisze trochę do siebie. Już po kilkunastu listach staje się jasne, że w tej korespondencji to dramaturg bardziej wymaga uwagi. W pewnym sensie robi z niej sobie emocjonalną terapię i tylko raz wyrywa mu się zakłopotana refleksja, że może czegoś nadużywa. Nie tylko wysyła przyjacielowi teksty do oceny, ale też zwierza mu się z licznych rozterek świeżego emigranta, na co Błoński – jak ujmie to kiedyś Tadeusz Nyczek – rozkłada „swoją kanapkę psychoanalityka". „Widzę, że się bardzo męczysz" – pisze mu w odpowiedzi. I cierpliwie wyjaśnia: „Nie chcesz pozwolić, aby sprawy patriotyzmu, obowiązku itd. zajmowały Twoją głowę. Ależ bardzo słusznie, ja także od dawna mówię, także Tobie (ale może niezręcznie), że takie stawianie sprawy jest anachroniczne i jałowe, zwłaszcza literacko. Pozwala to także wyjaśnić, czego właściwie Ty się w Polsce boisz. Tego samego co ja (zwłaszcza kiedy jestem tutaj): barbarzyńskiego ujęcia stosunków między jednostką a społecznością".

W 1967 roku Błoński wraca z Paryża do Krakowa. Już wkrótce, podczas kolejnych pobytów w stolicy Francji, będzie się spotykał z Mrożkiem osobiście, bo ten zmieni tymczasem miejsce zamieszkania. Na razie na Uniwersytecie Jagiellońskim jako pracę doktorską chce złożyć swoją książkę o Mikołaju Sępie-Szarzyńskim. Słyszy na to: „Bardzo ładnie, ale to jest habilitacja. Proszę do tego dorobić doktorat". Oba tytuły zdobywa w niespełna dwa lata.

– Gdy przyszedłem do Błońskiego pisać doktorat, on był jeszcze początkujący i nie bardzo wiedział, czego ode mnie wymagać – wspomina Jarzębski. – Albo może i wiedział, ale w takim starym stylu. Na przykład pytał srogo: „Ile pan ma fiszek?". Ja też byłem początkujący, więc wydawało mi się po takim pytaniu, że prawdziwy uczony powinien mieć ich mnóstwo. Sporządziłem ich wtedy z pięćdziesiąt. Nigdy nie miałem z nich najmniejszego pożytku, bo są ludzie, którzy po prostu nie potrafią pracować z fiszkami, i ja się do nich zaliczam. Podobnie zresztą jak Błoński.

– Pod koniec lat siedemdziesiątych z kolegami z historii sztuki poszliśmy kilka razy na wykład monograficzny Błońskiego o Mrożku – wspomina Fiałkowski. – To było fascynujące doświadczenie, coś jak teatr jednego aktora. Interpretował wtedy jednoaktówki Mrożka z lat sześćdziesiątych, jak *Zabawa* czy *Na pełnym morzu*, i było to niebywałe. Z jednej strony precyzyjnie rozbierał omawiany tekst na części, a z drugiej niesamowicie się nim bawił. Cytował całe passusy, obszerne fragmenty dialogów, wybuchał śmiechem. Bardzo to było piękne. To samo z Gombrowiczem, Miłoszem, Witkacym. Ci autorzy nigdy nie przestali go zaciekawiać, nawet przy pięćdziesiątej lekturze. Poświęcił im książki.

Błoński tłumaczy też z francuskiego – między innymi Eugène'a Ionesco czy Jeana Geneta. Interesują go autorzy nierzadko uważani za niemoralnych, jak na przykład Georges Bataille, którego *Historia oka* czytana była początkowo jak zwyczajna pornografia, a pośmiertnie wydana *Moja matka* opowiada historię kazirodczego związku siedemnastolatka i jego znacznie starszej, ale wciąż atrakcyjnej protoplastki. Błoński szybko staje się w Polsce pierwszym mrożkologiem. Na temat twórczości przyjaciela publikuje obszerne artykuły w „Pamiętniku Literackim", „Tekstach" czy „Dialogu". Zwykle chwali, ale nie jest bezkrytyczny i nie boi się podejmować drażliwych dla autora tematów (vide: Gombrowicz).

W późniejszych latach promuje młodych autorów, nie tylko pisząc recenzje, ale i zasiadając w jury Nagrody Kościelskich (dostrzega między innymi talent Pawła Huellego i Magdaleny Tulli). Gdy Jarzębski przynosi mu mozolnie spłodzone fragmenty pracy, Błoński bierze je do ręki i przerzuca kartki jak maszyna. Nawet w tak niewiarygodnym tempie czyta zawsze ze zrozumieniem.

– Był człowiekiem bardzo zajętym, nie miałem poczucia, by mnie prowadził za rączkę, ale był bardzo pomocny, gdy tego potrzebowałem – zaznacza Jarzębski. – Miewał świetne obserwacje właściwie we wszystkich dziedzinach, także w ekonomii. Mawiał na przykład: „Bułka, która w 1870 roku kosztowała dwa grajcary, w 1914 kosztowała nadal dwa grajcary, to był najbardziej stabilny okres ekonomiczny w dziejach Europy, dlatego I wojna światowa była takim szokiem dla wszystkich". Również literaturę widział bardzo wielostronnie.

Dla Błońskiego wciąż najważniejsza jest „sama głowa". – Byliśmy razem w bardzo pięknym muzeum malarstwa w Lille – wspomina Jarzębski. – Ma ono oczywiście przerwę obiadową, bo to jest Francja i wszyscy muszą porządnie zjeść. Przerwa zaczynała się o trzynastej lub czternastej, ale już piętnaście minut wcześniej zaczęto nas nawoływać do wyjścia. Błoński zakrzyknął z perfekcyjnie zagraną złością: „Taaak, żreć, żreć!".

Są w Lille na sesji naukowej. Mają stamtąd jechać do Paryża pociągiem, który kursuje średnio raz na godzinę. Siadają w restauracji na dworcu. Rozmawia im się tak dobrze, że przegapiają kolejne odjazdy.

Jest rok 1987. Pokój w krakowskim mieszkaniu. Błoński siedzi przy swoim konsulu. Dym. Na kartce papieru pojawiają się najpierw strofy z *Campo di Fiori* Czesława Miłosza, a zaraz potem słowa: „Przestać się bronić, usprawiedliwiać, targować. Podkreślać, czego nie mogliśmy zrobić, za okupacji czy dawniej. Zrzucać winę na uwarunkowania polityczne, społeczne, ekonomiczne. Powiedzieć najpierw: tak, jesteśmy winni. Przyjęliśmy Żydów do naszego domu, ale kazaliśmy im mieszkać w piwnicy. Kiedy chcieli wejść na pokoje, obiecywaliśmy, że wpuścimy, jeśli przestaną być Żydami, jeśli się »ucywilizują«, jak mawiano w XIX wieku, nie tylko w Polsce, rzecz jasna".

Tekst *Biedni Polacy patrzą na getto* ukazuje się w „Tygodniku Powszechnym". Przychodzą po nim setki listów, także bardzo krytycznych. Niektórzy nazywają Błońskiego polakożercą. – Przeraził mnie sposób recepcji tego tekstu – mówi Jarzębski. – Zrozumiałem, co to znaczy poruszyć temat żydowski w Polsce.

Fiałkowski pracuje jeszcze wtedy w redakcji miesięcznika „Znak". Ukazują się wówczas ze dwa numery poświęcone relacjom polsko-żydowskim. Po którymś nieszczególnie fortunnym tekście na temat współczesnego

Izraela przychodzi list od emigrantki ze Szwecji. Bardzo gorzki i niemiły, bo kwestionujący dobrą wolę redaktorów, ale szczery.

– Początkowo wcale nie miałem ochoty odpowiadać, ale w końcu się przemogłem – mówi Fiałkowski. – Napisałem, że nie mieliśmy złych intencji, a dyskurs się zmienia, na dowód czego załączam tekst Błońskiego z „Tygodnika", który jest częścią tej samej firmy. To było niesamowite. Trzy tygodnie później otrzymałem list w zupełnie odmiennej tonacji, jakby pisała go inna osoba. Autorka niemal nas przepraszała, bo nie sądziła, że dane jej będzie coś takiego kiedykolwiek przeczytać. Miała poczucie, że jest straszna niezagojona rana, którą wszyscy dotąd ignorowali, ale wreszcie ktoś odważył się powiedzieć coś, co należało powiedzieć już dawno.

Jak to było z tymi żydowskimi dziećmi, które Błoński spotkał na ulicy w czasie okupacji? Był tylko chłopiec czy też dziewczynka? Uciekli? Złapano ich? Historię, która staje się bezpośrednim powodem do napisania *Biednych Polaków...*, kilka źródeł przytacza nieco inaczej. Było to zapewne na tłocznej ulicy, w biały dzień, skądś wychynęły zagrożone maluchy. Nikt im nie pomógł. Także dziesięcioletni Błoński. Czy poczuł wtedy ulgę? Bałby się, gdyby Żydzi chowali się u niego w domu?

– Może nie było tego widać na co dzień, ale ojca bardzo wojna dotknęła – twierdzi Krzysztof Błoński. – Cztery lata spędził w okupowanej Warszawie. Obaj bracia dziadka zostali zamordowani, ale nie przez Niemców, tylko przez Sowietów we Lwowie, bo byli prokuratorami. Dziadek miał od tego czasu wstręt do Sowietów, nawet mnie to po nim zostało. Z kolei rodzina mamy prowadziła drukarnię w Krakowie na Woli Justowskiej. Jej krewną była Ludmiła Korbuttowa, działaczka Stronnictwa Demokratycznego. Po pacyfikacji Woli ona i dwie siostry zostały wywiezione do obozu. To dopełnia obrazu – obie rodziny podczas wojny ogromnie ucierpiały.

Podczas jednego z wykładów we Wrocławiu – już po publikacji *Biednych Polaków...* – Błoński opowiada o współodpowiedzialności. Atakuje go nagle studentka. Mówi, że coś takiego jak zbiorowa odpowiedzialność nie istnieje. Profesor spogląda na nią spokojnie i odpowiada: „Gdyby nie istniała, toby pani nie mieszkała we Wrocławiu".

Katolicyzm jest fundamentem postawy Błońskiego. Ale nietypowy. Prostota i skromność zamiast kardynalskiej purpury. Mrożek, choć w dzienniku czasem teoretyzuje na temat Boga, nie jest religijny. Bywa bardzo krytyczny wobec Kościoła, w osobistych zapiskach i listach atakuje też Jana Pawła II. „Więc już i papież nasz drogi jest przekonany, że kapitalizm = socjalizm, a oba złe. Tak powiedział w Ameryce Łacińskiej. A więc i on... »Wszystko jest to samo i jedno«. Czy papież nasz drogi nie rozumie, co mówi? Podejrzewam, że nie rozumie. Papież – jako uboczne zajęcie – był grafomanem, a grafomania to potęga. Raz grafoman – zawsze grafoman" – pisze któregoś razu. Mimo różnic pod tym względem dogaduje się jednak z Błońskim bez trudu.

We Francji Błoński styka się z księżmi robotnikami, co ma na niego ogromny wpływ. – Pamiętam, jak razem z teatrem na zaproszenie władz sowieckich pojechaliśmy do kochanego Związku Radzieckiego – opowiada Polony. – Najpierw byliśmy w Moskwie, potem w Wilnie. Obejrzeliśmy Ostrą Bramę. Potem poszliśmy do kościoła. Błoński w swym beżowym płaszczu stał w bocznej nawie, potem podszedł i przyjął komunię świętą. Tak bardzo mnie to wzruszyło! Wtedy to było coś. Pomyślałam sobie: „Jaki to jest wspaniały człowiek". Także gdy rozmawiał o Bogu, miał w sobie cudowną pewność. Ze mną jest w tych sprawach raczej raz tak, raz siak, więc dawał mi pokrzepienie.

– Ojciec wierzył, że są rzeczy, od których odejść nie można – wspomina Krzysztof Błoński. – Jedną z nich była bezkompromisowość w sprawach politycznych i w sprawach uczciwości. Bywał jak Katon. Nigdy nam nie pomagał w sytuacjach, które wymagały interwencji wykraczającej poza przyjęte zasady. Trudno, zapłaciłem za to na przykład urlopem dziekańskim, który musiałem wziąć. Nie było mowy o jakiejkolwiek pomocy – zasłużyłeś, to masz. Wiem, że ojca kilka razy próbowano straszyć czy namawiać do współpracy z SB. Nigdy nie ustąpił. Nie wysuwał się na plan pierwszy, ale władza doskonale wiedziała, jak jest niebezpieczny. W tym kontekście cytował go nawet Gomułka czy któryś z jego kacyków.

Jarzębski: – Błoński nie był dysydentem w takim sensie, żeby podpisywał listy czy wstępował do KOR-u, ale miał ogromny wpływ na swobodę myślenia. Kiedyś miałem w ręku wewnętrzny biuletyn partyjny. Był tam mały artykulik na temat tego profesora Błońskiego, który tak nam szkodzi i jest przeciwnikiem tak poważnym, że w końcu trzeba coś z nim zrobić. W taki właśnie sposób był widziany przez partię. Zresztą bardzo słusznie, bo był przeciwnikiem, którego trudno było zahaczyć.

– Pewne rzeczy dzięki ojcu były w naszej rodzinie oczywiste – dodaje Krzysztof Błoński. – Na drugi dzień po stanie wojennym on był na Kongresie Kultury Polskiej, który oficjalnie został już zawieszony, mama była przewodniczącą „Solidarności" w Szpitalu im. Żeromskiego, ja byłem wiceprzewodniczącym „Solidarności" na Akademii Pedagogicznej, a brat drukował ulotki w PAN. Nie mieliśmy wątpliwości, co w tej sytuacji jest najważniejsze.

W stanie wojennym Błoński jest prorektorem. Gdy wraca z zagranicy, robią mu rewizję osobistą. Jego żona, Teresa Błońska, ironizuje: „Rektor bez majtek!".

Z poczucia humoru znani są oboje. Przychodzących do ich domu gości – obok Mrożka także Jerzego Turowicza, Jana Józefa Szczepańskiego czy Andrzeja Wajdę – Błoński wita w progu, zamaszyście wymachując rękoma i pokrzykując: „Aaaa, mój wieeelki, mój wspaaaniały!". W 1995 roku, po latach publikacji na temat dramaturga, wydaje w końcu książkę *Wszystkie sztuki Sławomira Mrożka*. Jest to praca entuzjasty. Prawdopodobnie nie ma drugiej książki krytycznoliterackiej, w której znalazłoby się aż tyle wykrzykników. Wkrótce po premierze Błoński pisze do Meksyku, że wydawca już teraz zaproponował mu dodruk.

Mrożek dziękuje ze swej wieży na ranczo: „Czytałem w prasie wiele recenzji o tej książce, wszystkie pochlebne, przynajmniej te, które mi przysłano, a także sprawozdań o promocji, która odbyła się w Krakowie, *ditto*. Wyczerpanie nakładu, i to w tak krótkim czasie po ukazaniu się książki w sprzedaży, najlepiej zaświadcza o jej sukcesie. Jedno już mogę powiedzieć na pewno, zanim się z nią zapoznam: że dzięki Tobie nie tylko nadal istnieję, ale i w świadomości elit (bo tak specjalistycznej książki lud jednak nie kupuje) zaistniałem silniej niż dotychczas". Ostatnio jednak znowu ma się kiepsko. Zaledwie kilka wersów dalej zaczyna się żalić: „Jestem już starszy od Gombrowicza, mam 66 lat. Czy zauważyłeś, że w tym wieku dramaturgowie już nie żyją albo się wycofują?".

A Błoński? Jak zwykle – daje mu dobre rady: „Ośmielę się Ci zaproponować, abyś się zastanowił, co Ci sprawia przyjemność, i postarał się temu poświęcić".

– To był taki słodki misio! – wspomina Polony. – Serdeczny, otwarty, dowcipny. Miał w sobie coś takiego jasnego, niemal dziecinnego, ale nie infantylnego, bo to był przecież przemądry człowiek. Którejś niedzieli spotkaliśmy się na ulicy. Błoński przedstawił mnie małżonce, mówiąc: „To nasza wielka artystka". Były jakieś lata siedemdziesiąte, trochę już byłam znana i ceniona, ale bez przesady, nic specjalnego. Odparłam, że wielka to była Modrzejewska, a on mi na to: „A kto to wie? Widział ją ktoś?".

Teresa Błońska ma w sobie naturalną skłonność do wysuwania się na pierwszy plan. Przy mężu musi ją w sobie zdusić. Karierę zarzuca przez wyjazd do Paryża. Gdy Błoński dostaje pracę na Sorbonie, ona ma już prawie gotowy doktorat. Musi się podporządkować. Potem jej głównym zadaniem staje się stworzenie domu – ciepłego, gościnnego, z tradycjami. Połowa Krakowa ściąga tam na coroczne kolędowanie (Błoński śpiewa bardzo brzydko), przy rodzinnym stole odbywają się konkursy literackie, do poduszki czyta się poezję.

Gdy Błoński zaczyna chorować, żona bierze na barki ciężar opieki nad nim. – W ostatnich latach współpracy z „Tygodnikiem" byłem jego łącznikiem z redakcją – opowiada Fiałkowski. – Przynosił mi teksty wygrzebane z szuflad, nazwaliśmy ten cykl *Mieszaniny*. Duża sala przy ulicy Wiślnej była jeszcze wtedy pokryta labiryntem ciemnych boksów. Podchodził do mnie i zawsze przez chwilę rozmawialiśmy. To było bardzo przejmujące, bo miałem świadomość, że jego choroba postępuje. Zaczęła się, niestety, gdy był u szczytu możliwości intelektualnych.

Dopiero po jakimś czasie Fiałkowski dowiaduje się, że Błońskiego do redakcji „Tygodnika" odprowadza żona. Zostaje zwykle na dole, by nie sprawiać wrażenia, że przyszedł z opiekunką.

– Ostatni raz widziałam się z Jasiem, gdy czytałam fragmenty jego książki o Witkacym, to była premiera w Wydawnictwie Literackim – przypomni sobie Polony. – Był już wtedy w bardzo kiepskiej formie. Odpowiadał czasem na zupełnie inne pytanie, niż zostało zadane. Wszystko mu się mieszało, sporo zapominał. Kontakt z nim był już mocno utrudniony.

Teresa Błońska odchodzi pierwsza. Błoński zostaje niemal sam. Umiera w 2009 roku, kiedy Mrożek mieszka już w Nicei.

– Rzutem na taśmę udało mu się skończyć Witkacego, ale nie był do końca zadowolony z tej monografii – twierdzi Krzysztof Błoński. – Pracował nad nią do końca życia, była to właściwie jego zmora. Miał też wyrzuty sumienia z powodu Szymborskiej. Uważał, że powinien napisać o niej coś poważnego. Nigdy jednak do tego nie doszło. Jeszcze kilka lat temu podejmował próby, ale zrobić tego już nie potrafił.

MIEJSCA Nowa Polska

„Tato, po co pan Mrożek wraca do Polski?" – pyta chłopiec ze znanej serii rysunków. „Widocznie czegoś zapomniał" – odmrukuje znad gazety rodzic.

Jest rok 1996, ma lat sześćdziesiąt sześć, poza krajem spędził dokładnie połowę życia. Odpowiedzi nie zna sam. Wyjeżdżając, miał trochę więcej włosów, był może nieco szczuplejszy. Zrobił już karierę jako dziennikarz, napisał kilka dramatów i opowiadań, cieszył się w Polsce popularnością. Potem dochodziły tu echa jego zagranicznej kariery. Czeka go teraz entuzjastyczne przyjęcie, które dość szybko zacznie go męczyć. Rodacy chcą się identyfikować z jego sukcesem – tak lubią być dumni z cudzych osiągnięć. Ale po tylu latach w wielkim świecie lokalne uznanie przestało już robić na nim specjalne wrażenie. Drogę z lotniska do centrum miasta odbywa w deszczu. Zapamięta z niej głównie topole.

„Jaki ten Kraków niewielki! – napisze w *Baltazarze*. – Nigdy wcześniej mi się taki nie wydawał, a przecież bywaliśmy tu już wiele razy. Już Wola Justowska, hotel Cracovia i zaraz potem stanęliśmy przy Starym Teatrze. Ostatnie ciężkie walizy wniesione zostały na górę. Wszyscy, którzy je wnosili, mówili po polsku, tak samo jak wszyscy nieznajomi spotkani na ulicy.

To budziło we mnie najgłębsze zdumienie. I wreszcie usiedliśmy obok siebie. Sami. Po dwóch dniach spędzonych w samolocie. Patrzyliśmy na dwa okna po przeciwległej stronie ulicy. Byłem tak otępiały, że nawet uparta myśl, która pobrzmiewała w mojej głowie od momentu wylądowania: »Co ja właściwie tu robię?« – umilkła".

Myśl odzywa się już jednak nazajutrz. Mrożek idzie z Susaną na pierwszy spacer po mieście, siadają w kawiarni na Kazimierzu. Niepewni, obcy, trochę jak turyści. Przyglądają się starym murom, obwąchują teren. Bardzo szybko zaczyna ich przygnębiać pogoda. Jesień w Krakowie jest tego roku wyjątkowo pochmurna. Ciągle pada, a gdy nawet na chwilę przestaje, i tak jest szaro. Po słonecznym Meksyku to spora różnica. Trudno się przyzwyczaić. Już za kilka miesięcy będą musieli stawić czoło zamarzniętej rurze w świeżo odremontowanym mieszkaniu. Specjalność zimy w zabytkowym centrum Krakowa. W pierwszym (i jedynym) dramacie, jaki Mrożek napisze po powrocie do kraju, mężczyzna i kobieta rozmawiać będą podczas wakacji:

ONA: Słońce... Mam dosyć chmur, deszczu, zimna... Czy myślisz, że u nas znowu pada?

ON: Prawdopodobnie. Padało, gdyśmy wyjeżdżali.

ONA: Mam dosyć tych północnych ciemności, chciałabym tu zostać na zawsze.

Wydzwaniają do nich dziennikarze, dawni i nowi znajomi, ludzie czasem zaczepiają ich na ulicy. Pierwsze mieszkanie wynajmują przy Plantach. Kilka minut piechotą od Rynku Głównego. Jest przestronne, ale ponure. Susana znajduje w sklepie ogrodniczym silną lampę używaną przy hodowli roślin. Wiesza ją przy suficie w rogu pokoju i programuje tak, aby świeciła przez cały dzień. Któregoś razu gubi męża w tłumie na Rynku. Rozgląda się za kimś w średnim wieku, kto mógłby czytać książki, i pyta, czy go nie widział. „Ach, tak, jest tam" – słyszy. „Taki właśnie jest Kraków" – powie potem zdumiona.

W Mrożku powoli odżywają wspomnienia. Ale nie te z czasów beztroskiej młodości i pierwszych literackich sukcesów. Niestety, te najgorsze.

Wracają do niego obrazy z okresu okupacji. Idzie krakowską ulicą i przypomina sobie, jak szedł nią z drżeniem serca, czy za rogiem nie czai się patrol. Do tramwaju zagląda niepewny: są czy ich nie ma? Nigdy nie mógł wiedzieć, czy go nie wylegitymują, czy nie uderzą albo nawet zabiją. Zadymy po meczach piłkarskich kojarzą mu się z łapankami. Brzmią mu jeszcze w uszach ostrzeżenia przechodniów: „Niech pan tamtędy nie idzie, tam dzisiaj łapią". Teraz „łapią" zmieniłby tylko na „biją". Wspomnienia przylegają do niego coraz ciaśniej, wtapiają się w skórę, wlewają do płuc. Brakuje mu przez nie powietrza.

W jednym z opowiadań pisał: „Postanowiłem zacząć nowe życie. Stanowczo i nieodwołalnie. Do rozstrzygnięcia pozostało tylko pytanie: od kiedy? Odpowiedź nie nastręczała wątpliwości: od jutra. Obudziwszy się nazajutrz, stwierdziłem, że znowu jest dzisiaj, zupełnie tak samo jak wczoraj. Ponieważ nowe życie miałem zacząć od jutra, dzisiaj nie mogłem zacząć nowego życia. »Nic straconego – pomyślałem sobie. – Jutro też będzie jutro«. I spokojnie przeżyłem dzień po staremu. Nie tylko bez wyrzutów sumienia, ale i pełen dobrej myśli i krzepiącej nadziei. Cóż, kiedy nazajutrz znowu było dzisiaj, podobnie jak wczoraj i przedwczoraj...".

„Panie Mrożek, po coś pan wrócił do tego dziadostwa?" – zagaduje go któregoś razu pijak na ulicy. We Francji nie do pomyślenia. Pisarz kontynuuje po powrocie cykl felietonów, które zaczął jako *Dziennik powrotu*, niełatwo mu się jednak odnaleźć w roli komentatora nowej rzeczywistości. Przygląda się jej z lekkim zdumieniem.

Notuje: „W Polsce jest płasko, ale nie ma przestrzeni. Nasz kraj to równina wprawdzie, ale ja nie geofizykę mam na myśli, tylko wyobraźnię"; „Polska nie jest mała, ale zamieszkują ją sami Polacy i ta monotonia nie sprzyja wyobraźni. Pod tym względem Polska przedwojenna była przestronniejsza"; „Nie znam innego narodu aż tak zależnego od swoich stanów psychicznych"; „Uchowaj Bóg, by na pytanie »jak się czujesz?« odpowiedzieć »świetnie, doskonale«; to wielki nietakt i często grzeszą nim cudzoziemcy, którzy nie znają naszych obyczajów"; „I nie ma żadnego

Mrożek

absurdu, bywa tylko nieudolność, głupota, zła wola, niedostatki infrastruktury albo po prostu przypadek"; „Nie wierzę, że teraz jesteśmy »Absurdem Narodów«, jak kiedyś byliśmy »Chrystusem Narodów«, »Sumieniem Europy« i »Przedmurzem Chrześcijaństwa«. Nie bądźmy megalomanami, tym razem w negatywie, jeśli w pozytywie się nie da".

Zmiany nierzadko napawają go niesmakiem. Nie czuje się na swoim miejscu. Odrzuca go szerząca się wokół skłonność do ekshibicjonizmu. Współczesny język dziwi. Zdarza mu się nie rozumieć po polsku. „Konstytucja, owszem, ładna. Tylko dlaczego ani razu nie użyto słowa »kurwa«?" – pyta w felietonie któregoś razu. I dalej apeluje: „Więc w imieniu ludu umęczonego kulturą wysoką proszę o minimum: żeby w projekcie konstytucji umieścić choć raz słowo »kurwa«. Żeby przybliżyć i uprzystępnić. Przecież to ma być konstytucja dla mas, nie?". Jak potoczyłyby się losy ludzkości, gdyby praczłowiek nie umiał zrozumiale wyartykułować do drugiego praczłowieka zdania „Idzie mamut, podaj dzidę"? Mrożek ma wrażenie, że zmieniły się składnia, dykcja i fonetyka Polaków, zwłaszcza młodych. Język już nie ma melodii. „Jakby ktoś, kto ma gorące kluski w gębie, chciał coś powiedzieć bardzo szybko i bardzo głośno, i bardzo emocjonalnie, choć trudno ustalić, co ma do powiedzenia i jakie są jego emocje" – podsumowuje.

Zgorzkniały, zirytowany, często zniechęcony Mrożek wytyka też nonsensy życia politycznego w nowej Polsce: „Żadna partia demokratyczna nie obiecuje wyborcom tylko stabilizacji ani tylko zmian, zawsze jedno i drugie jednocześnie". Snuje dość w gruncie rzeczy banalne rozważania na temat różnic między lewicą a prawicą, z których jasno wynika, że w zasadzie trudno mu się opowiedzieć po którejkolwiek ze stron. Denerwuje go przymus politycznej poprawności: „Wtedy mam ochotę zostać rasistą, antysemitą i pogromcą Cyganów rumuńskich, skinem, punkiem, spalić Białowieżę i lasy tropikalne, uchwalić specjalny podatek od ubóstwa, zwłaszcza w krajach Trzeciego Świata, pomyśleć coś brzydkiego o Matce Teresie i księżnej Dianie, zrewidować mój stosunek do dyktatur, polubić faszyzm, a nawet zostać szowinistyczną męską świnią".

Ostatni dramat napisał tuż przed wyjazdem z Meksyku. Byli to *Wielebni*. Teraz wyjeżdża do podwarszawskiego Nieborowa, by w spokoju skupić się na czymś nowym. „Jak wytłumaczyć, że wszystko, co ludzi wzrusza, bawi, ciekawi, napisałem w szarej trzeźwości i nudzie, w niewdzięcznej, uciążliwej, często nienawistnej dyscyplinie pisarskiego rzemiosła" – zastanawia się w felietonie. W *Baltazarze* będzie twierdził, że zaraz po powrocie oferowano mu posadę dyrektora czołowego teatru, a także apartament od miasta. Odmówił. Fala zainteresowania już jednak minęła. Światowy kurz opadł. Publikacja sztuki *Piękny widok* zostaje przyjęta dość obojętnie. Teatry nie wyrywają sobie praw do prapremiery. Jest rok 1998. Wkrótce potem Mrożek przypomina sobie pewne zdarzenie sprzed lat i opisuje je w *Dzienniku powrotu*.

W dziesiątym roku emigracji przebywał w Madrycie w związku z hiszpańską premierą *Tanga*. Dyrektor teatru zaprosił go na corridę. Miał występować słynny toreador i dyrektorowi udało się załatwić, aby przed rozpoczęciem walki pozdrowił Mrożka przy wszystkich. To najlepsza reklama. Na miejscu pisarz zastał atmosferę jak przed finałem arcyważnego meczu. Był bardzo zestresowany, czy bez zarzutu uda mu się złapać kapelusz, który – zgodnie z obyczajem – rzuci mu gwiazdor. Tym razem nie pięknej piosenkarce ani nie prominentnemu politykowi, lecz właśnie jemu. Toreador wyszedł wreszcie na arenę, zaległa nagła cisza i dały się słyszeć słowa: „Tego byka dedykuję – tu padło nazwisko – wielkiemu pisarzowi czeskiemu!".

Mrożek kończy opowieść tak: „Trzy dni temu, w Ołomuńcu, siedząc przy piwie z czeskimi przyjaciółmi, opowiedziałem im tę historię. Bardzo ich ubawiła i zgodzili się, bym został pisarzem czeskim".

O nieprzystępności Mrożka wciąż krążą anegdoty. Michał Rusinek, sekretarz Wisławy Szymborskiej, któregoś razu odnosi mu zostawiony u noblistki parasol. Pisarz mieszka już wtedy w krakowskim Podgórzu. Otwiera drzwi na szerokość kilkunastu centymetrów, mierzy Rusinka spojrzeniem, bez słowa wyciąga rękę po zgubę, po czym natychmiast je zatrzaskuje. Bronisław Maj jada z nim czasem obiady w restauracji Guliwer. Mają niepisaną zasadę, że nie wolno się odzywać. Kiedy poeta przychodzi na miejsce, Mrożek przeważnie już siedzi. Milcząco wskazuje mu gestem krzesło, na koniec zdobywa się tylko na nieznaczne skinienie głową.

Ale bywa też zwyczajnie przykry i niesprawiedliwy.

W *Baltazarze* pisze ostro o Adamie Włodku i Leszku Herdegenie, z którymi się kiedyś serdecznie przyjaźnił i wiele im jako młody człowiek zawdzięczał. Koleżance z Piwnicy pod Baranami na pytanie: „Kiedy się zobaczymy?" z lodowatą miną odpowiada: „Nigdy". Józef Opalski, który lato 1991 roku spędził w Meksyku, gdzie nagrywał wywiad rzekę z pisarzem, mimo zapowiedzi nigdy nie wyda książki. Jeszcze w latach dziewięćdziesiątych publikuje trzy fragmenty: w „Dialogu", „Rzeczpospolitej" i „Teatrze". Mrożek mówi w nich, że zgodził się na ten projekt tylko ze względu na osobę reżysera. Kilka lat później sytuacja ulega radykalnej zmianie. W 2013 roku zapytany o swego rozmówcę Opalski odpowie: – W ogóle się na temat Sławomira Mrożka nie wypowiadam. Nie, bo nie.

Po afazji Mrożek wydaje się jeszcze bardziej odległy od świata. Do zdrowia wraca powoli. Często wybiera się na dalekie spacery, po drodze zwykle kupuje żonie kwiaty. Jest jednak ktoś, kogo dopuszcza zaskakująco blisko. Andrzejowi Nowakowskiemu udaje się dokonać rzeczy niemożliwej. Przez trzy lata chodzi za pisarzem po Krakowie krok w krok i robi mu zdjęcia, czego ten zawsze serdecznie nie znosił.

Powstaje album. Ale jakim kosztem! Przed każdym spotkaniem Nowakowski drży ze strachu. Jako polonista został wychowany w atencji do pisarza. Nie pomaga też mrukliwy charakter portretowanego. – Jak miałem zadzwonić do niego, co to się działo! – będzie wspominał fotograf. – Mamrotałem, że może udałoby nam się spotkać jutro, może o piątej rano pod pomnikiem. Odpowiadał zimno: „Sprawdzę w kalendarzyku". Następowała chwila ciszy, choć żadnego kalendarzyka oczywiście nie było. W końcu mówił: „Dobrze, będę punktualnie".

Umawiają się zawsze bardzo wcześnie rano, gdy jest niemal całkiem pusto, a słońce dopiero wschodzi. Nowakowski się zastanawia: „Dlaczego on przystaje na tę piątą rano?". Aż doznaje olśnienia – wtedy nie ma ludzi.

Po Rynku Głównym chodzą, gdy stoi na nim wystawa rzeźb Igora Mitoraja. Mrożek zaciąga swego portrecistę pod pomnik Adama Mickiewicza, jeden z najważniejszych pomników w Polsce, i mówi: – Niech pan zobaczy, jakie to jest dziadostwo!

W Bibliotece Jagiellońskiej spotykają się w nocy. Ciemna, pusta sala, Mrożek przy lampce z *Fantazym*. Podobno – rzadkość – ryczy ze śmiechu. Z całej naszej romantycznej tradycji.

– Słyszałem go też, jak śpiewa – zdradza Nowakowski. – To były takie rzadkie momenty, które przełamywały dominujący mimo wszystko obraz Mrożka autystycznego. Przeważnie jednak milczał, był wyobcowany. Pamiętam organizowane przez Susanę spotkania towarzyskie, na których było widać, że im więcej jest ludzi, tym bardziej jest sam.

Następują też chwile pęknięcia. Nowakowski wie wtedy, że dalej się posunąć nie może. – Pewnego razu o piątej trzydzieści na Błoniach miło nam się rozmawia, dobrze pracuje, piękna sceneria, lekki przymrozek – opowiada fotograf. – Zatem pytam: „Może by pan tam poszedł tą ścieżką?". Mrożek: „Dokąd mam pójść? Proszę mi powiedzieć dokładnie". Już czułem, że będą jaja, pokazuję, że może tam. Mrożek: „Nie. Tam nie pójdę". To może do połowy? „Dobrze. Do połowy pójdę".

Innym razem rozmawiają w samochodzie o literaturze. Nowakowski opowiada o Ryszardzie Kapuścińskim – w rozległym opisie odmalowuje jego popularność na świecie, wspomina o zagranicznych targach książki, na których byli wspólnie. Mrożek słucha grzecznie do końca i rzuca z kamien-

ną twarzą: „Zawsze miał chytre oczka". Cały komentarz. Nowakowski zaczyna wobec tego o Adamie Zagajewskim – że być może przyszły noblista. Mrożek na to spokojnie: „Zawsze się o to starał". Jedno zdanie, a odbiera możliwość dyskusji.

– O polityce nie był już w stanie rozmawiać – mówi Nowakowski. – Gdy tylko mimochodem pojawiał się temat, widać było, że on się czuje, jakby miał włożyć ręce do szamba. Odrzucało go to po prostu. Było tak nie do zaakceptowania, że w ogóle szkoda gadać.

Premiera albumu odbywa się w jednej z krakowskich restauracji. Na temat Mrożka produkuje się trzech zaproszonych gości. On siedzi z nimi przy stole, słucha, gładzi wąsy. Nie odzywa się ani słowem.

W 2005 roku angielski dramaturg Harold Pinter dostaje Literacką Nagrodę Nobla.

Czterdzieści lat temu Mrożek pisał o nim w dzienniku: „Zastanawiająca rzecz z tym Pinterem, jesteśmy w tym samym wieku. Debiutowaliśmy w tym samym roku 1958. Już za pierwszym razem, kiedy się o nim dowiedziałem, poczułem zawiść i rywalizację razem z pokrewieństwem". Porównanie obu autorów znalazło się nawet w tak przychylnej mu przecież recenzji z warszawskiego *Tanga* w „Timesie". Pinter kłuł go w oczy boleśnie. Mrożek zastanawiał się, czy Anglik słyszał cokolwiek o nim. Sam o jego sztukach mówił, że bez trudu napisałby takie same, gdyby tylko uważał, że na tym można poprzestać.

Kiedy teraz Pinter odbiera nagrodę za odkrywanie „przepaści pod codzienną gadaniną i wymuszanie wejścia do zamkniętych przestrzeni ucisku",

PERFUMERIA

Mrożek na nowo uczy się pisać, pracując nad *Baltazarem*. Nie pisze już sztuk. Publikuje zawartość szuflad.

W 2007 roku, po premierze korespondencji z Wojciechem Skalmowskim, udziela wywiadu „Gazecie Wyborczej" (u władzy Prawo i Sprawiedliwość):

Czuje się pan teraz w Polsce jak na emigracji?

Oczywiście. Poczucie emigracji zależy od czasu. Ja to obliczam na jakieś trzy lata. Natychmiast po wyjeździe przez trzy lata człowiek bardzo tęskni i czuje się przywiązany do tego, co było kiedyś. Po trzech latach to powoli zaczyna puszczać. Jestem przekonany, że również młodzi, którzy teraz wyjeżdżają na roboty (to takie okupacyjne określenie), jeśli zostaną dłużej niż trzy lata, to zaczną tracić kontakt z Polską i zaczną nawiązywać nowe kontakty na miejscu. To jest naturalne. A ja byłem trzydzieści trzy lata za granicą – to o wiele za dużo.

W liście z lat siedemdziesiątych na pytanie, jaka byłaby swobodnie rozwijająca się Polska, odpowiada pan: „Może też nieprzyjemna, ale przynajmniej żywa i prawdziwa". Przypuszczenie się sprawdziło?

To było pytanie jeszcze z czasów komunizmu. Mija czas, ja się zmieniam, starzeję. Chcę jednak podkreślić, że nie mogę odpowiadać za Polskę, która w tej chwili jest, ponieważ mnie tu przez trzydzieści trzy lata nie było. Nie wiem, kto jest kto. Może tylko teoretycznie wiem. Brać za Polskę odpowiedzialności nie będę. Nie ma do tego podstaw.

Wyczuwam z pana odpowiedzi, że ta Polska się panu nie podoba.

Polska nigdy się nie podoba Polakowi. Tak już jest. To negatywna postawa, ale widzę ją nie tylko u siebie. Gdziekolwiek się spojrzy, dany naród nie podoba się człowiekowi, który w tym narodzie jest.

W 2008 roku Mrożek ponownie wybiera emigrację. Lekarz doradza mu zmianę klimatu. Decyduje się na Lazurowe Wybrzeże.

Od czasu wyjazdu do Nicei bywa w Polsce w związku z premierami kolejnych tomów *Dziennika* i korespondencji. Milcząco odbiera honory – Złoty Medal „Zasłużony Kulturze Gloria Artis", kościelny order Ecce

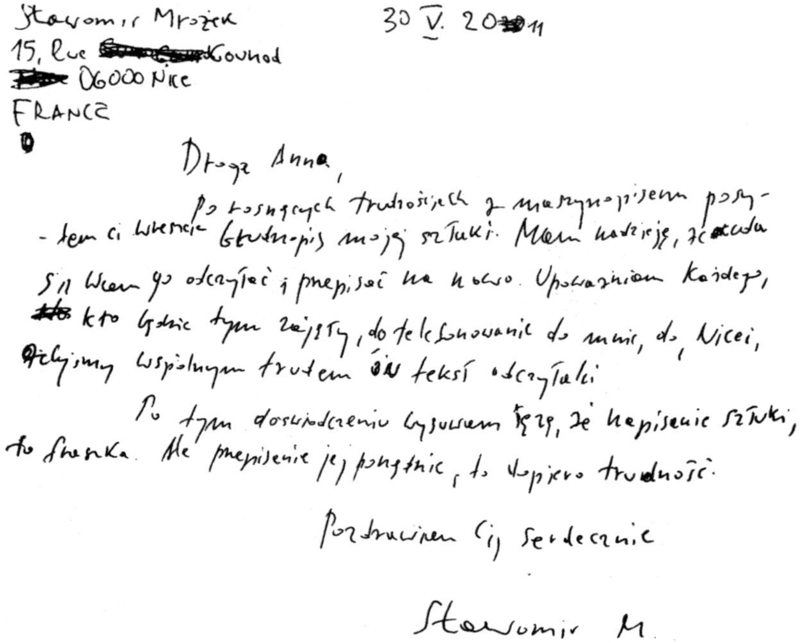

Sławomir Mrożek 30 V. 20[redacted]11
15, Rue [redacted]Gounod
[redacted] 06000 Nice
FRANCE

Droga Anno,

Po rosnących trudnościach z maszynopisem posy-
- łam ci wreszcie rękopis mojej sztuki. Mam nadzieję, że uda
się wam go odczytać i przepisać na nowo. Upoważniam każdego,
[redacted] kto będzie tym zajęty, do telefonowania do mnie, do Nicei,
[illegible] wspólnym trudem ten tekst odczytali.

Po tym doświadczeniu wysuwam tezę, że napisanie sztuki,
to drobnostka. Ale przepisanie jej potem, to dopiero trudność.

Pozdrawiam Cię serdecznie

Sławomir M.

Homo, doktorat honoris causa Uniwersytetu Śląskiego... Rozdaje autografy. Z książkami do podpisu ustawiają się do niego kilkusetmetrowe kolejki. Czasem udziela wywiadów, ale mówi niewiele. Podczas jednej z konferencji prasowych w Warszawie wyjaśnia: – Każdy, kto ma osiemdziesiąt lat, rozgląda się dookoła, gdzie by się tu przytulić. W mojej sytuacji paszportowej wyszło na Niceę. Z wiekiem człowiek powoli obojętnieje. Dawniej moje życie było bardzo żywe, ale z powodów naturalnych staję się coraz bardziej obojętny. Dlatego też czy Kaczyński, czy Tusk co robi, w tej chwili to już mnie mało obchodzi.

Twarze z przeszłości znikają. Stanisław Lem umarł 27 marca 2006 roku, Jan Błoński – 10 lutego 2009. Wisława Szymborska odchodzi 1 lutego 2012, Erwin Axer – 5 sierpnia, Jerzy Jarocki – 10 października...

Bywa, że Mrożek odwoła udział w festiwalu lub w ogóle przyjazd do Polski, bo akurat poczuje się gorzej. Po operacji wymiany teflonowej aorty ma chwilowy przypływ energii – pisze skecz *Mołotow* i sztukę *Karnawał, czyli*

pierwsza żona Adama. Ale nie ma co do nich specjalnych złudzeń. Autor drobiazgowych komentarzy do *Miłości na Krymie* tym razem w didaskaliach pisze już tylko: „Kostiumy, maski, scenografia są do dyspozycji reżysera". W czerwcu 2013 roku bierze udział w prapremierze w Teatrze Polskim w Warszawie. Bilety rozchodzą się już kilka tygodni wcześniej, ale spektakl udaje się średnio. Zmęczony podróżą Mrożek nie bardzo może coś mówić. Zapomina słowa, zdarzenia. Jesienią wydawca zaprasza go znowu, ale pisarz już nie przyjedzie. Umiera nad ranem 15 sierpnia w Nicei.

Któregoś razu pisał w dzienniku: „Hipotezy, wszystko jest hipotezą. Tylko jedno wiemy na pewno: że umrzemy. Ale za to w to nie wierzymy".

Zgodnie z jego wolą pogrzeb odbywa się w Krakowie. Na tę okoliczność specjalnie przyspieszone zostają prace remontowe w nowym Panteonie Narodowym w kościele Świętych Piotra i Pawła. Zgodnie z życzeniem Susany uroczystość ma religijny charakter, biorą w niej udział rodzina, przyjaciele i współpracownicy pisarza oraz przedstawiciele władz państwowych i samorządowych. Krakowianie oglądają pogrzeb na telebimie ustawionym na pobliskim placu. Dziennikarzy obowiązują akredytacje. Nad grobem nikt nie odczytuje słów, które Mrożek sam kiedyś napisał na tę okoliczność:

„Nic w życiu nie osiągnął, nie ukończył. Wszystko było szkicowe, częściowe, połatane, nie potrafił niczego doprowadzić do końca ani sfinalizować. Czy to wynikało z jego charakteru? Wyjaśnienie jak każde inne – ani lepsze, ani gorsze – niczego nie wyjaśnia. Czy to dlatego, że zaczął tak wiele rzeczy niemal równocześnie, poszedł w tak wielu kierunkach, usiłował być tym i tamtym jednocześnie? Prawdopodobnie tak. Nie potrafił wybrać między literaturą a życiem, był rozdarty pomiędzy jednym i drugim, nigdy nie chciał być branym za kogoś określonego, przede wszystkim przez samego siebie. W rezultacie – jego osiągnięcia były drugorzędne w obu przypadkach, zawsze w pośpiechu, nigdy do rzeczy. Umarł skrajnie zmęczony, nie z powodu okoliczności, które zwykle były raczej dla niego łaskawe, ale z powodu wewnętrznego nieporządku. Mając silną świadomość tego porządku, tęsknił za czymś zorganizowanym w zdrową całość, ale nie miał środków, by zbudować ją samemu. Albo myślał, że ich nie miał. Spodziewał

- 1 -

KARNAWAŁ, CZYLI PIERWSZA ŻONA ADAMA

PANOWIE

1. ADAM
2. GOETHE
3. SZATAN
4. BISKUP
5. ~~PERSEUSZ~~ PERSEO
6. IMPRESARIO
7. ASYSTENT.

z powodu odległości.

PANIE

1. EWA
2. LILITH
3. MARGARITA

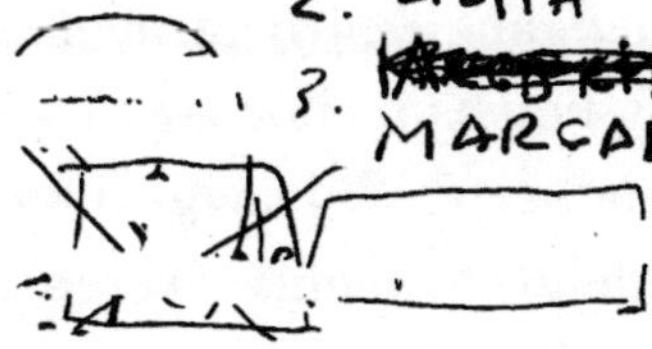

(Dnia 26 czerwca) Pogoda cudowna. Ślicznie, wybujała trawa, w niej motyle, pszczoły, insekty. Jezioro, którego dal jest ledwie widoczna, łódki na brzegu zapraszają ewentualnych gości. Poza tym szuwary, lilie wodne i t.p. Pełno kwitnących zakątków jak by stworzonych do „skrytymi dumania".

Na środku widokowej terasy, na ławce, siedzi LILITH. Wspaniałe włosy (oczywiście peruka) blond, rozpuszczone do pasa, ciało pokryte bardzo cienką tkaniną imitującą nagość. (Żeby zapobiec pornografii). Zwrócona do widowni. Nie rusza się i nie mówi aż do końca Aktu I. Z lewej strony wchodzą IMPRESARIO i JEGO ASYSTENT.

IMPRESARIO Na początku damy im Goethego

ASYSTENT Słucham?

IMPRESARIO W twoim wypadku Pan Goethe nic nie znaczy. Ale wielu widzów, na tyle już dorosłych, będzie znaczyło więcej, niż tobie się wydaje. Przynajmniej jako anty-niemiecki akcent.

ASYSTENT Jestem tu obecny, żeby dowiadywać się o wielu rzeczach, o których nie miałem do tej pory najmniejszego pojęcia. Myślę, mimo, o panu Goethe.

się raczej cudów, nie był przygotowany, żeby je wypracować. Jego specjalnością były kaprysy i myślenie życzeniowe, a ślizganie się albo skakanie od jednego nastroju do drugiego zajęciem. Nie był budowniczym, nie był pracownikiem ani nie był czym? Był człowiekiem »na nie«, żadnym pozytywnym myślicielem, choć zbyt często mówił swoje »nie« tylko do siebie. Niech spoczywa w pokoju, choć raczej wątpliwe, żeby to potrafił. Niemniej to najbardziej odpowiednie życzenie, jakie możemy wyrazić, on sam miał je w czasie, gdy był jeszcze w stanie posiadać cokolwiek. Teraz kto wie".

W napisanym przez Mrożka dwadzieścia lat wcześniej opowiadaniu *Wyspa skarbów* narrator przeczesuje dżunglę w towarzystwie niejakiego Gucia. Próbują odnaleźć legendarny skarb Kapitana Morgana, na poszukiwaniach spędzili już wiele, wiele lat. Docierają wreszcie pod baobab zaznaczony na mapie krzyżykiem, zaczynają kopać i natrafiają na ludzki szkielet, pod którym – wedle wytycznych – powinna być skrzynia. Na dnie skrzyni znajdują kartkę: „Pocałujcie mnie w dupę. Morgan". „Cel nie jest ważny" – mówi na to Gucio. Po czym dodaje: „Tylko wysiłek w dążeniu do celu się liczy, a nie osiągnięcie celu". Narrator puentuje bez zbędnych sentymentów: „Zabiłem Gucia i wróciłem do domu. Lubię pouczające sentencje, ale bez przesady".

Jeszcze w latach osiemdziesiątych Mrożek cytował w dzienniku Rainera Marię Rilkego: „Kto mówi o zwycięstwie. Wytrwać – oto wszystko".

CZĘŚĆ III **ROZMOWA**

„Każdemu neurotykowi, który stale trapi się swoim nędznym losem, polecam napisanie sztuki i wystawienie jej w teatrze" – to pana słowa.
Naprawdę? Nie pamiętam. To było w *Dzienniku* czy w *Baltazarze*?

W *Baltazarze*, gdy mowa o sukcesie *Policji*.
Napisałem, to napisałem. Widocznie wydawało mi się to dowcipne. Bez znaczenia. Im dłużej się żyje, tym oczekiwanie na premiery jest mniej intensywne. Kiedyś to była sprawa życia i śmierci. A teraz? Coś jest, a potem nie ma. Sama pani rozumie.

Spokojniej?
(*Zaśmiał się*) Można powiedzieć, że tak.

Nie spodziewaliśmy się, że napisze pan jeszcze sztukę.
Ja też się nie spodziewałem. Postanowiłem... Nie, tak mnie postanowiło, że wracam do zawodu. Najpierw był skecz, żeby się wypróbować. *Mołotow* jest takim skeczem, był już w polskim radiu. Tak się rozpędziłem, że postanowiłem potem napisać sztukę. Akurat poczułem się lepiej po operacji, miałem przypływ energii. Przypomniało mi się, jak ze znajomymi pojechaliśmy

na wycieczkę do Jukatanu. Byliśmy w barze, gdzie usłyszałem piosenkę czy pieśń – jak to jest po polsku? – o Lilith. Potem o tym zapomniałem. Przyszło, gdy się zastanawiałem, jaką by tu sztukę napisać. I to jest wszystko.

Początkowo *Lilith* to miał być tytuł sztuki?
Tak, ale tytuł to jest najprostsza sprawa. Lilith jest w tej sztuce najważniejsza, choć przewija się tam jeszcze z dziesięć postaci. Nie pamiętam. Napisałem tę sztukę już ze dwa lata temu. Dwa lata minęło.

Pisze pan od tego czasu?
Nie, nie – absolutnie nie. Mam kłopoty ze wzrokiem. Należy czytać, żeby pisać.

Jak powstawał *Karnawał*? Praca nad *Baltazarem*, pisanym również po afazji, była bardzo żmudna.
Kiedy temat przyszedł mi do głowy, zacząłem myśleć, jak by to zrobić, którędy to zrobić. To sprawa wewnętrzna, sam już nie pamiętam, o co to chodziło. W mojej głowie wiele się dzieje. Zaznaczyłem w tekście, gdzieś tam to jest, że pisałem w stylu Offenbacha. Przepisać to wszystko na poważnie, to byłoby nie do zniesienia.

Powiedział pan, że musiał dojrzeć do tematu seksu – teraz wszyscy to powtarzają.
Powiedziałem to żartem. Jeden z moich recenzentów – dziś już świętej pamięci – ogłosił kiedyś, że ja w ogóle się do tego nie nadaję. Mniejsza z tym. Napisałem parę sztuk wyłącznie o kobietach. To jest taka opinia, która przylgnęła do mnie, że na kobietach się nie znam. Proszę bardzo.

Bardzo dużo o kobietach pisze pan również w *Dzienniku*. Bywa, że ostro.
Nie, nie ostro, ale bardzo ograniczenie. To poważny temat. Jeżeli kobiety mają swoje zdanie na temat mężczyzn, ja mogłem też przecież pisać o kobietach.

Są bardzo ważne w moim życiu. Jeżeli ktoś myśli, że pisałem ostro, to chyba nie przeczytał uważnie.

Niektórzy się nawet oburzali na to, co pan o nich pisze...

Nie wyobrażam sobie świata bez kobiet. To by była okropność, dalej to podtrzymuję. Moja matka była dla mnie bardzo dobra. Życzliwa, piękna. Ukształtowała mnie. Umarła, gdy miałem dziewiętnaście lat. Bardzo to przeżyłem. Kobiety są lepsze. To bardzo ważna sprawa dla mnie, jedyna ważna sprawa. Znaczy nie jedyna, ale jedna z najważniejszych.

Miał pan też siostrę. Niewiele o niej wiemy.

Moja siostra umarła w 19... Nie, chyba nie chciałbym mówić o mojej siostrze, dobrze? Może o czymś innym.

Jest też w *Karnawale* temat potomstwa. Dlaczego pan się nigdy nie zdecydował na dzieci?

Bo to bardzo nieładnie decydować o czymś za dzieci. Mówię o sobie. Ja osobiście uważam, że dziecko nie ma przyszłości. Choć pozornie każdy ma przyszłość – jak dorośnie, coś tam będzie robić. Ale ten świat taki, jakim się on staje, nie ma przyszłości. I ja to kończę. To nie jest dobre miejsce, żeby mieć tu dzieci.

To dlatego, że jako dziecko przeżył pan wojnę? W odróżnieniu od innych pisarzy nie pisał pan po wojnie o wojnie. Dopiero w latach osiemdziesiątych powstał dramat *Pieszo*.

Nigdy o tym nie myślałem. Po co o tym myśleć? Była wojna, pięć lat minęło. Dla Polski pięć lat. Brałem w niej udział jako dziecko. Było to bardzo paskudne, naprawdę bardzo paskudne.

W tekście *Dzieci wojny* pisał pan, że zawsze wydawało się panu za wcześnie, by o tym opowiedzieć, a wkrótce może być już za późno...

To są takie progi: za późno i za wcześnie. Ważne jest, kiedy człowiek pisze i kiedy przestaje pisać, data urodzenia i data śmierci są ważne. Dla mnie teraz jest za późno. Już o tym nie opowiem. Komu to przypominać? Po co? Teraz jest teraz. W dalszym ciągu. Nie mam już chęci żadnych. Proszę pomyśleć, przecież ja wykonałem tę Niceę z powodów emerytalnych. Tam jest bardzo przyjemnie. Napisałem tę sztukę, przenieśliśmy się z jednego mieszkania do drugiego, dokładnie wtedy zaczęły mi się psuć oczy. Trudno wymagać ode mnie emocji, jestem bardzo zmęczony. Emocje przychodzą na końcu, na początku jest tylko zmęczenie.

A śledzi pan jeszcze sytuację w Polsce?
O tak, śledzę, ile mogę. Każdą sytuację – i w Polsce, i na świecie. Śledzę pilnie. Czasem radia słucham, telewizję oglądam. Przyjeżdżam do Polski, bo to jest jedyny kraj, który mnie naprawdę interesuje. To jest moja ojczyzna.

I nic pana nie prowokuje do zabrania głosu?
Na szczęście nie, ostatni moment to był stan wojenny. Zdecydowałem się, bo to było tak paskudne, ten Jaruzelski. Poświęciłem temu sporo uwagi. Ale Jaruzelski był, przeminął.

Już kilkakrotnie żegnał się pan z czytelnikami. Nawet wydając zbiór felietonów *Uwagi osobiste*, pisał pan, że być może nic więcej nie będzie.
Napisałem „być może", potem jeszcze jedna sztuka się przyplątała, ale ta sztuka to resztki.

Cały czas jednak ukazują się pana kolejne książki: zbiory listów, sztuki odnalezione, ostatnio trzeci tom *Dziennika*.
I już wystarczy. Każdego dnia, a jak nie każdego, to każdego drugiego dnia zapisywałem coś. To wszystko było świeże, z głowy, natychmiast. I tak się stworzyło tych trzydzieści zeszytów czy też dwadzieścia sześć. Na tym polega oryginalność tego *Dziennika*. Zwykle pisarz siedzi, myśli, potem pisze, potem przerabia. Tutaj tego nie było. To jest wszystko od początku do końca od ręki.

A rysunki? Właśnie przekazał pan wydawcy ich grubą teczkę.

Rysunki robiłem prawie od dziecka. Miałem dwadzieścia lat, gdy zacząłem je publikować. Nie przywiązywałem wagi do rysunków. Potem się okazało, że to jednak jest... że rysunki też są ważne. Wykonywałem je gdzieś po drodze, nagle się okazało, że jest tego ileś tam tysięcy.

Ale to dzięki rysunkowi zobaczył pan po raz pierwszy swoje nazwisko w druku?

Tak, pamiętam ten rysunek. To był rysunek i jednocześnie tekst. Ale to już jest stara historia. Ja byłem młody.

Pisze pan w jednym z listów, które zdecydował się pan w ostatnich latach opublikować, że młodym trzeba wszystko odradzać. Dlaczego?

To trochę jest metafora, ale w zasadzie tak. Gdy człowiek młody się pyta, to trzeba mu odradzać. I jak on się uprze, to wtedy trzeba go popierać. Mnie nikt nie odradzał ani nie doradzał. Jak byłem w szkole, a była to wówczas bardzo inna szkoła, to nikt mi nie doradzał, a nieraz bardzo za tym tęskniłem i potrzebowałem tego. Potem doradzania się zaczęły, ale szybko się skończyły. Do trzydziestego roku życia jeszcze, a potem nic. I taka jest moja historia.

W drugim tomie *Dziennika* pisze pan, że musi zdecydować...

...czy będę literatem polskim, czy filmowcem niemieckim? Zdecydowałem już dawno temu.

Ale też uważa pan, że musi pan wybrać między zachowaniem indywidualizmu a podobaniem się. Udało się jedno i drugie.

Tym bardziej jestem zadowolony. Ale moja popularność jest bardzo polska. Polacy mówią po polsku, ja cały czas piszę... pisałem, piszę po polsku. Wszystko jest usprawiedliwione. Oczywiście moje utwory były tłumaczone na inne języki (sztuki prawie natychmiast), ale to nie to samo. Dla mnie pisać po polsku to pisać w języku macierzyńskim. Mówię „macierzyńskim", bo „ojczysty" mi tu nie pasuje. Pierwsze słowo, jakie usłyszałem od matki, było po polsku.

To zostaje w człowieku. Gdybym zaczął potem pisać w obcym języku, pewnie by mi to nie wyszło. Tak jak w języku macierzyńskim nigdy nie wychodzi. Polacy nie odnoszą zwykle wielkich sukcesów na świecie, nie mają znaczącego wpływu na inne kraje, w których mieszkają. Coś jest takiego, przez co nie wychodzi. Taka cecha wspólna. Nie zwyciężamy, ale robimy z tego sztandar.

W *Dzienniku* nie zawsze pan pisze po polsku.

To było przymusowe ćwiczenie. Myśmy wyjechali z ówczesną żoną do Italii w 1963 roku, siedzieliśmy w Italii przez cztery i pół roku. Ja nie znałem italskiego języka, to było zatem przymusowe, ale też bardzo miłe, bo to bardzo ładny język. Po angielsku uczył mnie pan Tadzio w ostatnim roku okupacji. Byłem tak zachwycony tym językiem, że budziłem się w nocy i mówiłem „I am speaking English!". Potem angielski miałem cały czas w szkole, a potem były inne języki, ale to już na własną rękę po maturze.

Znajdował pan w tej nauce intelektualną rozrywkę? Szukał pan dystansu do polszczyzny?

Dystansu to nie. Ale coś tam znajdowałem. Uczyłem się instynktownie po rosyjsku, po niemiecku, oczywiście po francusku. Rosyjski był potem kłopotliwy. Przestałem mówić po rosyjsku bardzo dawno temu, we Francji nie był mi potrzebny. Ja stąd wyjechałem na trzydzieści trzy lata, mnie tu nie było.

Jeszcze w latach siedemdziesiątych zastanawiał się pan, czy słusznie postąpił.

To było stałe pytanie. Później przestało mnie już gnębić, ale widać je jeszcze w pierwszym i drugim tomie *Dziennika*. To zrozumiałe, gdy człowiek wyjeżdża z Polski. Zwłaszcza w takich okolicznościach, jak ja wyjechałem. Wtedy mnie Polska przejmowała wstrętem, komunizm mnie przejmował, ale wiadomo, że na początku bardzo się tęskni.

Dziś już pan wie, że dobrze zrobił?

Czy nie żałuję? Udało mi się przeżyć to życie w warunkach bardzo pomyślnych. Będąc za granicą, czyli nie w Polsce, nigdy nie nawiązywałem stosunków z tamtejszymi Polakami. Tak mi wyszło. Wyjątkiem była „Kultura" paryska. Tę grupę ludzi znałem, była sprawdzona. Nie umiem powiedzieć, czy było to środowisko hermetyczne, czy nie. Mówi się, że tak było. Ja tego nie doświadczyłem, ani pozytywnie, ani negatywnie. Miałem swoje rzeczy do roboty. Nie to, żebym się obijał, gdziekolwiek byłem, żebym myślami był przy „Kulturze".

Jak w tym czasie jawiła się panu Polska?

To zależy, w jakim kontekście. Kiedy wyjechałem w 1963 roku z Polski, to nawet się na nią nie oglądałem, bo w ogóle mnie to przejmowało wstrętem. Gdy byłem już zdecydowany do Polski nie wracać, zastanawiałem się nad nią z daleka – biorąc pod uwagę, że mnie komunizm już nie obowiązuje. Z daleka była to rozpacz nad tą Polską. W tamtej chwili patrzyłem na nią ze zgrozą i dziękowałem Bogu, że jestem po drugiej stronie. Potem już zacząłem na nią patrzyć inaczej, bo zaczęła się „Solidarność".

W jednym z listów do Wojciecha Skalmowskiego przyznaje pan jednak, że entuzjastyczną sztukę o Wałęsie napisał pan niesłusznie.

Napisałem, jak mogłem. To była fala entuzjazmu zwłaszcza dla Polaków za granicą i trudno było się temu dziwić. W dalszym ciągu szanuję Wałęsę za to, co robił. Obojętne, czy była to tylko zapalniczka, czy nie tylko zapalniczka. Szanuję go. Ale inną sprawą było napisanie sztuki *Alfa*, bo była to sztuka wyłącznie polityczna i ja o tym wiedziałem. Grano ją jednak w Paryżu i jeszcze gdzieś, i jeszcze gdzieś, więc nie była to zmarnowana sprawa. Ludzie chodzili na tę sztukę i bili mi brawo. Ale w dalszym ciągu, jak lata mijają, okazuje się, że każda sztuka polityczna po pewnym czasie, krótszym lub dłuższym, po prostu nie idzie. Automatycznie się starzeje, bo starzeje się też polityka. Ciągle mam wiadomości od agentów, że różne moje sztuki są grane w różnych językach, ale ta już nie.

Miał pan kiedyś nadzieję, że to w USA uda się zachować szczerość i uczciwość.

Ta nadzieja potem mnie zawiodła, więc zwróciłem się do innego rozczarowania – do innej nadziei. Myślę, że to normalne. Bardziej by mnie zdziwiło,

gdyby nadzieja była przez cały czas niezmienna. Gdybyśmy mieli mieć tylko nadzieję ustaloną, tak całe życie tylko nadzieję i nadzieję... Człowiek by wtedy został jełopem, niezależnie od kraju i sytuacji. Gdy człowiek dorasta, to musi się rozczarować.

Przepisuje pan w *Dzienniku* obszerne fragmenty książek innych autorów: Prousta, Nietzschego, Sartre'a, Junga...

Tak, to ogromnie mnie ciekawiło. Po wyjeździe z Polski okazało się, że ja bardzo mało wiem o świecie. Tak było na skutek okoliczności – najpierw okupacja, potem komunizm. Wiele rzeczy było w Polsce zabronionych. Ja sobie to odbiłem w ciągu roku. Siedziałem w Chiavari, takie miasteczko nad morzem, i robiłem, co mogłem, żeby zaradzić swojej niewiedzy. To była radość poznawania, nareszcie miałem dostęp do tych książek. Miałem już trzydzieści trzy lata, byłem trochę stary, starałem się to nadrobić.

No właśnie – mając trzydzieści trzy lata, pisał pan w *Dzienniku*, że czuje się pan stary. To jak się pan czuje teraz?

Pół roku temu byłem w miarę rześki, teraz oko mi wysiadło i tak dalej. To jest normalne, co człowieka spotyka, gdy jest się po osiemdziesiątce. Mam wielu kolegów w podobnym wieku, wszystko to jest normalne.

Dziennik pokazuje, że rozmyślał pan o śmierci już pół wieku temu. Nawet jeszcze przed nagłą śmiercią swojej pierwszej żony.

Zawsze dużo myślałem o śmierci, w bardzo różny sposób. O śmierci jako zagadnieniu. Starałem się ją sobie wyobrazić. Ale nie o śmierci wyłącznie.

Te zapiski są miejscami bardzo intymne, bardzo się pan w nich obnaża. W 1974 roku pisał pan, że się martwi, czy zdąży pan zniszczyć *Dziennik* przed śmiercią.

Naprawdę myślałem, że to zrobię. Intymne zapiski zdarzały mi się cały czas, bo pisałem te dzienniki całkiem prywatnie, tyko dla siebie. Nie liczyłem się z nikim. Nawet moja żona, a potem – moja druga żona... Wiedziały o tym, ale tylko wiedziały. Wystarczy. To była bardzo poważna tajemnica. Tuż przed wyjazdem do Nicei znalazłem te dzienniki. Co z tym zrobić? Poradziłem się wydawnictwa. Wszyscy byli zaskoczeni, znając mnie. Teraz to już oficjalna sprawa. Okazało się, że te dzienniki są wystarczająco popularne, żeby się ukazały po polsku, po francusku i jeszcze w jakimś innym języku. To już poza mną, mam od tego światowego agenta.

Nie wstydzi się pan teraz?
Nie, dlaczego? Wstydziłem się albo wyrzekałem tego tematu w dawnych latach. Ale dlaczego mam teraz? Już jest ten dystans, to jest za mną.

Pisze pan dużo o alkoholu.
Nie tak dużo, jak powinienem. Czytałem, gdzieś ktoś pisał, że w *Dzienniku* jest dużo alkoholu. Proszę bardzo, dużo alkoholu. Ale między nami: nie tak dużo, jak by należało. Byłem bardzo świadomy tej części mojego życia. Nigdy nie mogłem pisać dwa dni po piciu. Pierwszy to było w ogóle zatrucie, drugi to było otumanienie. Jeżeli się napiłem, bardzo napiłem, aż dwa dni musiały upłynąć, zanim cokolwiek napisałem. Tak źle się czułem po tym alkoholu. Ale zdarzało mi się ileś tam czasu bez picia.

Kolejny temat, który powraca, to Witold Gombrowicz.
Spotkałem Gombrowicza w Italii, bardzo go cenię.

Bywał pan o niego zazdrosny. Uwolnił się pan od tego?
Już się uwolniłem, bo ja szybko idę. To osobny temat, każdy pisarz jest osobny, każdy na to zasługuje. Wolałbym nie mówić o jego umiejętnościach, bo to odbiega od tematu, czyli ode mnie.

Bardzo się pan skupia w *Dzienniku* na sobie, niewiele pan pisze o otoczeniu.
Otoczenie było i jest cały czas, ale mnie to mniej interesowało. Szkoda na to czasu. Napiszę, kto gdzie był i kogo spotkałem, i co z tego? Pisałem

o tym, co było ważne. Takie same byłyby te zapiski gdziekolwiek. Ja jestem dla mnie tak samo ważny jak otoczenie. Każdy człowiek tak ma.

Mógłby pan mieszkać gdziekolwiek?
Teraz już nie. Teraz mieszkam w Nicei, przypuszczam, że tak pozostanie. Odpowiada mi tam klimat. Jest słonecznie i ciepło. Chodzę na spacery.

Jest takie odwieczne pytanie – czy to my zmieniamy świat, czy świat nas?
Z doświadczenia wiem, że ani jedno, ani drugie. Albo w niewielkim stopniu. Ale o tym przekonujemy się późno. Kiedyś to było ważne, ale już nie jest. Każdy wierzy w to, co może. Bez nadziei nie można żyć.

Czterdzieści lat temu pisał pan, że totalitaryzm już się skompromitował, teraz skompromituje się demokracja. Sprawdziło się?
Sprawdziło. Mam swoje zdanie. Ale to trwa już sto lat, na razie nic takiego nie widać poza demokracją. Choć pozornie coraz więcej jest możliwości i to jest niebezpieczne, tak mi się wydaje. Wszelkie doniesienia są niepokojące. Ale to już nie moja głowa. Ja już trochę nie chcę być w żadnym kraju, uczestniczyć w jego życiu. Ja odpoczywam.

Widzi pan zagrożenia w kapitalizmie?
Widzę i martwi mnie to, ale to już nie będzie mój kłopot.

Pisał pan któregoś razu, że odkrywa pan u siebie rasistowskie skłonności. Jak to możliwe?
Skłonności moje zależą od nacisków w danej sprawie. Jeżeli ktoś mi mówi, tak jak było to w Ameryce, że czarnych trzeba szczególnie kochać, to ja nie bardzo. Potem wracam do Francji i tam mi nie mówią, że czarnych trzeba szczególnie kochać, bo tam nie ma czarnych prawie wcale. Są, ale rozproszeni. U mnie to zależy od nacisków, bo mam na nie odruch buntu. Normalnie nie jestem ani rasistą, ani nierasistą. W ogóle mnie to nic nie obchodzi.

Niepoprawnych poglądów jest w pana korespondencji dużo więcej. Przyznaje pan na przykład, że nie lubi katolicyzmu.

Nie lubię katolicyzmu tutaj w tej chwili. Powstrzymam się przed rozwinięciem tego, bo nie chcę mówić o tym, jaka Polska jest teraz. Mnie tu za długo nie było. Ale mogę powiedzieć, że moja niechęć to też jest ten odruch buntu, którym reaguję na naciski.

Nie oszczędza pan też osób, które współcześnie dla wielu Polaków są już niemal święte – Jana Pawła II czy Czesława Miłosza. Nie miał pan przed publikacją obaw związanych z tymi fragmentami?

Nie, bo uważam, że Polska jest teraz wystarczająco demokratycznym krajem, żebym nie miał powodów do obaw. Na razie jeszcze takim jest. Proszę zwrócić uwagę, że ja te listy pisałem, będąc obywatelem francuskim. W dalszym ciągu nim jestem. Wtedy mogłem pisać cokolwiek, bo taka jest Francja. W tej chwili nie ma potrzeby pisać o niczym. Ja już nie piszę.

A złości się pan jeszcze na innych pisarzy – jak w korespondencji ze Stanisławem Lemem?

Już nie mam ochoty, czas płynie. Lem był moim przyjacielem od roku 1953. Długo. Potem umarł. Interesowało nas to w naturalny sposób, jak to pisarzy w literaturze. Ale ja i Lem byliśmy całkiem odrębni. Pisaliśmy do siebie swobodnie, jedne tematy były nam bardzo bliskie, inne – zupełnie obce. Był starszy ode mnie o siedem lat [w rzeczywistości prawie dziewięć], ale nie czuliśmy różnicy. Ustaliliśmy, że nie będziemy rozmawiać o rzeczach ważnych, to znaczy o naszej, że tak powiem, twórczości. I było bardzo dobrze. Uzgodniliśmy to milcząco.

Pana korespondencja z Janem Błońskim to również opasły tom.

Mieliśmy wiele wspólnych tematów. Błoński był profesorem polonistyki, a ja byłem tzw. literatem – to do siebie pasowało. Chciałbym zwrócić uwagę, że wyjazd z Polski to był dla mnie szok. I kulturalny, i obyczajowy... szok we wszystkich kategoriach. Przeżyłem w tej Polsce Ludowej jednak ileś tam lat, byłem w nią zanurzony. Sporo czasu zajęło mi, zanim się przestawiłem. Korespondencja na przykład ze Skalmowskim wypada na czas już po przestawieniu się, a korespondencja z Błońskim na czas przed tym przestawieniem. I być może w tych moich listach do Błońskiego dużo jest pośpiechu, dużo „co by tu, jak by tu", dużo takiej nieporadności.

Ukazały się też tomy pana korespondencji z Erwinem Axerem czy Adamem Tarnem. Będzie wreszcie jakaś z kobietą?
Nie, ja zbyt szanuję kobiety, by taką korespondencję ujawniać. Nie wiem, co się stało z moimi listami do nich, ale ja zniszczyłem wszystkie listy od kobiet. Instynktownie. Ostatnia będzie z Gunnarem Brandellem, duży mój przyjaciel szwedzki, to była korespondencja po angielsku. I to już będzie koniec. Widzi pani, po latach się okazało, że jestem człowiekiem dosyć otwartym.

Ta decyzja, by już niczego nie skrywać – to się stało po afazji?
Afazja nastała około 15 maja czy czerwca 2002 roku. To trwało u mnie pięć lat. Co najmniej. To była likwidacja mowy wszelakiej na pewien czas. Wydobyłem się z tego w zasadzie, ale to nie jest to samo, co było wcześniej. Co to jest afazja, tłumaczyłem w mojej książce *Baltazar*. Przeznaczenie mi kazało przeżywać różne choroby. *Baltazara* napisałem w celach autoterapii. Poświęciłem go mojej „profesorce", pani Mikołajko. Przyznałem otwarcie, że ta książka powstała pod jej kierunkiem. Po wyjeździe do Nicei straciłem z panią Mikołajko kontakt, ale mile ją wspominam.

Musiał się pan czuć bezbronny, wyobcowany bez języka?
Bezbronny byłem wtedy i dalej nie jestem taki bronny, ale już nie tak bardzo jak wtedy. Zawsze żyjemy w nie wiadomo jakim języku. Ja prawdopodobnie żyłem w polskim.

ANEKS **TECZKA**

Teczka jest wiązana na sznurek, ma wyblakły zielony kolor. Z przodu okładki numery i dwie pieczątki. 48940/II to dawny archiwalny numer akt operacyjnych. Jest też nowy – nadany przez Instytut Pamięci Narodowej. Na środku wypisane niebieskim długopisem: „MROŻEK Sławomir". W środku – 121 zszytych kart, dwie karty ze spisem zawartości teczki, do tego notatka informacyjna. W niej podstawowe dane. Imię ojca, miejsce urodzenia. Data urodzenia podana za borzęcińską księgą parafialną, a więc pomylona: 26 czerwca 1930 roku.

W fotokopii ankiety członkowskiej Związku Literatów Polskich krótka charakterystyka.

Przy punkcie: „Pochodzenie społeczne" wpisano: „inteligencja pracująca".

„Zajmowane stanowisko – praca literacka".

„Przebieg pracy zawodowej – młody utalentowany satyryk, wydał powieść satyryczną, kilka zbiorków satyr prozą i stale publikuje satyry w prasie".

„Oceny pracy zawodowej" brak.

Przy „Ocenie etyczno-moralnej" krótka notatka: „Przynależność do ZLP jest wyrazem jego właściwej postawy etyczno-moralnej".

Dokładnej daty sporządzenia co prawda nie ma, ale jako adres figuruje Kraków, ulica Krupnicza 22, a przy stanie cywilnym wpisano „wolny". Jeszcze – lub już – „bezpartyjny". Muszą to zatem być lata pięćdziesiąte.

Potem skok o kilka lat. Kilka lat ważnych zmian w życiu Mrożka, których teczka nie odnotowuje wcale. W tym czasie przestał być wyznawcą ideologii komunistycznej, oddał legitymację partyjną, ożenił się, przeprowadził do Warszawy, a następnie – do Włoch. Choć oficjalnie przebywa na przedłużających się wakacjach. Autor notatki z 17 marca 1964 roku – „por. K. Majchrowski" – pisze o inscenizacji *Śmierci porucznika* („Na jednym z ostatnich przedstawień doszło do tego, że zebrani studenci wznosili okrzyki – hańba, hańba") i o ataku redaktorów tygodnika „Stolica" na Mrożka i jego środowisko na płaszczyźnie „rzekomego szargania świętości narodowych". Jednoaktówki autora z Borzęcina nazywa „kontrowersyjnymi".

„Mrożka znam osobiście od dość dawna – zaznacza. – Chłopak utalentowany. Jest znany na Zachodzie jak mało kto. To specyficzny typ pisarza. Jest satyrykiem, wobec tego musi mieć trochę skrzywione spojrzenie na świat. Trudno jest mówić, dlaczego on musi być taki krytyczny. On jest antyhumanistyczny w całej swej postawie. Był kiedyś za tę postawę bardzo lany, ale to nie zmieniło jego poglądów. Jest obrońcą wolności pojętej abstrakcyjnie. Jest niesłychanie kostyczny, nie lubi humanizmu i taki jest program jego pisarstwa. W tej chwili jest mocno związany z całą tzw. grupą literatów z »Europy«, a szczególnie z A. Słonimskim [po Październiku '56 miało powstać pismo o tej nazwie, ale władze zablokowały jego wydawanie jeszcze przed ukazaniem się pierwszego numeru]. Jest ich prorokiem, oni dali mu kontakty na Zachodzie. Jest tam tłumaczony i popularyzowany. Wobec podjętej przez niego krytyki tzw. narodowych wartości i przyjętej przychylnej postawy wobec jego twórczości przez większość starszego środowiska literackiego, stał się przedmiotem ataku ze strony pogłębiającego się nurtu nacjonalistycznego w pewnych kołach literackich-żydowskich".

Dalej „Wyciąg Nasłuchu Polskiego Radia" z audycją o Mrożku, streszczenie poświęconego mu artykułu z londyńskiego „Timesa", wreszcie „wyciąg doniesienia t.w. »Zrąb« pozostającego na kontakcie kpt. J. Billa" z 30 kwietnia 1964 roku (tu i dalej pisownia oryginału):

„Dot. Sławomira Mrożek

W dniach 5, 6 i 7 odwiedził mnie podczas swego pobytu w Polsce mój kuzyn Maciej /Methwey/ Szygowski, który w ostatnim czasie przebywał na wycieczce we Włoszech. Mówił mi on, że poznał w Rapallo literata z Polski Sławomira Mrożka. Mrożek w rozmowie z nim stwierdził, że w Polsce jest szczególnie trudna sytuacja literatów i wogóle intelektualistów. Ostra cenzura, ścisły nadzór Partii i jej organów ograniczają możliwości swobodnego wypowiedzenia się. Mrożek przedstawił także Szygowskiemu ciężkie położenie materialne intelektualistów. Tą opinię Mrożka konfrontował Szygowski pytając mnie jak jest rzeczywiście, bowiem był pod silnym wrażeniem negatywnej opinii Mrożka".

6 października 1964 roku do „Dyrektora departamentu III MSW Płk. Filipiaka":

„Rozpracowywany przez Departament II MSW literat Sławomir MROŻEK s. Antoniego, ur. 26.V.1930 r. [w rzeczywistości 29 czerwca] w Borzęcinie, zamieszkały ostatnio w Warszawie ul. Piekarska 4 m. 5, w kwietniu 1962 r. [w rzeczywistości 3 czerwca 1963] wyjechał na trzymiesięczny pobyt do Włoch. Razem z nim wyjechała jego żona Zofia [w rzeczywistości Maria] Obremba-Mrożek c. Teodora, ur. 24.IV. 1927 r.

Mrożkowie obecnie zamieszkują w Chiavari, presso Genova, via Prandina 18/18. Ich paszporty ważne były do dnia 15.V.1963 r. [data prawdopodobnie pomylona o rok] Sławomir Mrożek i jego żona nie czynili starań o przedłużenie paszportów w naszej placówce konsularnej na terenie Włoch. Znajomym oświadczali, że do Polski mają zamiar powrócić w marcu 1964 r. po premierze sztuki Sławomira Mrożka w Bolonii.

Powrót ich jednak nie doszedł do skutku. Nie posiadamy też danych, by przedłużali ważność swoich dokumentów. W jednym z listów z lipca br. do teściowej zamieszkałej w Warszawie i opiekującej się dzieckiem [Sławomir i Maria nie mają dzieci] Mrożkowie zakomunikowali, że obecnie do kraju nie mogą wrócić gdyż nie posiadają paszportów, które jakoby zostały im odebrane przez polskie władze konsularne, lub też zginęły.

Z agenturalnych danych wynika, że postępowanie Mrożka zwróciło na niego uwagę przedstawicieli »Wolnej Europy« i wrogich ośrodków emigracyjnych w Londynie który [którzy] w lipcu 1964 r. starali się nawiązać z Mrożkiem na terenie Włoch kontakt jako z osobą odmawiającą powrotu do Polski.

Na terenie kraju natomiast można zaobserwować w środowisku niektórych artystów teatru i literatów sztuczne propagowanie twórczości i talentu Sławomira Mrożka".

Podpis: „dyrektor departamentu II – płk. R. Matejewski". Odręczny dopisek: „Pielasa – do omówienia"

14 marca 1964 roku Antoni Słonimski przynosi do Urzędu Rady Ministrów podpisany przez trzydziestu czterech pisarzy i naukowców dwuzdaniowy list adresowany do premiera Józefa Cyrankiewicza: „Ograniczenia przydziału papieru na druk książek i czasopism oraz zaostrzenie cenzury prasowej stwarza sytuację zagrażającą rozwojowi kultury narodowej. Niżej podpisani, uznając istnienie opinii publicznej, prawa do krytyki, swobodnej dyskusji oraz rzetelnej informacji za konieczny element postępu, powodowani troską obywatelską, domagają się zmiany polskiej polityki kulturalnej w duchu praw zagwarantowanych przez konstytucję państwa polskiego i zgodnych z duchem narodu". Wśród sygnatariuszy są między innymi Jerzy Andrzejewski, Maria Dąbrowska, Stefan Kisielewski, Melchior Wańkowicz i Kazimierz Wyka.

5 października tego samego roku Wańkowicz zostaje aresztowany w swoim mieszkaniu. Zarzuca mu się wysłanie do córki w USA materiału, który ma zawierać „fałszywe i oczerniające wiadomości o stosunkach w Polsce" i wyrządzać „istotne szkody interesom państwa polskiego". Wkrótce potem w teczce Mrożka pojawia się tajna notatka służbowa podpisana „ppor. H. Kalbarczyk" (podkreślenia i pisownia jak w oryginale):

„W dniu 14 października 1964 roku, odbyłem spotkanie w czasie którego ko. »RM« przekazała mi następujące informacje:

W środę ub. tygodnia ko. »RM« była obecna u Sławomira Mrożka, i przeprowadziła z nim rozmowę na temat sytuacji politycznej w środowisku literackim. Jeśli chodzi o aresztowanie M. Wańkowicza Mrożek reprezentuje pogląd, że: »Decyzja o aresztowaniu Wańkowicza była nieodpowiedzialna, pochopna, nieprawomyślna i prowokująca całe środowisko do dalszej dyskusji i negacji«. Twierdził, że jest to przysłowiowy kij w mrowisku. Uważa, iż organa sprawiedliwości zrobiły poważny błąd. Osobę, która wydała decyzję o aresztowaniu w/wym – jego zdaniem należałoby aresztować, gdyż był to sabotaż w środowisku literackim.

Mówiąc powyższe słowa podkreślił, że należało wziąć pod uwagę jego podeszły wiek i dużą popularność. Nie neguje, że Wańkowicz wysłał zagranicę coś szkalującego PRL i powinien ponieść jakąś karę ale nie w formie aresztowania i zrobienia mu rozprawy. Pociągnięcie go do odpowiedzialności sądowej przyniesie w efekcie pożytek tylko jemu. Uczyni się z niego bohatera i męczennika nieporozumień ustrojowych. Mrożek jest przekonany o tym, że M. Wańkowicz z każdej sytuacji potrafi znaleźć wyjście i tak samo będzie w tym przypadku, że zostanie uniewinniony".

9 listopada warszawski sąd skazuje Wańkowicza na trzy lata więzienia, które na mocy amnestii zamienione zostają na półtora roku. Międzynarodowy skandal wywołany aresztowaniem pisarza sprawia, że zostaje zwolniony zaraz po procesie, czyli po pięciu tygodniach aresztu, co de facto oznacza porażkę władz.

W tej samej notatce dotyczącej Mrożka dalej przeczytać można: „Pod koniec rozmowy ko. »RM« poinformowała Sł. Mrożka, że w najbliższych dniach oczekuje gości w NRF-u /wyjechali 12.X.1964 roku/. Wiadomością tą Mrożek był podniecony i prosił o skontaktowanie go z nimi. Pragnie ich zapoznać gdyż będzie chciał wykorzystać tę znajomość w celu sprowadzenia sobie do Polski samochodu sportowego marki »Mercedes« za pieniądze które ma do odebrania w NRF. Wg. przypuszczeń ko. »RM« Mrożek posiadać musi dużą sumę pieniędzy do odebrania gdyż samochód tej marki – jak oświadczył Mrożek kosztuje 12 tys. marek NRF-skich. W jaki sposób ma zamiar wykorzystać te pieniądze poza w/wym. przypadkiem Mrożek nie mówił. Ko. »RM« wyraziła zgodę na skontaktowanie wym. z rodziną którą przyjeżdża. Jednakże posiada ona obawę czy nie będzie miała jakichś przykrości, gdyż według inwektyw Mrożka samochód ten będzie chciał sprowadzić na jej nazwisko. Przystępując w ten sposób – mówił dalej Mrożek – nie będzie to podejrzane i nie przyczepią się do niego władze skarbowe ani też milicja.

W związku z powyższym uzgodniłem z ko. »RM«, że skontaktuje Mrożka z obywatelem NRF Kowalczykiem Romanem i jego żoną Urszulą. Weźmie udział w rozmowie lecz zajmie postawę bierną. Po w/wym. fakcie skontaktuje się ze mną i przekaże mi relację z tej rozmowy. Rozmowa ta ma być przeprowadzona w dniu 14 lub 15 bm. Spotkanie zaplanowano na dzień 16 października 1964 r.”.

Relacji z planowanego spotkania brak.

„Po wykorzystaniu należy szyfrogram zniszczyć zgodnie z przepisami o postępowaniu z dokumentami tajnymi” – głosi napis w lewym górnym rogu kolejnych dwóch dokumentów. Oba zostały wysłane z Rzymu, pierwszy 11 marca 1965 roku. Adresat: „Do rąk własnych Tow. Stradowski”.

„Tow. Willmann depeszą nr 73 z dnia 11 b.m. podaje:

Wasza 2281.

Mrożek z żoną zapowiedział w piśmie z 9 b.m. do ambasady złożenie prośby o przedłużenie jak również rozszerzenie ważności paszportu jego i żony na kraje pozaeuropejskie.

Posyłamy mu odpowiednie formularze. Obawiamy się jednak ewentualności, o której otrzymaliście wiadomości. Próby nawiązania przez nas kontaktu z Mrożkiem pozostały bez rezultatu, a jego stosunki z niektórymi tut. emigrantami budzą u nas zastrzeżenia. Przed wyjazdem Zajdy do Warszawy mówiliśmy o naszych obawach. Czy był u Was”.

Następny szyfrogram wychodzi już nazajutrz, 12 marca 1965 roku, do „tow. Birecki-Daniłowicz”.

„Tow. Willmann depeszą nr 75 a 12.3.65 podaje:

Wasze 2284 i 2344. Vide nasza 73. W październiku i listopadzie ub. r. przebywał w Chiavari Kazimierz Brandys, który był w stałym kontakcie z Mrożkiem. Może zna on bliżej plany M.”.

Pod oboma dokumentami wiele nazwisk z adnotacją „otrzymują". Wśród nich podkreślony na różowo „Tow. Moczar".

Dalsze notatki dotyczą składanych przez Mrożka wniosków paszportowych. Pojawia się w nich także informacja, jakoby kupił willę we Włoszech. Wreszcie pożółkła kartka zwięzłego maszynopisu. W lewym górnym rogu: „Główny Urząd Kontroli Prasy Publikacji i Widowisk". Niebieskim długopisem dopisane: „tow. Jakubik". Drukiem: „Warszawa, dnia 2 września 1968 r. Poufne".

„Notatka informacyjna Nr 56

W trakcie pobytu poza granicami kraju pisarz Sławomir Mrożek ogłosił publiczną deklarację przeciwstawną polityce zagranicznej rządu PRL, głównie w kwestii czechosłowackiej.

Fakt ten zmusza nas do rozciągnięcia, na utwory tego pisarza oraz na informacje i artykuły o nim, ograniczeń podobnych jak wobec grupki pisarzy zaangażowanych w anty-socjalistyczne wystąpienia w ubiegłych miesiącach.

Resort kultury skierował odpowiednie polecenia dot. zawieszenia lub wycofania utworów Mrożka z repertuaru teatrów.

Prosimy w związku z tym o dopisanie nazwiska Mrożka do grupy I w zapisie XIX punkt 14".

Podpis: „Naczelnik Wydziału Instruktarzu – L. Kimlowski".

Teczka zawiera kilka tłumaczeń listu Mrożka przeciwko inwazji wojsk Układu Warszawskiego na Czechosłowację. Fotokopię wycinka z „Le Monde". Tłumaczenie z włoskiego tygodnika „Tempo" (oświadczenie przekazane redakcji przez teatr w Genui). Koperty z tym samym protestem w języku polskim wysłanym również do polskich redakcji (publikacji nigdy się nie doczekają): „Przekroju", „Życia Warszawy", „Trybuny Ludu", Wydawnictwa Literackiego. Każdy z tych listów zaczyna się od słów: „Niniejszym zawiadamiam uprzejmie, że w dniu dzisiejszym wysyłam do głównych redakcji pism w krajach europejskich następujące oświadczenie".

„Serwis Nasłuchu Polskiego Radia z 6.9.68 r. str. 295-6 WEuropa. godz. 20.10":

„Sławomir Mrożek, pisarz o światowym rozgłosie, jedna z największych karier w historii naszego piśmiennictwa, twórca odkrywczy, dynamiczny, na wskroś nowoczesny, którego utwory sceniczne zyskały sobie uznanie publiczności i krytyki teatralnej w dziesiątkach krajów, jak spostrzegamy, ciężko naraził się partyjnym jaskiniowcom PRL. Ino patrzeć jak elementy nieoświecone w aparacie propagandowym PZPR nazwą go nie tylko zdrajcą i renegatem, ale starym stalinowskim zwyczajem zaczną ludziom w kraju tłumaczyć, że Mrożek jest pisarzem III klasy".

Kilka stron maszynopisu dalej: „Zanim na łamach prasy partyjnej przeczytamy inne antymrożkowe artykuły potępiające jego protest przeciw najazdowi zbrojnemu na Czechosłowację, czy też bagatelizujące jego pracę pisarską, warto przypomnieć, że nie było dotychczas w Polsce ani jednego oficjalnego bilansu powojennej kultury polskiej, w której nie szczycono by się krajowymi i zagranicznymi sukcesami Sławomira Mrożka. Nie brakowało nawet dygnitarzy w Warszawie, którzy międzynarodowe sukcesy Mrożka skłonni byli przypisywać swojej opiece nad tym talentem, co przypominało w pewnym sensie tych zarozumiałych meteorologów, którym się wydaje, że dzięki ich zbożnej działalności świeci słońce".

Notatka ze zdjęciem z 24 września 1968 roku (tajne, bez podpisu):

„Jak wynika z posiadanych informacji, Sławomir Mrożek – przebywający od szeregu lat poza granicami Polski – utrzymuje kontakty z ośrodkami emigracyjnymi wrogo ustosunkowanymi do PRL. Jednym z takich ośrodków jest paryska »Kultura«, z którą już w 1958 r nawiązał kontakt poprzez Gustawa Herlinga-Grudzińskiego, jednego z czołowych współpracowników tego pisma.

Utwory sceniczne Mrożka wystawiane są w wielu teatrach zachodniej Europy, a szczególnie w NRF. Zachodnie wydawnictwa publikują jego książki, a prasa – zarówno zachodnia jak i emigracyjna – zamieszcza przychylne recenzje jego utworów, przytaczane następnie przez rozgłośnie zachodnioniemieckie i RWE.

Mrożek składa często wizyty w ambasadach PRL w Rzymie i Paryżu, gdzie jest przychylnie przyjmowany przez wyższy personel placówek".

Kolejne notatki donoszą o reakcjach na protest Mrożka w środowiskach artystycznych. Nieopisany fragment większej całości:

„Dnia 2 b.m. w porze obiadowej przybył i przysiadł się do grupy działaczy kultury w Klubie niejaki Markowski, Żyd, znany mi z wrogiej postawy w marcu. Ten publicysta teatralny przyniósł wiadomość i z radością opowiedział, że autor »Tanga« S. Mrożek przebywający aktualnie w Paryżu jako Polak wyraził swój negatywny stosunek do interwencji wojsk radzickich i sojuszniczych w CSRS, prosząc telegraficznie jakąś redakcję w Londynie o opublikowanie jego stanowiska. Ponieważ chciał zdążyć z tym przed ustabilizowaniem się sytuacji w CSRS już po rozmowach moskiewskich, ponaglał telefonicznie ową redakcję /nie wiem jaką/, aby się pospieszyła z opublikowaniem jego stanowiska. Markowski nie mówił, skąd o tym wie, ale wyraźnie się tym ucieszył.

Inni natomiast niezbyt korzystnie oceniali osobowość Mrożka"; pewien pisarz „uzasadnił Markowskiemu ów krok Mrożka twierdząc, że uczynił to li tylko dlatego, aby w ten sposób kupić sobie na zachodzie popularność i możliwość wystawiania tam swych dzieł dramatycznych".

W teczce zaczynają się mnożyć notatki, według których Mrożek żałuje decyzji o proteście.

Źródło: „Ewa". 28 października 1968 roku (wyrwany z kontekstu fragment większej całości):

„V. Od Kuśniewiczowej Anny dowiedziałam się o S. Mrożku, którego w Paryżu spotkała Joanna Wilińska z red. »Szpilek«. Mrożek zaprosił ją do siebie na wieczór. Mieszka w dwu pokojowym mieszkaniu, komorne wynosi 800 franków miesięcznie, co nawet na stosunki francuskie jest b. wysoką sumą. Opowiadał Wilińskiej, o swej wizycie w Konsulacie PRL, gdzie zażądano od niego w ciągu miesiąca decyzji czy wróci do kraju, ponieważ nie zostanie mu przedłużony paszport.

W tej sytuacji postanowił zostać w Paryżu, mimo świadomości, że poza Polską jego kariera literacka jest bardzo krótkotrwała. W tej chwili w Paryżu mają wystawiać jego »Policjantów«. Ale ponieważ twórczość swą wiązał z tematyką wyłącznie polską ma świadomość swej krótkiej popularności za granicą. Wilińska stwierdziła, że nie robi wrażenia człowieka zadowolonego z siebie i swej sytuacji polityczno-życiowej. Tym niemniej nie miał odwagi wrócić".

Stosowne notatki informują o zatrzymanych dokumentach wysłanych przez Gabę, siostrę Mary, do Mrożków do Paryża – biuletynie zarządu głównego ZLP nr 9 i 10 oraz komunikatach oddziału warszawskiego ZLP nr 17 i 18. A pismo Konsulatu Generalnego PRL w Paryżu donosi o tym, że Mrożkowie odmówili powrotu. Data: 11 grudnia 1968 roku. Podpis: Stanisław... (nazwisko nieczytelne).

Po informacji o śmierci żony Mrożka Marii Obremby w teczce znajduje się tajne pismo z 10 marca 1970 roku. Źródło: „Zbyszek". Przyjął: „mjr Kocjan". Maszynopis:

„W czasie wkroczenia wojsk Układu Warszawskiego do Czechosłowacji mieszkający w tym czasie w Paryżu Stanisław [skreślone, poprawione na Sławomir] Mrożek opublikował w prasie francuskiej swój protest. Motywy, które go do tego skłoniły, jak później sam mówił były: tak we Francji jak i w innych państwach zachodu jak również St. Zjednoczonych – gdzie sztuki teatralne jego były wówczas grane lub w okresie prób czy w planach repertuarowych mogły się utrzymać na afiszach czy też być realizowane tylko po jego negatywnej dla naszego obozu wypowiedzi. Od autora tak polskiego a mimo to granego na świecie, wymagają agencje teatralne czy też osoby o tym decydujące zdecydowanej postawy odcinającej się, od stąd ten protest. Mógł oczywiście tego nie zrobić, ale wtedy stracił by możliwości utrzymania – bo jest to podstawowa forma jego zarobkowania, przecież nie bardzo ma szanse znalezienia wydawcy swoich książek, które mogą być zrozumiane [słowo dopisane niebieskim długopisem] chyba tylko przez Polaka. Co innego teatr, łatwiej przenikający do wyobraźni jak również nie muszący ryzykować, gdyż ma zapewnione powodzenie, co zostało spowodowane przez inne teatry. Nie bez znaczenia jest też sprawa, że dla psychiki [słowo dopisane niebieskim długopisem] jego jako pisarza – jest dopingującym i mobilizującym do pisania fakt wystawienia w teatrze. Po tej wypowiedzi do której zmusiły go warunki dalej pracował nie zajmując się sprawami polityki. Już wydawało się, że jest w dobrej formie psychicznej – gdyż trzeba go znać by wiedzieć, że jest to artysta bardzo wrażliwy, zamknięty w sobie w kompleksami – gdy trudności z paszportem nie wytrzymał nerwowo. Wg jego relacji z kwietnia – maja 69 roku, musiał koniecznie wyjechać do Anglii na Kongres pisarzy. Było to coś w rodzaju sympozjum jego twórczości a więc dla jego kariery i warsztatu pisarskiego sprawa najwyższej wagi. Wielokrotnie chodził do konsulatu tłumacząc że musi mieć paszport na wyjazd do Anglii /chyba chodziło o wznowienie lub o nowy/ zaś decyzji narazie nie było.

Gdy termin wyjazdu był już bliski jeszcze raz prosił Konsula i tłumaczył, że bardzo ubolewa, ale będzie zmuszony zrzec się obywatelstwa i prosić władze francuskie o paszport dla bezpaństwowca. Gdy w ostatecznym terminie nie otrzymał paszportu wówczas dokumenty wydali mu francuzi na sympozjum pojechał. Bardzo żałował, że był zmuszony tak postąpić ale było to napewno niedopuszczalne niedopilnowanie terminów przez pracowników konsularnych. Fakt ten załamał go i twierdzi, że nie może znaleźć sobie miejsca, również z Francji jest niezadowolony i w korespondencji z Krzysztofem, Teodorem Toeplitzem rozważa możliwość powrotu do Polski jeśli by władze taką zgodę wyraziły. Przy jego nieodporności psychicznej, potrzeby opieki, powrót do kraju jest jedynym ratunkiem dla uchronienia przed zniszczeniem kariery pisarskiej i popadnięcia w alkoholizm do czego ma skłonności. Teraz gdy jest bez opieki i załamany śmiercią żony Mary, która była przedewszystkim jego opiekunem i osobą zajmującą się troskami dnia codziennego sam przez Polskę może zostać bezpowrotnie stracony".

W teczce znajdują się zapisy obszernych wywiadów z Mrożkiem z Radia Wolna Europa i innych mediów. Nierzadko dotyczą tematów czysto literackich czy teatralnych. Pod datą 19 marca 1971 roku – wywiad w „Die Welt" sprzed kilkunastu dni *Polityka mnie nie obchodzi... – Rozmowa z polskim pisarzem emigracyjnym, Sławomirem Mrożkiem* (Kristina Bonilla).

Na pytanie „Czy pana sztuki zostały skreślone z repertuaru teatralnego po pana liście protestacyjnym przeciw udziałowi Polski w inwazji na Czechosłowację" Mrożek odpowiada: „Nie tylko zdjęto moje sztuki z afisza, ale nawet zostały one zakazane i usunięte z bibliotek i księgarń. List, który ukazał się w LE MONDE, gruntowanie zmienił moją pozycję. Proszę zrozumieć, poprzednio byłem polskim pisarzem, przebywającym czasowo za granicą (za oficjalnym pozwoleniem), a teraz jestem polskim pisarzem, który musi żyć za granicą. Jednakże nie jestem pewien, czy pisarz, który żyje we własnym kraju, jest w lepszej sytuacji, jeśli chodzi o twórczość. Nie wierzę, by prawdziwy pisarz mógł rzeczywiście być szczęśliwy z tego powodu, że akceptuje go całkowicie jego własne społeczeństwo. W człowieku działają dwie tendencje: jedna polega na przystosowaniu się, na asymilacji, druga zaś na tym, że pozostaje się obcym, outsiderem. Pisarz powinien dawać pierwszeństwo tej ostatniej tendencji, jest bowiem zmuszony w ten sposób do zachowania dystansu i widzenia spraw takimi, jakie one są".

Na pytanie „Niedawne wyjazdy polskich Żydów potwierdziły pogłoski o rozpętaniu nowego »polowania na czarownice«. Gdzie tkwią korzenie obecnych akcji antysyjonistycznych?" Mrożek odpowiada: „Antysemityzm jest zakorzeniony w Polsce głębiej niż w innych krajach. Świadomie czy nieświadomie, Polacy są antysemitami, lecz tylko mniejszość jest aktywnie antysemicka. Gdy przypominam sobie moje doświadczenia z czasów wojny i po wojnie, muszę powiedzieć, że większość Żydów traktowano nie jak wrogów, lecz raczej jak obcych czy outsiderów, którzy są zupełnie inni niż Polacy. W Polsce potrzebne były lukratywne posady, toteż usunięto po prostu Żydów z czołowych stanowisk, by dać szanse innym. Reżim usprawiedliwiał swoje postępowanie wyjaśnieniem, że syjoniści, jak się ich w komunistycznym słownictwie nazywa, są zdrajcami, kontrrewolucjonistami i tak dalej. Spisek jest wynalazkiem bardzo przydatnym, po prostu dlatego, że nie można go udowodnić; jest on czymś tajemniczym i czymś nie do wykazania, i samo to wystarczy już, by dowieść jego istnienia, jeśli chce się uwierzyć pewnym ludziom. Abstrahując całkowicie od politycznych czy ideologicznych szkód, jakie przynoszą tego rodzaju prześladowania, antysyjonizm prowadzi do wielkich ludzkich tragedii. Znam polskich Żydów, których życie zostało kompletnie złamane, a którzy wiele lat służyli Polsce i byli dla niej pożyteczni. Wśród nich było wielu komunistów".

Dokumenty z początku lat siedemdziesiątych w przeważającej mierze dotyczą zakazu druku i wystawiania utworów Mrożka. Tajne doniesienie z 26 stycznia 1971 roku zostało podpisane „J.W.":

„W dniu 17 stycznia r. b. Jadwiga Kukułczanka przebywająca w Paryżu urządziła u siebie w domu, kolacje dla swoich przyjaciół aktorów i współpracowników tłumaczy, obecny był również Sławomir Mrożek wraz ze swoją narzeczoną, pracownikiem Ośrodka polskiego przy Sorbonie, Moniką Troszczyńską. W trakcie kolacji przeprowadziłem z Mrożkiem rozmowę. Po przekazaniu Mrożkowi pozdrowień od jego wydawcy Jerzego Skórnickiego, Mrożek prosił o wzajemne pozdrowienie Skórnickiego i zapytał, jakie zmiany zaszły w sytuacji kulturalnej kraju, po zmianie Kierownictwa. Odpowiedziałem, że żadna książka nie leży aktualnie zatrzymana w cenzurze, w środowisku pisarskim nie wyłoniły się ani w dniach grudniowych ani po tym jakieś konflikty, natomiast nie sądzę aby nowe kierownictwo miało aktualnie zbyt wiele czasu na zajmowanie się kulturą, ponieważ zbyt wiele ma na głowie spraw związanych z aktualną sytuacją ekonomiczną kraju. W odpowiedzi Mrożek oświadczył mi, że im później Kierownictwo znajdzie czas na kulturę tym lepiej i jeśli rzeczywiście jest jak mówię to daje to raczej podstawy do optymizmu".

Według dalszej części dokumentu Mrożek dopytywał się także o losy wydawnicze Gombrowicza, mówił, że chciałby wydać w kraju zbiór opowiadań, który ukazał się w „Kulturze" (czyli nakładem Instytutu Literackiego w Paryżu), i pytał o redaktora Krzysztofa Teodora Toeplitza. Służby kontrolują korespondencję Mrożka. Kolejne notatki referują, że Toeplitz namawia Mrożka na napisanie czegoś do „Szpilek" i obiecuje walkę o prawo do druku (sugeruje, że bez czegoś konkretnego w ręce nie ma takiej możliwości). Z listu do Litosławy wiedzą, że Mrożek zaczął się starać o francuskie obywatelstwo. I że ma kontuzję nogi, z którego to powodu prawie nie wychodzi ostatnio z mieszkania, ale za to dużo pisze. Teczka obejmuje kilka fotokopii listów – od i do Mrożka. W większości mało istotnych. Pisarz dziękuje za zaproszenie na wieczór autorski bibliotece w Łodzi i grzecznie odmawia. Fundacja Nagrody Kościelskich informuje go o możliwościach odbioru wyróżnienia. Jest też krótki liścik od Jana i Teresy Błońskich oraz krótki liścik do Konstantego Jeleńskiego.

Po datowanych na 1 lutego 1971 roku wnioskach Mrożka o skreślenie go z listy ZLP oraz ZAIKS-u, związanych najprawdopodobniej z podjętymi przez niego staraniami o otrzymanie francuskiego obywatelstwa, w teczce pojawia się tajny „wyciąg informacji" z 13 listopada 1972 roku:

„Wydawnictwo Literackie w Krakowie rozpoczęło ostatnio druk »starych« dramatów Sławomira MROŻKA /z wyjątkiem jednego, który budził zastrzeżenia natury politycznej/. W sprawie tej po przyjeździe delegacji partyjno-rządowej z Francji był wzywany do kierownika Wydziału Kultury KC PZPR tow. KWIATKA, dyrektor Wydawnictwa Literackiego Andrzej KURZ. Przekazano mu tam polecenie wszczęcia zaraz druków wspomnianych utworów Sławomira MROŻKA. Jest to decyzja tow. SZYDLAKA. Okazało się bowiem, że MROŻEK w czasie pobytu polskiej delegacji w Paryżu skarżył się, że Wydawnictwo Literackie w Krakowie zwleka z rozpoczęciem druku jego prac. Przyrzekł on, że zerwie w ogóle współpracę z »Kulturą« paryską, czy Instytutem Literackim jeśli jego dzieła będą drukowane w Polsce. O wszczęciu druku powiadomiono natychmiast Mrożka telegramem, a następnie listem. Mimo, iż upłynął już od tego czasu ponad miesiąc MROŻEK nie dał żadnej odpowiedzi. Druku jednak nie wstrzymano, gdyż WL posiada zawartą wcześniej z Mrożkiem umowę.

Dyrektor A. KURZ oświadczył, iż zamierza wykorzystać do skontaktowania się z S. MROŻKIEM znanego aktora krakowskiego Leszka HERDEGENA, który przy wyjeździe do Paryża ma się skontaktować z MROŻKIEM. Obaj znają się bardzo dobrze. M.in. prawie w jednym czasie wstępowali do PZPR i prawie równocześnie występowali z partii.

Większe kłopoty – wg dyr. KURZA – będą z ewentualnym drukiem »nowych« dramatów, bo te zawierają szereg aluzji politycznych np. w kwestii wkroczenia wojsk Układu Warszawskiego do SCRS.

MROŻEK już w przeszłości zdawał sobie sprawę z trudności w zakresie wydania »nowych« dramatów, gdyż pisał w listach do KURZA o »ewentualnej« możliwości wydania ich w Polsce. Podczas pobytu delegacji polskiej w Paryżu odbyło się seminarium polsko-francuskie. Udział w tym miał wziąć także Sławomir MROŻEK. Zachodziła obawa, jak się zachowa. Wybrnął on jednak z tego w ten sposób, że w ogóle nie przybył na seminarium, aby nie musieć się »określać«".

Podpis: „kpt. Tadeusz CIEPAŁ".

Dalej recenzja *Szczęśliwego wydarzenia* w reżyserii Erwina Axera (wycinek „Trybuny Ludu" z listopada 1973, recenzja w miarę przychylna – o sztuce, że „nie jest zła", podpis: Michał Misiorny). Mrożek ostatecznie wraca na afisz.

Ostatnia z istotnych informacji zawartych w teczce pochodzi z 1974 roku. Dotyczy korespondencji Ministerstwa Spraw Wewnętrznych z „czechosłowackimi organami bezpieczeństwa Č.j.". Pojawiają się w niej sugestie, że protest Mrożka był tylko wynikiem namowy Jerzego Giedroycia, redaktora naczelnego paryskiej „Kultury". Pada słowo „koniunkturalizm" – według bezpieki dramaturg chciał być po prostu grany na Zachodzie.

W teczce nie ma żadnych dokumentów związanych z aktywnością Mrożka podczas stanu wojennego (*List do cudzoziemców*, sztuka *Alfa* o Lechu Wałęsie). W spisie dotyczących go materiałów IPN-u figuruje z tego okresu tylko kilka egzemplarzy *Donosów*. Nie wiadomo, czy dokumenty takie w ogóle nie istniały, czy też po prostu się nie zachowały. Krzysztof Majchrowski – główny specjalista od rozpracowywania środowiska literackiego, autor jednej z cytowanych wyżej notatek – obok Henryka Dankowskiego i Tadeusza Szczygła kierował akcją masowego niszczenia materiałów operacyjnych Służby Bezpieczeństwa w latach 1989–1990.

SKRÓCONA BIBLIOGRAFIA

LITERATURA PODMIOTOWA

Dzieła Sławomira Mrożka

Baltazar. Autobiografia, Warszawa 2006

Dziennik 1962–1969, Kraków 2010

Dziennik 1970–1979, Kraków 2012

Dziennik 1980–1989, Kraków 2013

Dziennik powrotu, Warszawa 2000

Maleńkie lato, Poznań 1993

Małe listy, Warszawa 2000

Małe prozy, Kraków 1990

Opowiadania, t. 1–3, Warszawa 1999

Opowiadania i donosy 1980–1989, Warszawa 1995

Sztuki odnalezione małe i mniejsze, Warszawa 2010

Teatr 1–6, Warszawa 1995–1998

Ucieczka na południe, Warszawa 2002

Uwagi osobiste, Warszawa 2007

Varia. Jak zostałem filmowcem, Warszawa 2004

Varia. Jak zostałem recenzentem, Warszawa 2005

Varia. Życie i inne okoliczności, Warszawa 2003

KORESPONDENCJE

Sławomir Mrożek, Erwin Axer, *Listy 1965–1996*, Kraków 2011
Mrożek, Jan Błoński, *Listy 1963–1996*, Kraków 2004
Mrożek, Stanisław Lem, *Listy 1956–1978*, Kraków 2011
Mrożek, Wojciech Skalmowski, *Listy 1970–2003*, Kraków 2007
Mrożek, Adam Tarn, *Listy 1963–1975*, Kraków 2009

Cytaty obcojęzyczne z *Dziennika* w przekładach: Stanisława Kasprzysiaka (włoski), Magdaleny Kamińskiej-Maurugeon i Andrzeja Stańczyka (francuski), Krzysztofa Obłuckiego, Macieja Urbanowskiego, Beaty Śmietany oraz autorki (angielski).

Cytaty obcojęzyczne z korespondencji ze Stanisławem Lemem w przekładach: Tomasza Lema (angielski) i Renaty Niziołek (francuski).

BIBLIOGRAFIA PRZEDMIOTOWA

Anna Bikont, Joanna Szczęsna, *Pamiątkowe rupiecie. Biografia Wisławy Szymborskiej*, Kraków 2012
Jan Błoński, *Błoński przekorny. Dziennik. Wywiady*, Kraków 2011
Jan Błoński, *Wszystkie sztuki Sławomira Mrożka*, Kraków 2002
Władysław Bodnicki, *Muzy na Krupniczej*, Kraków 1982
Godzina dla Adama. Wspomnienia o Adamie Włodku, red. Jan Paweł Gawlik, Ireneusz Kania, Włodzimierz Maciąg, Kraków 2000
Jerzy Giedroyc, Witold Gombrowicz, *Listy 1950–1969*, Warszawa 1993
Kazimierz Głaz, *Gombrowicz w Vence i inne wspomnienia*, Kraków 1989
Rita Gombrowicz, *Gombrowicz w Argentynie. Świadectwa i dokumenty 1939–1963*, Wrocław 1991
Rita Gombrowicz, *Gombrowicz w Europie. Świadectwa i dokumenty 1963–1969*, Kraków 1993
Witold Gombrowicz, *Kronos*, Kraków 2013
Witold Gombrowicz, *Dziennik 1953–1969*, Kraków 1997

Jerzy Jarzębski, *Gombrowicz*, Wrocław 2004
Jerzy Jarzębski, *Wszechświat Lema*, Kraków 2003
Andrzej Kijowski, *Rytuały oglądania*, Gdańsk 2005
Stefan Kisielewski, *Dzienniki*, Warszawa 2001
Tadeusz Kwiatkowski, *Niedyskretny urok pamięci*, Kraków 1982
Roma Ligocka, *Dziewczynka w czerwonym płaszczyku*, Kraków 2011
Janusz Majewski, *Retrospektywka*, Warszawa 2001
Mrożek Festival. Cracow 15th-29th June 1990, red. Anna Stafiej, Kraków 1990
„NaGłos", nr 3 (28), maj 1991 – numer poświęcony Sławomirowi Mrożkowi
Tadeusz Nyczek, *Tango z Mrożkiem* [w:] Sławomir Mrożek, *Tango z samym sobą. Utwory dobrane*, Warszawa 2009
Polska XX wieku, red. Wiesław Kozub-Ciembroniewicz, Bogdan Szlachta, Kraków 2010
ST-53. Twórcy, postawy, ślady, red. Aleksandra Krypczyk, Katowice 2003
Halina Stephan, *Mrożek*, Kraków 1996
Małgorzata Sugiera, *Dramaturgia Sławomira Mrożka*, Kraków 1997
„Tango" Sławomira Mrożka, red. Danuta Wilczycka, Lublin 1996
Utwory Sławomira Mrożka na scenach polskich i zagranicznych, red. Anna Stafiej, Kraków 1990
Adam Włodek, *Nasz łup wojenny. Pamiętnikarski aneks do dziejów literackiego startu wojennego pokolenia pisarzy polskich*, Kraków 1970
Jacek Żakowski, *Co dalej, panie Mrożek?*, Warszawa 1996

ROCZNIKI

„Dialog", „Dziennik Polski", „Echo Krakowa", „Gazeta Wyborcza", „Kultura", „Puls", „Rzeczpospolita", „Teatr", „Trybuna Ludu", „Twórczość", „Tygodnik Powszechny", „Życie Literackie", „Życie Warszawy"

INNE TEKSTY

Materiały z archiwum Instytutu Pamięci Narodowej

FILMY

Amor, reż. Sławomir Mrożek, 1977
Kalosze szczęścia, reż. Antoni Bohdziewicz, 1958
Mrożek i Baltazar, reż. Tadeusz Śmiarowski, 2010
Pani Lola, reż. Bronisław Maj, Henryk Urbanek, 1990
Powrót, reż. Sławomir Mrożek, 1978
Rondo, reż. Janusz Majewski, 1958
Sławomir Mrożek, czyli szkic do portretu skrzętnie przez bohatera zamazywanego, reż. Marta Węgiel, 1999
Sławomir Mrożek przedstawia, reż. Paweł Łoziński, 1997
Według Mrożka, reż. Ignacy Szczepański, 1990
Wyspa Róż, reż. Franz Peter Wirth, 1976

W książce wykorzystano artykuły Małgorzaty I. Niemczyńskiej, które w latach 2007–2013 ukazywały się na łamach „Gazety Wyborczej" oraz wydawanych przez „Gazetę": dodatku reporterów „Duży Format" i „Książek. Magazynu do czytania".

„Część III. Rozmowa" jest owocem kilku spotkań autorki ze Sławomirem Mrożkiem, z których ostatnie odbyło się w czerwcu 2013 roku w Warszawie.

DZIĘKUJĘ

Wszystkim moim cytowanym w tej książce rozmówcom, a także innym osobom, które bezinteresownie pomogły mi w pracy.

Moim wydawcom, redaktorom i edytorom, którzy przeczytali tę książkę uważniej, niż ja ją napisałam.

Wydawcom dzieł Sławomira Mrożka, bez których pracy moja praca byłaby znacznie trudniejsza.

Moim bliskim.

A także Mrożkowi. Że był.

INDEKS OSÓB

E

F

G

H

I

J

K

L

Ł

M

N

O

P

R

S

Ś

T

U

W

Y

Z

Ż